BEIDA BUSHIMENG

北大不是梦

BEIDA BUSHIMENG

梁岩涛 / 主编

北京燕山出版社
BEIJING YANSHAN PRESS

图书在版编目（CIP）数据

北大不是梦 / 梁岩涛主编 . -- 北京：北京燕山出版社，2017.5

ISBN 978-7-5402-4538-2

Ⅰ . ①北… Ⅱ . ①梁… Ⅲ . ①高中生—学习方法②高考—经验 Ⅳ . ① G632.46 ② G632.474

中国版本图书馆 CIP 数据核字（2017）第 121337 号

北大不是梦

梁岩涛　主编

责任编辑 / 金贝伦　王　迪

装帧设计 / 余微

北京燕山出版社

北京市西城区陶然亭路 53 号

电　话　010-65240430

邮　编　100054

北京德富泰印务有限公司

开本　880mm × 1230mm　1/32　印张 10　字数 248 千字

2017 年 6 月第 1 版　2017 年 6 月第 1 次印刷

定价：32.00 元

目录

第一章　奋斗篇

心中有梦　促我前行

请你们牢记百日誓师时的誓言，牢记你们对自己许下的承诺。不要因为成绩好而骄傲，也不要因为成绩不理想而自暴自弃。放弃那些缥缈的遥不可及的念头，着眼于手头的事情，和自己比，每天进步一点点，就一定会有很好的结果！

第二章　青春篇

爱我所爱　无怨无悔

生活中总是充满选择，我们不求、也没法做到每次选择都是对的，我们所能做的不过是对自己的人生有个总体的规划，在充分了解情况的前提下果断选择，选择了就不再后悔。这样人生无论是否很成功都会很多彩，很有意义。而一旦这样做了，生活总会给你意外的惊喜。

第三章　技巧篇

掌握方法　各个击破

高考被喻为“千军万马过独木桥”，只有将综合实力发挥到最佳的人，才能脱颖而出。其中综合实力来源于自身与外界共同的锤炼。而我希望，能用自己的学习经验，为学弟学妹们提供外界的帮助。

第一章　奋斗篇

心中有梦　促我前行

请你们牢记百日誓师时的誓言，牢记你们对自己许下的承诺。不要因为成绩好而骄傲，也不要因为成绩不理想而自暴自弃。放弃那些缥缈的遥不可及的念头，着眼于手头的事情，和自己比，每天进步一点点，就一定会有很好的结果！

姓　　名：刘清元
毕业学校：新疆生产建设兵团第二中学
高考成绩：总分653　语文119　数学138　英语141
　　　　　理综255
院　　系：北京大学物理学院

让奋斗的色彩装点青春

作为一名北京大学的大一新生，我很开心能借助这样一个平台和仍处在高中时代的你们交流，分享一些我的关于高中时代的体会，也很开心你们能在百忙之中抽出时间，听我的“唠叨”。作为一位刚刚晋升为“过来人”的学长和你们谈这些，真心希望能对你们有所帮助！

我认为自己不属于天才型选手，甚至连聪明都算不上，因为在高中时参加竞赛都会感觉吃力。我能来北大，完全是因为我渴望出人头地的满腔热血和一股初生牛犊不怕虎的拼劲。所以，在这里，我想和你们聊聊关于青春、关于奋斗的话题。

青春的色彩 1：带着平常心去面对新的环境，迈出奋斗的第一步

时光回溯到我刚进高中那年，对于中考全县第一，并且在这所省级重点中学的入学考试中名列前茅，有幸参加入学前的新生夏令营的我来说，在刚入学的时候仍不免畏惧。当时不知道为什么，总觉得别人都比自己厉害，一举一动仿佛都在做一些非凡的事情，

好像连刷牙都比我专业似的。这种想法真的很可怕，在任何情况下都是。

刚开始的新鲜感很快消失殆尽，上课逐渐演变成了一种折磨，总感觉其他同学什么都会。如果同学上课专心听讲，我就会想他们一定是透过这些最基本的概念在思索一些本质的东西；如果同学上课在刷题，我便深信他们早就学会了老师讲的知识，上课把作业做完，回去学更高深的东西。而当我的思维有一点跟不上，转眼看到同学们貌似很享受的时候，我就顿觉无奈。尤其在上英语课的时候，每次老师讲英文我都听得很费劲，而大家却饶有兴致地随声附和，我便处在崩溃的边缘了。

我渐渐开始怀疑招生老师是不是把我的分数搞错了，错误地让我代替了一个很优秀的同学来这里，还参加了那个我根本不够资格的夏令营。

随着时间的推移，这种感觉越发强烈。每天上完课，我都更加坚定老师弄错我和哪位不幸同学的试卷的事实，同时愧疚感和挫败感也随之涌上心头。上课时生怕老师叫我起来回答问题，怕在全班同学、老师面前丢脸，于是每次老师的眼光与我交汇时，我便默默垂下头去，装作很认真地在解题的样子；每次老师要点名回答问题的时候，我就躲在前面同学的后面一动不动。尽管因此减少了很多发言的机会，但是当 老师走下讲台到身边的时候，是怎么也躲不掉的。所以，我还是被“不幸”地击中了几次，以英语课居多。我战战兢兢地站起来，声音颤抖着回答完问题，同学们没有笑，老师说过“OK”后便接着进行下面的课程，可我总觉得自己说的特别别扭，心想同学们一定在心里嘲笑我了吧。

开学后不久的一次摸底考试，老师说想看看大家的水平，让大家放轻松考就好了，可是我却紧张得要命。我担心老师同学们会惊讶地发现我和本该来这里的那位同学的事情。但是又能有什么办法呢，考试总是逃不过去的。就这样，我参加了进入高中以来的第一次正式考试。

考完对答案的时候，发现自己好多本该做对的题却都做错了，心中更不是滋味了，想着本来就不如别人，现在连会做的都做错，而这些题别人是不可能做错的，于是做好了会考得很差的思想准备。但是结果并没有自己想象的那么差，我排在了全年级的第24名。

尽管仍然有些怀疑大家是不是都太紧张以至于发挥失常，但至少自己已经感觉好多了，并在后来的一次次考试中建立起了足够的自信，于是自然而然地就忘了“不幸的同学”那茬儿了。

之所以和大家分享这个经历，是想告诉大家，当你进入一个新的环境时，难免会有恐惧和胆怯的情绪。这时候一定不要慌张，不要心急，最重要的是不要妄自菲薄。除去极少数的情形，其实大多数时候我们都是在吓自己。人往往是这样，处在一个陌生的环境时，便会主观地“以为”很多事情，然后让这些“以为”组成的世界吓唬自己。每个人都很难避开这种情绪，我们所能做的就是做好自己，每天进步一点，每天去适应环境。很多时候都是“我以为”让自己陷入了绝望的境地，想要跳出主观的牢笼就去验证，去找同学聊，看看他们是不是真的都学会了老师讲的内容，还是和你一样其实也很忐忑不安；去找老师聊，看看老师以为的同学实力应该在怎么样的一个层次，而且其实老师不大在意你到底处在什么样的层次，你要做的就是从老师那里得到你想要的知识，而老师一般都是很乐意帮助你提高的，不管你学习是好是坏。真的不要想太多。高三的时候，我和一位学习一直很好的好朋友在一次吃饭时聊起这个话题，没想到她也跟我有同样的感受，当时我就震惊了，瞬间产生了共鸣。如果你总是把别人看得太高而不断贬低自己，那么你最终也只能落为人后了。

新入高中尽快地适应学习生活还是很重要的。一方面可以让自己始终跟上老师的教学步伐，不至于在后面的学习中感觉吃力，另一方面也让自己能尽快在班级里找到自己的位置，在学习中找到感觉，从而获得源源不断的自信。而自信是做任何事所必需的。So，一切都要平常心！

青春的色彩 2：在每次跌得很惨的时候，依然要站起来，为下次闪光付出卓绝的努力

记得刚入学的时候，我的一位号称“真理”的政治老师就告诉我们“高中一眨眼就过去了”。

当时我们都露出鄙夷的眼神表示不相信，但不得不承认，高中真的过得很快。时光如梭，眼看着日程表一天天翻新，自己却只是在重复做着相同的事情。每天三点一线式的生活，堆积成山的作业，背不完的知识点。如果不去翻看相片，你很难找到除每日坐在书桌前的身影之外的记忆碎片。在这样繁重的任务面前，不管你入学时的决心有多么坚决，学习欲望有多么强烈，你多少会感觉疲倦。有小的低谷，也会有相当一段时间的厌倦期，但你千万别把它看得太重。高中就是这样，要么在繁复中倒下，要么在繁复中崛起。这就不可避免地要谈到坚持了。

我在高二上学期就遇到了一段这样的瓶颈期。当时每天都觉得很累。上课无精打采，下课只想睡觉。考试也不理想，仿佛已经掉队了。那时候又开始怀疑自己的能力，怀疑自己的学习方法，甚至怀疑自己一直那么卖命地学习到底有没有意义，学习是为了什么？那段日子里我每天过得都很颓废。有时候这种状态真的不是你自己可以控制的，在你努力学习了一段时间后，这样的状态总会出现。大家都一样，无一例外。这时候你要做的就是给自己的心放一个小假。当然，不是说不学习，而是适当地把时间安排得相对宽裕一些，给自己一些自由的时间做自己想做的事情，适当放慢自己生活与学习的节奏。比如放学后尽情地打打球，晚上回去熬夜学习的时候听听音乐等等。千万不要因为一段时间的低迷就否定了你之前的一切，包括你很辛苦地摸索出来的学习方法、作息规律等等。更不能自暴自弃，放弃努力。过了这道坎，一切会安好。

我属于一个大起大落型选手，这种情形时不时发生，当然，自己会很难过，但是我从没有放弃过自己，没有放弃过努力。我坚信，功夫不负有心人。所以，我能在每次跌得很惨的时候依然站起来，并且为下次的闪光付出卓绝的努力。失败并不可怕，可怕的是你没有再站起来继续前进的勇气。

青春的色彩 3：
敢于面对真实的自己，基于真实的奋斗才是有意义的

认清自己，是我在高中学到的又一门很重要的课。换句话说，就是敢于面对真实的自己。我有时候很痛恨自己的“虚伪”。因为希望自己各方面都做得很出色，所以不愿意承认自己的一些软肋。比如生物，即使我没搞懂一些知识点，但是因为大家都会，所以我就不好意思问，生怕大家说我连这么简单的知识都不懂，然后打破自己在同学心目中各方面都出色的“完美”形象。越是不敢问，到后面就越难张口。如果五次考试中只有一次考好，我会不由自主地认为考好的那一次是我的正常水平，其他四次都是发挥失常。大家可能会觉得可笑，但是我却是潜意识地通过这种方式来维系着自己的“面子”。

当你有一科拖后腿，势必会影响其他学科。我的这种可笑的虚伪因此趁虚而入，渐渐蔓延到了其他学科，终于在全市的模考中爆发了。一模、二模成绩的一落千丈让我从自己建造的神坛瞬间跌落下来，我开始认真审视自己。我再也受不了自己这种不懂装懂的状态，受不了自己“拼了命”地掩饰自己退步的状态。终于，在二模后的一次总结班会上，我鼓起勇气在全班同学面前进行了深刻的自我剖析，我说我从今天开始，要坦然面对一个真实的自己，不要再虚伪做作，不要再自欺欺人。我要认清自己已经不是那个考年级第二第三的我了。我要把自己重新定位在成绩中上水平，不再去奢求考年级第一第二，而是脚踏实地，一点一点去努力，一点一点去追赶。

那次班会是我的学习态度的一个转折点，此后我又重新找回了学习的感觉，开始敢于正视自己的薄弱环节，逐个弥补。并在之后的各种考试中突飞猛进，最终在高考中取得成功。敢于面对真实的自己，说来简单，有时候却难以做到。真实是一种自然的生活状态，是我们在高中很需要找到的一种生活状态。不要去伪装自己，也不能只活在自己的世界里，只有看清自己的弱点，你才能对症下药，取得进步。只有真实地面对自己，你才能勇往直前，奋斗不止。我们最大的对手其实就是自己。你完全没有必要在别人面前把自己刻意塑造成什么样子，你唯一要做的是对照昨天的你，努力让今天的自己有所不同、有所感悟、有所成长。

青春的色彩 4：
坚定目标，为理想而战，为人生而战

高三的生活是整个高中生活的一个缩影，简单而枯燥。但是当你全身心地投入进去，那种为命运为前途拼尽全力奋斗不息的感觉真的很棒，即使现在想来也一样很美好。我高三的时候每天的想法都很单纯，目标也很明确，就是考更高的分数。为此，我想尽了各种办法节省时间，也和同学相互借鉴，共同进步。当时老师建议我们每人用一个小本子把每天学到的零碎知识点记录下来，随时翻看巩固。于是小本子便和我形影不离，甚至吃饭、上厕所时我都带着。它也确实帮了我许多，前前后后我记满了五个小本子。它们见证了我整个高三的奋斗历程。

其实高考拼的不是谁聪明，而是拼谁能将学习的劲头坚持到高考前的最后一刻。如果关于高考有一条定律，姑且叫它高考唯一定律，那么我觉得会是：坚持就是胜利。我将一张写有“Persist, and anything will be within you reach.”的纸条贴在我的书桌上，它陪伴我度过了高考前的最后一段时光。那时候我正处在迷茫阶段，但是每次看到它，我都会浑身充满了力量。我在心里一遍一遍为自己鼓

劲：刘清元，坚持，念着你的梦想，然后，just go and get it。结果如你们所见，我来到了梦寐以求的北大，现在在深夜敲着键盘和你们交谈。

我每天都坚持熬夜学习，为了保持清醒的头脑，我已记不得喝了多少袋咖啡。实在困了，就去洗把脸，对着窗户吹吹冷风，然后继续奋战。我有一位非常令我佩服的舍友，他真的是把学习当成了一种乐趣，晚上越熬越有劲，一天比一天晚。我有段时间试着和他的时间同步，但是第二天的听课效率直线下降，没过多久就放弃了。所以，学习方法和生活节奏还是因人而异，找到适合自己的最重要。白天的时候争分夺秒、见缝插针地学习，不浪费一点时间。我和我的小伙伴们不管是去吃饭、回宿舍，还是去别的什么地方，都是跑着去跑着回，甚至在路上还讨论着问题。我们会随时记下不解的问题，利用课余时间一起讨论，或是去问老师。举了这些例子，我想说的是，保持你学习的劲头，让自己变成一个为人生而战的无畏斗士！

积极的自我暗示对于维持自己的斗志是很有帮助的。我喜欢在自己的课桌上，在寝室的书桌前贴上一些自己喜欢的话，以此激励自己坚持努力、奋斗不止。比如，我贴过乔布斯的：那些疯狂到以为自己能够改变世界的人，才能真正改变世界。说实话，如果让我当众把它说成是我的座右铭，我还不大有胆量，觉得似乎太霸气，至少我还没有那么自信。但是，我每次想到改变世界这个词就觉得好酷，然后浑身便像打了鸡血一样亢奋，有时候一冲动熬个通宵。再比如写一些给自己的话：抛弃杂念，心若止水，我要做自己的主宰！这也是在高考前出现在我的寝室书桌前的。这句话让我忘记了烦恼，让我想起了自己是一位处于决战前夕的斗士，想起自己仍然有着磨砺自己的机会，我便不去在意种种纷繁、种种羁绊。与其空想，不如让自己抓紧时间多学点东西。自信源于什么，自信不是说说而已，不是说“我要有自信”便有自信了，自信源自每天用功学习后一点一滴的积累。

最重要的一点，请你们牢记百日誓师时的誓言，牢记你们对自己许下的承诺。不要因为成绩好而骄傲，也不要因为成绩不理想而自暴自弃。放弃那些缥缈的遥不可及的念头，着眼于手头的事情，和自己比，每天进步一点点，就一定会有很好的结果！

最后，衷心祝愿各位同学能在高考中取得优异的成绩，圆自己的大学梦！

姓　　名：朱媛韬
毕业学校：内蒙古巴彦淖尔市第一中学
高考成绩：总分662（市状元）　语文116　数学136
英语135　理综275
院　　系：北京大学经济学院

相信自己才能成就自己

对于已经迈入北大校园的我来讲，十二年的寒窗苦读已经过去。十二年的艰辛拼搏，终于圆了我的北大梦。

从小学到高中一路走来，我最信奉的一句话就是"相信自己"。相信自己是坚持下去的动力，让我冲破所有质疑和迷茫。

小学和初中时我的成绩很好，也有年少无知的轻狂，对赢定高考信心无限，甚至认为北大清华信手拈来，周围的老师、同学、家人、朋友似乎也都这样认为，生活中充斥着各种各样的夸奖与赞扬。中考过后，我对成绩没有一点担忧。但报考高中时，中考成绩却给了我沉重一击。我以为在众多的 A^{+} 等级学生中，我的实际考分也绝对有优势，进我最想去的那个班不成问题。但军训回来，却看到那个班的学生名单上并没有我的名字，我第一次感到惶恐。想起假期里听最仰慕的班主任老师的招生宣传，她举的两个初中时成绩相似，但因为高中进了不同的班，老师和周围环境不同而高考结果大相径庭的学生的例子。我突然对未来产生了巨大的担忧，看着那个班里的原来的初中同学开心兴奋的表情，我就好像看到了高考过后他们也是如此喜气洋洋，而我却面对着失败的分数独自痛哭的场景。我期待已久的高中竟然就这样在一种惴惴不安的心情中开始。

高一刚入学时，突然加重的课业负担让我觉得很难适应，特别是在经历了一个零负担的暑假之后。虽然每天都忙忙碌碌，却没有任何充实的感觉。几次考试下来，成绩不算差，但离我的期望还很远。看着那个班里的初中同学仍然那么努力那么优秀，可我的状态还是调整不好，感觉自己对学习没有任何激情，也没有效率，和以前听到过的那种黑暗枯燥的高中生活一模一样，心情有时候会特别低落烦躁。大概一个学期过去了，自己才慢慢想开：环境不应该成为阻碍一个人努力的借口，没有人生来就应该是最好的，岂能尽如人意，但求无愧于心。我不断告诉自己忘掉分班的事情，把自己当作最好最优秀的学生来要求，和他们一样地钻研难题来提升自己，甚至比他们更努力，绝不因为外界因素降低对自己的定位和要求。摆正心态之后，学习明显比以前踏实不少，才让我有一点心安。

从初中开始我就有点偏科，可能因为从小爱看科幻小说的缘故，对物理情有独钟，对语文却提不起任何兴趣。一个女孩子理强文弱让很多人都觉得奇怪。我一度觉得自己真的不是学语文的料。写作文不知道怎样才能把自己的想法准确鲜明地表达出来，每次写得让自己和阅卷老师都很头疼；阅读题答案从来都答不到标准答案的那个深度；古诗鉴赏对我来说更犹如天书一般，我怎么知道一个古人当时的境遇和心情？面对语文我好像真的无计可施。直到高二下学期的一天，语文老师让我们把自己对高考各科预估分数和总分都写在小纸条上交上去，我怯怯地给语文写了 110 分。下课之后老师把我单独叫到办公室，问我觉得语文能考多少分，我不好意思地说出 110。她认真地说她很担心以我现在的状况高考怕是上不了这个分数，她不希望语文拖我的后腿，以后上课会多提问我，要我自己也努力。其实，我从来没想过自己这么烂的语文水平会让别人如此头疼，既然老师都在为我努力，我更没理由放弃自己。我开始认真对待与语文有关的一切，留心积累素材，多看古诗词中的常见意象，多了解文学的表达技巧，早操站队时手里也拿着文言文背诵小书。一段时间过后，我发现自己对语文没有那么抵触了，翻译一下文言文，分析一下作文材料，其实也挺有意思的，语文成绩还真的提高了不少。到了艰苦的高三下学期，语文竟然成了我最感兴趣的科目。只要不为自己找借口，踏踏实实地付出努力，相信自己能做到，世界上没有什么是不可能的。

好的朋友，是一生的财富。班里有很多学习很厉害的同学，我从他们身上学到了很多东西。记得有一次看到一位同学在卷子上的错题旁醒目地写着提醒自己的话，我当时并不理解，自己已经知道出错的原因为什么还要写出来。他告诉我每次看到这些话，就好像有一个经验丰富的老师在指导自己一样，会有种特别的感觉。我开始尝试这种方法，也慢慢养成了用红笔在题旁把得出的总结和收获写下来的习惯。真正这样做了才发现，再看到这道题的时候，当时所有的恍然大悟都会清晰地浮现，辛苦得出的总结就不再是一句干巴巴的没有说服力的话。有时候一道题、一张卷子会因此变得非常有价值。

到了高三，眼看着高考越来越近，自己的总体成绩依然没有起色，一模甚至连六百分都没上。那时听到周围人对我当时成绩的惊讶和感慨，再想想从前他们对我的期望，有时候我会觉得自己辜负了很多人的期待，莫名地给自己背上沉重的包袱。以前还总幻想着，等复习进行到模拟考试阶段的时候也许成绩就好起来了，但是现在模拟已经开始，曾经的北大清华梦却离我越来越远，远得色彩都淡了，轮廓都模糊了，远得我好像怎么跑都追不上。那时课间同学们讨论最多的话题就是大学，我的同桌是一个很积极向上的男孩儿，每次我们讨论起未来的大学，他总是态度坚定地说出最好的结果。尽管他的成绩也总是达不到期望，尽管他有时也为此而迷茫失落，但这从来没有影响到他对学习的热情。积极进取的态度是非常具有感染力的，每当我心里不由自主地为即将到来的高考担忧时，他的这种态度都能感染我，让我再次相信自己，忘掉那些没用的担忧焦虑，专心学习。

大家都知道，高考时自己真正的知识水平很重要，心态和发挥也同样重要，可考试时放松心态是很难做到的。离高考还有几天时，我去问物理老师一道很难的题，讨论完之后，老师对我说：“没事儿，要是高考真遇到这样的难题也别慌，你要做不出来别人也做不出来。”这样简简单单的一句话却突然给了我巨大的信心和勇气：一定要相信自己，就算现在的自己还不是成绩最优秀的，也一定要相信自己。高考能检验出自己的真正水平，用最平和的心态接受这场检验，不要总是焦虑不安地去想考不好的后果。好与不好是和别人比较，也是和真正的自己比较，难题大家都会觉得难，水平层次不会变。考前的几天我一直用这些话鼓励自己，考试时能够沉下心来答题也是得益于此。

十二年的亲身体验，也看到了周围那么多同学的不同状况，我认为现在学生最大的问题还是不相信自己，家长老师也不相信自己的孩子和学生。家长们害怕自己的孩子会输在起跑线上，争相给孩子们报名参加各种各样的兴趣班，而不管孩子是否真的有兴趣。原因就是他们不相信自己的孩子没有这些所谓的一技之长也不会在同龄人中被比下去，所以只好随波逐流，花钱花时间送孩子去上所谓的兴趣班。老师们要求学生放弃自己的兴趣爱好把所有的时间都用来学习，在假期开设补习班提高班，也是因为不相信学生们能合理高效地利用时间，不相信他们能自己协调好放松与学习的关系，只好强制性地希望用时间堆积出成果。学生更不相信自己，宁愿参加各种补课活动，买成堆成堆的讲解书和练习题，却不愿意留出时间自己思考总结，更不敢给自己放松一下的机会。他们总觉得老师多年的经验绝对比自己的想法更适合高考，这个观念在所有人的心中根深蒂固，让很多学生都不敢给自己的想法一个实践的机会。我们为什么就那么不相信自己？老师和教辅书纵然会告诉我们很多解题规律和方法，但自己认真思考后就一定会有收获，而且自己得出的总结印象会更深刻，应用得会更灵活。学习劳累了放松一会儿，做点自己喜欢的、轻松的事再继续学习，劲头和效率与长时间高强度用脑情况下的完全不一样。为什么就连抽点时间给自己尝试一下的勇气都没有？我们迟早都是要自己安排生活的，相信自己，是人生中必须要学会的第一课。

高中所有的开学典礼、成人礼之类的大型活动，学校总喜欢用零点乐队的《相信自己》做背景音乐："多少次挥汗如雨，伤痛曾填满记忆，只因为始终相信，去拼搏才能胜利。"这几句歌词激励了我三年，也希望它能激励更多的学弟学妹们，相信自己，勇敢地去追逐梦想！

姓　　名：姜彦文
毕业学校：河北省衡水中学
高考总分：总分682　语文128　数学136　英语142
　　　　　理综276
院　　系：北京大学经济学院

圆梦，在未名湖畔

曾经，我也挑灯夜读，挣扎在无边题海；曾经，我也黯然神伤，面对狰狞分数。如今，迎着未名湖畔的清风，用泪水与汗水浇灌出的花朵欣然绽放。

北大不是梦，只要心向往之，笃然行之，北大的校门就会为你敞开！现在，就让我回溯记忆之河，去捡撷昔日那点点的闪光碎片。

常说高三是暗无天日的，但我的高三并不痛苦，因为我始终梦着北大。有梦的地方，地狱也是天堂！我也曾经面对理想不知所措，觉得未来太遥远，模糊不清。有一天，班主任在班会上说了一句我永远难以忘怀的话：不要让高三一年的差距，成为你一生永远难以缩短的差距！这句话如同醍醐灌顶，顿时让我决定：至少要让自己的青春无悔！也许高三某一段时间的松懈，会导致我与北大擦肩而过，会导致我与别人出现日后永远难以缩短的差距。与其在多年以后懊悔自己当年的少不更事，不如现在就拿起笔来书写一部自己的奋斗史，一部让自己很多年以后想起来仍旧热泪盈眶的奋斗史！现在想想，我可以毫不犹豫地说：我高三的每一天，都是在奋斗中度过的，都是在对北大的强烈向往中度过的。

虽然我们反对应试教育，但是不能质疑的是大量的习题训练是十分必要的。高考大纲只是给了一些考点，至于这些考点是怎样在实际中考查的，真的是需要自己在大量的实战训练中来感悟。但是做题不能盲目追求数量。对于以北大为理想的莘莘学子，应该从各种渠道找到好题、精题，把有限的时间用来做经典、不落俗套的题。有些简单的常见题型，在确定自己烂熟于心后就可以跳过。当然，这就必然要求我们对自己有足够清醒的认识。学习最重要的是学得清醒，知道自己会什么，不会什么；知道自己该做什么，不该做什么。至于寻找好题的具体方法，可以与老师联系，请老师推荐好书好题，也可以自己上网下载各名校的考试真题、模拟题。

我不反对大量做题，但反对昏昏然地大量做题。学贵于思，在做题的过程中一定要有自己的反思和感悟。我知道很多学校都要求学生整理错题，但这项工作也是有技巧的。首先，错题本不能太薄，最好一学期都不要换。这样当自己在后面的题目中联想到自己曾经做过的好题时，就能很方便地进行比较领悟。其次，错题本不要第一次写就写得很密集，应该在边上适当留出空白部分，用于日后再次翻看时写出感悟。最重要的是，千万不要把错题集变成一种形式化的东西，要真正发挥其作用才行。我有一些同学，把错题都很认真地剪下来，很认真地粘在本子上，结果错题本整理了一大摞，但是成绩并没有多大起色。整理错题不是为了应付，不是为了自我安慰，而是给自己寻找一处可以清晰整理自己思维的地方，一处汇聚精华、奥妙的地方。所以在改错时切忌照抄答案，掌握方法才是最重要的。

再有，高三的我们不是一个人在战斗，我们有战友——老师和同学，我们理应利用好这笔资源。在做题的过程中，经常有学生质疑或不理解的地方，所以每一个课间都是老师们忙碌的时刻。在这里我想强调两点：一是问老师问题的前提是自己已经认真思考过，不要随大流，随便找一些错题就问，那样意义不大；二是问问题尽量选择大课间、饭前饭后等时间，不要挑自习课，自习课上进进出出既影响自己的效率又影响同学。在课间，如果老师那里围了很多同学，没有时间回答自己的问题，可以给老师写纸条问老师什么时间有空，让老师先考虑一下自己的问题以节省时间等。而并肩战斗的同学们，更是一笔财富。我们可以在同学之间搞好竞争关系，给自己选一个或者几个竞争对手，可以是总成绩优异的，也可以是单科成绩很高的。同学之间资源共享也是一种好方法，比如两人各做了一本习题，互相交换好题，就相当于每个人做了两本精华习题集。

在这里，我想强调：一种很常见的现象是，学习成绩好的同学有时会不自觉地产生骄傲情绪。有的觉得老师课上讲的知识自己都会，不如省下听课时间多做题；有的觉得班上同学的问题太简单，索性不理他们。但实际上，我们远没有自己以为的那样优秀。我们的每一位老师，至少在高考范围内都是专家，他们今天说的每一句看似不经意的话，都可能成为明天的考点。至于同学们，每个人对题目都有不同的理解，今天帮同学解决一个问题，就有可能使自己在类似的地方少犯一个错误。我们都不是神的孩子，我们只是有梦的孩子。所以，谦虚地走向高考吧，那样才能少摔跤。

以上是适用于各科的经验技巧。下面分科来说一说。

我们可以把语文和英语放在一起，它们都是语言学科。语文和英语其实不需要在自习课上花费大量的时间，这两科都是各种琐碎的知识点，都是需要背诵的。这时候珍惜零碎时间的重要性就体现出来了：早上早起几分钟；跑早操站队时背点东西；课间少些闲扯，多些背诵；吃饭尽量速战速决，避免神侃……而且背诵的东西是需要一边记一边出声音，手、口、耳、脑多种感官并用的，这更说明自习课上默默地背语文、英语是不明智的。再有语文、英语的学习重在循序渐进，要每天坚持，不能一曝十寒。根据遗忘曲线，还要经常重复以前记过的东西。鉴于语言的特殊性，语文、英语还需要多读。语文的病句、成语、文言句子翻译、优美词句都是靠多读的；英语的单词、词组、语法搭配、经典句型更是离不开读。所以不要抱怨环境嘈杂，大声读出来，让自己听见读的声音。有时候读的效果是自然地形成一种语感，一种对语言的敏感、直觉。

数学和物理有很强的可比性。作为纯理科的东西，它们都是占用大量自习课时间的。除了上面说过的多做题，学好数学和物理的关键就是多思考。很多好题背后多有一定的数学和物理内涵，需要我们做完题之后再深入思考才能得出来。而且数学、物理多有一题多解的情况，从不同角度入手来分析一道题也是一种乐趣。从一道题想到很多题，想到变式和推广；从很多题想到一道题，想到归纳和提炼，做到这些才是学好数理必备的。另外，数学和物理的很多东西都是相通的，比如数学里的抛物线和物理里的抛体运动，再比如处理物理图像时用到数学里的求导运算。如果能在不同学科里游刃有余，就是一个高考人的理想状态。

化学和生物永远有着相似性。它们同属理科，又都有许多要背的知识点。就学习方法上，不仅要多背，而且要求理解细节。化学和生物的原理大家基本上都理解，但是细节的东西一定要记准：记特殊处，记易混点。就考试目的上，它们都要尽可能不丢分，尽可能省时间。所以这就要求我们对化学和生物的基础知识和基本方法有足够的熟练度，毕竟熟能生巧。其实，化学和生物的知识广度都很大，即使到了高二后期也会经常遇到不清楚的知识点，所以从心态上来说就一定不要急躁，保证讲过的、做过的不出错。

考前的一百天，我的心态并没有特别大的变化。每天依旧坚持着刷题改错，整理反思，有条不紊，并没有传说中的考前焦虑之类。因为我每一天都会反思自己，每一天都很充实，没有什么后悔，这样我的心里一直很踏实。而具体安排上，以前的时间安排基本是“我要做多少题”之类，而考前则基本是“我要复习每一科的多少知识点”，更多地去关注自己还有哪些薄弱点，而不是大撒网式的笼统复习。直到高考前一天甚至直到高考第一天结束，我依旧每天拿出一段时间来做题。将做题坚持到底，才能保持题感，保持熟练度。学校让我们自主复习的那几天，我也是每天计时训练一套语文，一套数学，一套英语，两套理综。考试之前一定不能放松心态，不能想着高考之后自己要怎样怎样。毕竟高考前是我们决定高考，高考后只能高考决定我们。

在走进高考考场的那一瞬。我当时内心的真实想法是：终于到了改变自己命运的时刻。冷静发挥，沉着思考，我只求发挥出自己的真实水平。其实第一场语文感觉自己考得并不是很好，当时自己想的就是下面几场考试要尽量考好。我想我会永远记得班主任的话：含泪播种的人，一定能含笑收获。

未名湖畔又迎来了一群喜笑颜开的新生，只要心怀北大，坚持不懈，相信你也可以，圆梦，在未名湖畔！

姓　　名：张子晨
毕业学校：新疆乌鲁木齐八一中学
高考成绩：总分655（通过北京大学自主招生考试）
语文118　数学141　英语125　理综261
数学竞赛加分10
院　　系：北京大学物理学院

高三建议书

对于身处高三的学弟学妹们，我提出以下五点希望。

第一，坚定目标

对于已经进入高三的学生来说，定一个合理的目标十分重要。一个合理的目标，应该是高而可“及”的。所谓高而可“及”，即目标很高，高到你只是站立会难以触及，但只要你伸手一跃便唾手可得。这样的目标，是真正能够在辛苦的高三生活中支撑你的卓越的目标。

第二，认清自我

如果你想对自己的优势劣势了解得足够清晰，最简单的方法是通过对自己成绩的分析来了解自己，从平时作业、学习兴趣、听课认真程度等方面认真思考。找到自己的优势劣势十分重要。找到优势后，一定要努力在这一门或这一方面，做出点成绩。有了成绩，就有了成就感，有了成就感便能找到学习的兴趣。说句很俗的话就是“兴趣是成绩的来源”。而对于劣势，应该分两个时期来看待：第一个时期，各科并没有达到高考要求的时候。此时应先抓住一个科目，专心突破（可适当影响其他科目，注意是“适当”）。如果某一门可以达到 115 分（按满分 150 分算），那么对你来说可以认为是达标，但对于想要培养的某一门优势学科，应尽量达到 120 分。第二个时期，这门学科一旦进入 120 分，不论什么类型的考试，你都应该感到欣喜，并开始将一直使用的学习那一门优势学科的方法应用于下一门你想要提高的科目。依此类推，若你能脚踏实地，最终每科必然都会达到 115 分以上（115 分的水平层次的一般标准：A. 熟记基础概念和熟用基本方法；B. 有一定的题量积累；C. 略带一些创新；D. 做到不粗心）。（本段中的分数不一定适用于每一个同学）

第三，明确对手

绝不把同学当对手，尤其是本班同学。确定自己进退的最重要标准就是年级排名和自身单科成绩的前后对照。你的父母，你的老师，你的同学，永远是你的战友，切勿将其丑化，敌化，甚至仇化。在家长方面，要尽量和父母多沟通，父母压力也很大，如果父母发脾气，应多理解他们，切勿顶嘴甚至离家出走。在老师方面，遇到不会的题目应直接问老师，并且应是本班老师。问老师有两个好处：一、让老师认识到你的学习态度是端正的；二、问老师才能真正地理解自己的问题。而同学关系也是高三的重中之重。珍惜同学间的友谊，平时互相帮助，互相包容，毕业之后你就会明白他们才是你在高中获得的最大财富。

第四，树立自信

永远不要放弃自己，永远保持向前的动力是高三所必备的。自信的来源有三个：进步、成功和鼓励。进步，可以是一次测验，也可以是一道题，一点点的进步可以带来无限的自信心。成功，类似于进步，只是更具体，比如在模考中名次的上升。而鼓励则需要老师、同学、家长的帮助，当然自我鼓励也是一种方法，但这需要本人有较强的毅力。注意！自信不代表自负，一点点小的成功，不能成为你松懈的理由！高三是长跑，它考验的是你的耐力，是长期的坚持努力，而不是一两周的挑灯夜战。

第五，注意身体

健康对人来说永远是第一位的。保持健康的身体需要做到以下两个方面：一、高三再忙，不忘锻炼。跑步、仰卧起坐、身蹲俯卧撑、打乒乓球或打羽毛球都可以。适度的体育锻炼可以让我们保持充沛的精力，并且保证在紧张的学习中不常得病。但是，锻炼应把握好度，过度锻炼，如时间过长或做些相对危险的运动（踢足球或打篮球），有时反而会伤害自己的身体，耽误学习。二、按时吃饭，按时睡觉。不要因为学习紧张而不注重吃饭的质量，吃饭一定要注意营养均衡，多吃蔬果。在高三期间，我们班很多同学都天天带个苹果，补充一些营养。不要因为作业没写完就熬夜不睡觉，凌晨 1 点之前无论如何要睡觉，早上 8 点 15 分无论如何要起床，中午最好有半小时午休，这样才能保证上课少打瞌睡。

下面我针对我省高考的情况介绍一下各科的日常训练及复习注意事项。

语　文

日常训练：

A. 按时完成老师布置的全部练习。

B. 每天花 9 分钟完成一组“成语 + 病句 + 句子衔接”练习。

C. 每天花 11 分钟完成一篇古诗文鉴赏或用 16 分钟完成一篇文言文阅读。

D. 每天花 10 分钟复习已背会的古诗文和已积累的成语。

注意事项：

A. 语文不是副科！语文占有和数学、英语一样的分值！语文值得你用六分之一到五分之一的时间来复习。

B. 语文古诗文只有那么多，按照大纲一篇一篇都背会，默写是高考中最容易拿的 6 分，也是唯一能稳拿的分。

C. 作文是高考语文试卷中分值最高的一道题，并且也是可以提高的一道题。高考作文成绩平均分一般在 48 分左右，而一个训练有素的考生，作文可以稳拿 53 分。多写、多思考、多参考满分作文，认真写 5 ~ 8 篇作文之后往往可以提升你的作文能力。

D. 语文是需要大量题目支撑的一门课！很多人忽视了语文作业的重要性，在高三复习中，把大量的语文模拟卷束之高阁。而实际上，文言文阅读、古诗文阅读、现代文阅读以及新题型都是可以通过大量做题来提高的。

数　学

日常训练：

A. 3 天完成一次时长为 48 分钟的选择填空训练（12+4=16 道）。

B. 每天用 20 分钟做一道导数或解析几何大题，做不完就看参考答案，并用一定时间完整地解出答案，记录在一个特定的本子上，两周复习一次，复习时注意体会方法，注意题目间的相似性与个性，当然，应该把重要的结论拿出来记住，还要记住过程和方法。

C. 一周至少独立完成一套高考模拟卷，用时 115 分钟，不中断，不超时。

D. 每天花 5 分钟时间复习各种公式定理与结论。

注意事项：

A. 就我省的高考试卷来说，数学虽然很难，但有 128 分属于可控分数，剩余的 22 分不可控分数主要为 12、16 题以及 20、21 题的第二问（参考全国卷 2）。

B. 通过对课本的深度阅读和一定的题量积累基本可以掌控可控分数，而 12、16 题作为选择和填空，通过对技巧的训练，也完全有可能收入囊中。因此，高考时实力加技巧，就完全可以拿到在大部分人看来难以拿到的 130 分。

C. 数学虽活，但高考题目也存在一定的套路。因此在学习中，应不断积累解题方法，不断归纳命题类型，题以类做，以较少题量解决更多考题。

英　语

日常训练：

A. 每天在两个时间段各用至少 15 分钟的时间来背单词，背单词时应大声朗读。

B. 每天用 9 分钟完成一份试卷中的单选训练。

C. 每天至少保证一篇完形填空、两篇阅读理解的阅读量。

D. 每天背会并理解 3 个作文好句。

E. 每周保证至少完成 3 套英语卷的题量。

注意事项：

A. 单词是语言的基础。在背会课本所有单词（包括三角符号的单词）的基础上，更应该提前接触四级词汇，掌握四级词汇将是完形、阅读、作文中的制胜法宝。

B. 语法靠的不是题量，而是彻底的理解。做题不如背语法书中的例句。

C. 英语是一门语言，切勿用太过于理性的思维来解答阅读题。做阅读与完形题时应尽量揣测作者的写作意图，从而逼近正确答案。

D. 语感来源于题海。保证每天大量的阅读量，可以提高做题的准确率。

理　综

日常训练：

A. 每两天用40分钟完成一套理综试卷中的选择题（6+7+8=21道）。

B. 每天用12分钟完成一道实验大题（一套模拟卷的所有实验部分），或用10分钟完成一道力学运动学综合题，或用18分钟完成一道电磁学大题。

C. 每天用10分钟完成一道任意必做部分化学大题，或用8分钟完成一道选三选五大题。

D. 每三天用半小时完成一套生物模拟卷的大题部分。

E. 每天花一定时间复习化学与生物的基本知识点。

注意事项：

A. 理综是三门同时考，三门中有一门弱，总分都不会很高。

B. 理综的考试时间对于大部分考生来说都不够用，练速度尤其重要。

C. 物理重点考查对基本概念基本方法的运用以及对物理过程的分析能力，因此冷静的分析之后再答题可显著提高正确率。

D. 化学的考查重点在于对基本原理和物质性质的掌握。熟记特殊物质的特殊性质，深刻理解基本原理的内在含义，是解答所有化学题的核心。化学知识点较为细碎，因此较容易设陷阱，做题时应认真审题。

E. 生物是理科中的文科，重点要在牢记必备知识点的基础上，理解一些生物学过程（如细胞分裂、光合作用、呼吸作用、孟德尔研究的过程及方法等）。

F. 理综需要一定的题量。

最　后

复习不能离课本，
复习必须听老师，
训练一定要限时，
限时一定要批改，
批改一定要改错，
改错一定要复习，
复习一定要比照。

对你而言我说的这些只是我的个人经验，也许不完全适合你，但大方向基本还是正确的，找准方向再去研究属于自己的学习方法才是正确的途径。预祝你在高考中取得满意的成绩！

姓　　名：曾　竞

毕业学校：广东省广州市执信中学

高考类型：中华人民共和国普通高等学校联合招收华侨、港澳地区及台湾省学生入学考试

高考成绩：总分638（全国第四名）　语文117　数学143　英语131　历史124　地理123

院　　系：北京大学经济学院

那年高三我如何走过

还记得一年前，我气宇轩昂地站在五星红旗之下，迎着学弟学妹们钦佩的目光踌躇满志地喊着高考誓师的口号；还记得那两百多个日日夜夜，我挑着孤灯埋头在无涯的学海之中苦苦泛舟，不管是何等的厌烦与疲惫都咬牙坚持着，只为了心中那片圣地，只为了攀得更高而得以离梦想更近一步。

痛并快乐着的高三，充盈着多少憧憬，抑或是诅咒的高三，恍若一瞬便已成往昔，我惊觉时光的匆匆。走出考场的那一刻，仰望着蔚蓝的天空，我以为一切终是放下了，所有苦痛与欢笑都已历遍。殊不知来到了这里，我梦寐以求的博雅塔下未名湖畔，人生翻到了新的一页，无数的篇章正等我书写，且不论了。此刻又是夜深人静之时，挑着一盏孤灯，默默地忆往昔。不知多久没有用心静静地写文字了，一下子心中涟漪荡漾，思潮暗涌。那年的高三中有多少可感叹，有多少可追忆，且听我娓娓道来。

经历过高考的人都说高三是学生时代最辛苦的一年，那时我深信不疑。一开始我总觉得每天的生活节奏紧张，加之枯燥乏味，皆

是教室、食堂、宿舍三点一线式的生活。一早端着热腾腾的早餐来到教室，早已有同学安坐在自己的座位上轻声地早读或者刷数学题，空气中流转着絮絮的念书声和笔尖摩擦纸面发出的沙沙声。在这样的氛围中，人总会不由自主地受到旁人的良性影响。纵使我不是“学霸”，也没有能力成为“学霸”，我还是不甘落后，急急地翻开语文书背背古诗词，或者看看资料书上的成语和俗语归纳。我觉得若非“学霸”，此等机械重复的背诵记忆工作还是非常有必要去做的，虽然无数同学对此深恶痛绝。高考语文中的诗词默写部分完全没有规定背诵范围，所考的成语和俗语含义、文学文化常识等的选择题更不可能是原题再现，因此一切都得靠自己长年累月的积累和大规模的背诵涉猎。有时我会消极地想，不就是三分吗，值得我们如此“事倍功半”地付出？其实绝对是值得的，因为残酷的事实摆在面前，多一分也许就在万人之上。若是不幸的话，三分的差距足以使你与北大清华等名校失之交臂，现实就是这么残酷，我们无法回避。因此不论你如何懊恼，还是平心静气地认真背诗词、文学常识吧。

学弟学妹们，重要的是你们一定要学会利用零碎的时间，譬如说课间十分钟、晚自习开始前的自由时段等，来进行这类需要一遍又一遍重复的背诵记忆工作。有同学可能会问，背书的时候周围环境过于吵闹也没有关系吗？其实不会有太大影响的，只要你念出声来能让自己听见，就能刺激到左脑记忆，加之心无旁骛，一定会有效果。我强烈建议学弟学妹们不要用整块的时间来背书，因为那些宝贵的连续时间段，应该用来解数学题，或者完成更为艰巨的历史、地理、政治的背记工作。若我们能够灵活利用好零碎的时间，学习的整体效率自然会高很多，我们也可以看到自己的进步，那些懊恼抵触等负面情绪也会随之淡化。

在我们的高三，最让人忍俊不禁的现象就是早读下课铃声一响，同学们立马齐刷刷地趴下，全班睡倒一片。紧接着的经常是语文或是英语这些容易让人昏昏欲睡的课。在这样的课上，老师对纪律大多睁一只眼闭一只眼，很多同学撑不住就跟风趴下睡了。然而身为学习委员的我，不论再怎么困都不会跟风。一是因为我不能树立一个坏榜样；二是因为我觉得既然在课上睡觉总是睡不踏实，还不如用来做一些更有意义的事情，这一点也是我坚持上课不睡觉的最主要原因。看到这里，学弟学妹们可能会觉得疑惑：上课最有意义的事情不就是认真听课吗？难道还有别的什么事情更值得我们去做吗？其实在我看来，我们从小学习语文，早已形成了自己特有的对文字的认知与感悟体系，这些在短期内是不容易改变的。再者高考语文的出题方向是非常灵活而严谨的，课上老师为我们具体讲解的某个知识点、具体分析的某首诗词或者是我们做过的某个题目全然出现在考卷上的概率可谓是微乎其微。可以说高三的语文课或英语课对高考没有特别的针对性，老师只是帮我们梳理一下这么多年来学习的知识体系和框架，让我们保持对语文的感觉。英语课同样如此，我们没有新的知识点要学习，保持题感与语感更为重要。因此高三的语文和英语备考我们应更多地着眼于培养悟性，提高做题的熟练程度，不再拘泥于具体文意的分析等，而最有效的备考方法便是多做各式各样的题目。所以高三的语文课和英语课，我们要有选择地去听，我所提到的在课上做更有意义的事情就是指要抓紧课上的时间多做一些题目。

这里所指的多做题目并不同于通俗意义上的题海战术。因为题海战术的目的是通过大规模猜题来提高押中的概率，而多做题目则是纯粹为了保持思维的灵活性，增强题感。在高三的语文课和英语课上，老师默许我们自主做题，当然仅限于与该科目有关的题目，我们每日的作业也以专题复习题和综合模拟题为主，不再像以前那样轻松。每天都处于不断做新题、听老师讲解、课后反思旧题的状态，虽然心生厌倦，但我不得不承认这是最为有效的应考复习方式，我也从中受益良多。我个人特别推荐一本叫《语文基础知识百题》的练习册和“黑马”英语语法专项训练书，书中题目难度适中，答案解析非常齐全。在课上或者课下静下心来做做题，我总可以在题目中学到更多，发现课本和参考书上没有的知识。做题的时候要讲究技巧，比如说碰到十分常见的题目或者是自己确定做得对的题目时跳过即可，这样可以节省不少时间。而当碰到自己不是很确定答案的题目时，我们要硬性地为自己营造一个类似考场的氛围，切勿产生依赖心理，即不要花太多时间在一道题上。要知道真正高考时，我们不可能给自己过多的时间去重复斟酌一道题目。碰到这种情况时，我们只需静下心来凭自己的第一感觉得出一个答案，除非有十足的把握否则不要再修改。等完成所有题目之后，我们再认真地核对答案，一定要更加关注答案的解析而非答案本身，看到一些有积累价值的知识点时要适时标记下来，以便日后复习。对于那些自己凭第一感觉做对或做错的题目，我们不要心存侥幸或者懊恼，而是要格外留心，一定要分析我们当时做出该决定的原因，比如说是因为脑海中有一个模糊的知识架构，还是因为曾经在其他地方看到过类似的选择。直觉也是可以追本溯源的，做对的依据何在，做错的原因在哪里，都必须弄清楚，否则下次碰到类似的题目时我们仍然只能靠感觉去做出判断，这样的话会使我们感觉非常不踏实，会直接影响我们完成后面题目的心态。

还有一点我想要告诉学弟学妹们，遇到自己实在分析不出来的题目时，我们就向同学和老师们请教吧。这点非常重要，要懂得集思广益，不然单靠我们自己的力量有可能一道题目纠结一天都想不明白。我个人比较推崇找同学讨论问题，因为这样时间比较灵活，再者同学之间能够更好地理解对方的想法并产生思维碰撞的火花。当然，如果可以方便地找到老师请教，自然是最好的，这样效率也会高。不管是采用何种方式，多发问、多请教才是王道。

说到多发问，数学对我来说可谓是问题最多的一科了。我还记得那个时候数学作业特别多，经常是周二晚自习的时候，课代表下发一沓一沓的卷子，然后告知我们周四一早老师要讲题，也就是说在这之前我们必须把“万恶”的卷子全部搞定。同学们无不哀号连连，满口怨言，可在发完牢骚之后便个个埋头题海，一声不吭地拼命刷题，一下子气氛又紧张起来。由于时间实在太紧，有时候我不得不在语文课和英语课上刷数学试卷，或者直接翘掉活动课来完成任务。不过学弟学妹们千万不要向我学习，在课上还是尽量做与该课程相关的习题，以表示对老师的尊重。再者，翘掉活动课也是得不偿失的。毕竟身体健康才是一个人最重要的本钱，高三阶段的我们更应该锻炼身体以增强体魄，这是顺利备考从容应考的前提。其实我感觉数学是最需要我们在考试之前认真看老师发的讲义和温习自己做过的经典错题的一个科目。

说到这里，我想学弟学妹们应该在之前就听到过不少师兄师姐们的劝诫，就是尽量对每一个学科都设立一个错题本，有空的时候翻翻，考试之前仔细看看，这样学习会高效很多。其实我曾经也得到过许多前辈和长辈的建议，希望我制作一个错题本来辅助学习，成绩也许能更上一层楼。可是经过了一年的亲身实践后，我发现事实并不是这样的，没有高效反而低效。因此，我衍生出了一个与世俗全然不同的看法，那就是与其设立一个错题本，还不如在平时就把习题和卷子整理好，考试之前再拿出来细看。要知道，制作一个错题本需要耗费大量的时间和精力，远远大于我们整理习题和卷子的付出量。我还记得，当时兴致颇高的我制作了一个精美的错题本，看着里面的题目慢慢增加，翻起来特别有成就感。可是渐渐的，随着我学习的知识内容的不断深入，我发现许多最初被收纳入错题本的错题难题，已经可以运用新知识轻易解决了，对我来说它们不再是经典，已经失去了珍藏在错题本里的必要性。通俗地讲，这就意味着我最初制作错题本时投入的时间和精力并没有获得等价的收益，它们一部分被浪费了。再者，走过了开学初期的调整期之后，每到了接近学期中旬的时候，我们会慢慢变得忙碌。当时，我感觉自己在平时全然没有翻看错题本的时间，更别说持续为它进行更新了。我深知自己制作错题本的热情正在不断递减，因此最后我果断选择了放弃。其实，在我看来，若我们学会在平时就把习题和卷子整理好，考试之前拿出来细看，我们不但节省了制作错题本的大量时间和精力，而且在翻看错题的时候还可以根据自身的水平来进行选择，直奔自己知识的薄弱点，这样会更加灵活、方便。不过这一切都见仁见智，对于错题本是否需要制作，希望学弟学妹们先别着急下定论，要认真地权衡得失，找到最适合自己的学习方法。

另外，对于英语来说，我们在考试之前认真看看错题也是相当有必要的，应该注重对语法类错题的温习，善于从题目中总结自己尚未完全掌握的知识点，然后过一段时间再去看看题目，检测一下自己是否真正掌握。有时间的话，我们还可以看看阅读理解类的错题，因为阅读理解在考试中占的分值很高，可以说是得阅读者得天下，这应该引起我们足够的重视。学弟学妹们要注意在看完错题之后再把文段精读一遍，找出我们之所以选择此答案的逻辑依据点。这种温习方法是特别耗时间的，不过有付出就会有回报，它的目的在于让我们摸索出出题者的价值判断偏向和总结出出题规律，这点在分析历届真题的时候尤为重要。

最后我们来谈谈历史和地理两个重量级科目的备考吧。我个人感觉这是两门最需要我们付出时间和脑力的背诵记忆科目，要把它们学好并没有捷径，只能够靠耐心与不懈的坚持。我还记得高三的时候，我每天都会空出一节到两节晚自习的时间来认真看历史和地理课本，逐行逐句地看，连小图和文段下的解释都不放过。有时间的话我还会简略地看看参考书上的归纳总结，或者挑出老师发的讲义上的重点内容来认真研读。我在历史和地理两科上的学习方法虽然完全没有独特性可言，但它们都被证实是非常有效的。而且在学习历史和地理的时候一定要有足够的毅力和耐心，最好找出整块的时间一次性复习一章或半本书，若是断断续续地复习，会很容易遗忘。如果觉得实在看不下去，就先休息一下，这样总比零效率地温习要好得多。稍作休息之后就尽快投入复习，切勿由此产生惰性。

上文谈了这么多的学习心得，不知道学弟学妹们能不能从中得到启发，找到适合自己的学习方法。如果觉得我的方法对你们有帮助，那就是我莫大的荣幸了。我在高三的时候，最初总是觉得每天都压抑得不得了，总是盼望快点高考，快点“解放”。可是此刻，我发现高三其实是我们学生时代最难忘、最美好的一年。虽然我们会很累甚至很崩溃，虽然我们要为它暂时放弃自己的许多兴趣爱好，但它其实是我们最有凝聚力、最感性与理性的一个时期。在这一年里我们所经历的一切，都将会成为我们一生的回忆。学弟学妹们，你们一定要珍惜，祝一切安好，高考顺利！

姓　　名：江晓萌
毕业学校：河南省宏力学校
高考成绩：总分650　语文128　数学139　英语144
理综239
院　　系：北京大学外国语学院日语系

圆梦燕园

心态篇

我是复读生。

有时候，很多事情都是这样：追赶得越紧，你所期望的目标就离你越远。

对，这就是我高三的状态。太过渴望，所以最后什么都没有；放开手，反而会得到。记得不久前曾看过这样一段话："终于明白自己为什么整日整日的不开心，因为我每做一件事，都会先去想能从中得到什么。参加学生工作期待工作能力提升，参加志愿活动为了日后自己漂亮的简历，参加联谊活动期待自己认识更多朋友……其实到最后，就像歌里唱的那样，是你的想跑也跑不了，不是你的想得也得不到。对于所有的事情，只要自己真正把关注点放在事情本身，结果真的都不重要。"我为自己高三时的自命清高、急功近利付出了应有的代价，不过虽然这样也毫不遗憾。付出了一年的时光，在最好的年纪里明白了这个对我而言意义非凡的道理，足矣。

现在我已步入大学半年有余，回望自己的高中生涯，觉得那种付出所有时间只为一个目标专注努力的时光真是美妙极了。或许人总是要在一生中的某个阶段，去接受一种独特的历练，成功走过之后才能看到新的自己。

方法篇

刚步入高四，我依旧延续了高三后期的状态。独自承受着由过高的期待所带来的难以承受的压力。值得庆幸的是，我上课仍能全神贯注地听讲，课下认真地做笔记。笔记只记数学、物理和英语，生物和化学记了一段时间后发现作用不大而且很费时间，以后所有的生化笔记全部记在了资料上。这样不仅方便翻看，而且知识点更加全面。数学笔记经常要整理大题，其中的步骤，我是一丝不苟地全部整理下来，并且保证弄清每一步的作用。对于物理，开始我是按章节记笔记，几章过后觉得还是分类整理更为有效。虽然分类需要自己翻阅各种资料，有些费时间，但这样的过程可以加深印象，对强化记忆还是很有帮助的。

此外，我个人认为一轮复习要少做理综卷。少做不代表不做，当笔记整理完或者在大考前可以适当做几套。另外不要太在意一轮复习时的成绩起伏，只要踏踏实实跟着老师走，就不会迷失方向。我是在元旦后才正式买了《天一信息卷》和《45 套》，都是理综。当时我就想，其他的都不要考虑，先认真把手中的试卷全部啃完再说。疯狂做试卷的那段时间，我几乎以每天一套甚至两套的速度前进，做完了一套就很自然地翻到下一套，中间没有停留，但一点儿也不觉得累。相反，由于做题时完全投入，忘记外界的压力与烦躁，反而觉得轻松而充实。

第二学期开学不久就是二模。二模之前的一段时间，我依旧跟着老师的步伐前进，状态保持得不错。但二模数学的失误对我来说是个不小的打击。后来在父母和老师的开导下，我又重拾了自信。二模之后的一段时间是最容易产生压力的时间，我对抗压力的方法就是常走出教室散步，呼吸下新鲜空气，看看身边充满活力与朝气的同学们，心情自然就放松了，头脑也不再混沌。看不下去书的时候，不用强迫自己，可以借一些课外书来看。记得三模后的晚自习，大家都看不进去书，我和同桌就商量去楼下散步。在学校的大道上，我们一起走着，我给她提问生物知识点，她给我提问语文，走着问着答着，浮躁的心绪最终平静下来。

作为学生，时刻不要忘记整理自己的专题，多翻阅资料，尽可能将自己熟悉的题目分门别类地记在本子上。所谓的做这些工作浪费时间只能说明不认真，若认真对待手头的事就一定会有收获。做过的有特色的题目最好能记住，以便下次遇到类似题目时迅速找到思路。我有一个很簿的笔记本，用来记录做过的理综卷上的错误。不是摘抄错题，而是将错误背后的知识点找出来并记录。这样在翻看的时候可以联想自己当时犯的错误，警诫自己。另外，我还记录一些做题技巧。我把它当成自己的朋友，心情不好时用晶蓝的水笔做记录，有时候还加上一些提醒自己不要重复犯错之类的话，感觉很贴心，所以也愿意翻看。最后阶段的每次大考，考理综的前一天晚上，我什么都不做，只认真把笔记本看一遍。一共记录了705 条，后来成了习惯，不看就会不安。

三轮复习，多看错题，顺带做近几年的高考真题。模拟题就停了吧，平时考试用的都是老师们精心挑选组合的各地模拟题。有同学会买很多试卷，但最终一套也没完成，倒不如认真做完老师发下来的再考虑买新的。说到成绩，我认为不要太放在心上，只要你的目标是天空尽头绚烂的彩虹，身边无论多明亮或是多黑暗，都影响不了你坚定的心。

班主任长期实行的“高压”政策，在高考那两天显示出令人惊喜的效果。没有老师看管，我们全都老老实实地进行自己的复习，没有人说话。即使别的班级早已沸反盈天，我们也没有受到任何干扰。6 月 6 日晚上，四节自习我做了四套数学高考卷，自然只是选择填空，这不仅是保持题感，同时也锻炼了沉着的心态。高考的两天很快过去，曾经想象的高考后的狂喜与痛哭却怎样也酝酿不出情绪，一切只像放学一样寻常。

数学可能是令很多同学头疼的科目。高考考数学时，刚发下来试卷，我先浏览了卷子，大致清楚选择填空较简单大题偏难，这样便加大了对大题的思考力度，在正式开考前，大致找到了思路，开考后便没有被拦住思路。一定要提前审题，特别是审大题，要大概明白题目内容，有下笔的方向，最好先看概率题。在平时，同学们一定要多问多思考，这样才会有提高。

最　后

如今燕园正值金秋，穿梭在宿舍楼群之间，抬头是金黄的银杏，低头是它纷繁的落叶和斑驳的投影。阳光与落叶的金黄交织成秋日的温馨。在燕园，从陌生到熟悉，现在的我正慢慢融入北大的生活：初入燕园的我们，冲入暮色时分微凉的空气中夜游未名湖，目光穿过层层树荫去寻找被温暖光晕包围的博雅塔；一起骑着自行车冒着大雨从百年讲堂直冲回宿舍，浑身湿透；在百年讲堂观看新生开学第一课，看到邰丽华老师以及现场版的千手观音深受震撼，潸然泪下；体检时遇到北大退休的老教师，聊得很开心，而且发现老两口精通日语俄语；自己默默地寻找各个教学楼以及教室；在宽敞明亮的图书馆安静地自习；试听各种课程，遇到各种老师、各路牛人；遇到问题难以解决，咨询师兄师姐并得到真诚的答复；报名参加各种社团，陪同东京大学来访学生参观北京城，策划各种活动……这是一个没有什么不可能的地方，在这里没有什么是不能实现的。好的想法和出众的能力一定会找到归属。如果你对自己目前的能力还没有太大把握，可以选择韬光养晦，从各种活动中汲取营养。要坚定地相信，你若走好这每一步，必将成为曾经你所仰望的人。

高中时备战高考的那段日子里，大家的目的十分单纯，只是为了要上一个好大学。但是，当我们进入大学的那一刻，这个目的就需要一个飞速的转换。出国、保研还是工作，都是我们应该思考的问题，而不要认为考上大学就万事大吉了。你以为自己很了不起，专业绩点 4.0（满分）外加双学位，可是你会发现早有人在大二时双学位就已经到手，而且准备修第三门与前两门毫无关系的专业；有人在名列前茅毫无压力的同时，社团也混得风生水起；有人貌不惊人，做着某门科目的助教，但早已被学校的另一王牌专业保研；更有人提前修完了四年的学分并且又额外修了两百多分……追求是一件永远也不能停止的事情，要勇于一直向前方眺望，才能真正做到追求卓越。

姓　　名：王甜甜
毕业学校：河南省实验中学
高考成绩：总分608　英语137
院　　系：北京大学新闻与传播学院

回归轻盈本心的灵修之旅

人们无法解释信仰，但信仰就是她此刻正在体验的，它只因她相信而存在。人们也无法解释奇迹，只有相信奇迹的人才会看到奇迹发生。

——Paulo Coelho

第一部分　技法

我们首先需要静下来，仔细思考一下学习这件事。当我们从婴儿时期开始，面对着崭新的世界中存在的一切，从仰望星空看到的天幕到广袤的自然，从缤纷的文化地理到充斥全球的语言，都需要我们去了解、去体验、去感知、去学习，从而转化成能够为自己在世界上生存和再发现提供充足的知识和经验。这个过程在小学之前，更多的是依靠自己去零散学习。从小学到现在，我们换了一种途径，依靠老师来引导与传授。在这个过程中，人们又发明了选拔考试，为的只是在竞争中让有足够能力的人到一个水平相匹配的更高环境中去进一步学习和探索。高考也是如此，高考也不过如此。

人人都知道比赛应该轻装上阵，那么高考亦然。当我们万千高三学子在背负了来自家长、学校和同学的沉重的精神负担之后，是不是觉得自己的学习已经偏离了最初学习的本意呢？

每个人身边总有一个“考霸”或者“学霸”。这一部分人中，我承认有些人的优异成绩是依靠每日不分昼夜无比勤奋的刻苦努力换来的，但是是不是还有一部分“霸”们看起来生活得比成绩一般的人还要悠闲轻松？这样的学生也许才真正领悟了学习的本意，怀着正确的态度，不受外界的干扰，迈着最轻盈最高效的步伐走在高三的学习之路上。他们的学习方法，也会因此比一般学生的更值得拥有，更有裨益。

英语是我最喜爱的一门学科，我在英语的学习上更得心应手。高三以来，我的英语成绩一直都稳定在145分以上。因此，我希望大家都能够找到一门自己比较喜欢的学科，在兴趣的推动下把它转化成或者保持为自己的强势学科。当有兴趣的时候，如果再加上有天赋，你其实就不需要在这一科上投入很多精力，却也能学得很棒很享受了。这样的话，我们就可以把这一门强势学科当成自己高三学习中的一份乐趣和舒缓紧张心态的一门科目来看待了，并且把更多的精力投入到其余科目的完善上。

从学习方法上来讲一讲。首先，针对习题，我认为要不要进行“题海”战术要看科目，怎么进行“题海”战术要看思考。我个人并不完全批判多做题的方法。但是，想在高三阶段盲目地通过题量的积累，而不从中有效思考、体会，却又想达到质的飞跃，是错误的想法。英语可以多练，但不是必须，也可多阅读和适度训练相结合。但两种方法的目的殊途同归：扩大语言储备、西方文化储备，提升语感。在英语试卷中，真正考到课本知识的板块很少，基本只有单选。而对任何语言的学习，需要吸收的东西都是浩如烟海的，你已储备的知识不见得一定会用到，但不主动储备只会让你欠缺的越来越多。

其次，要尽力调整看待英语学科的心态。英语在高考的几科中比较特殊，因为在试卷中，听力、完形填空、阅读理解等部分将会有大量新鲜的对白、情感故事、科技文章、哲理寓言等出现，尤其是科技类阅读文章，选取的都是最前沿最新鲜的资讯。而很多同学反映，高三练不完的大段大段的英语完形填空和阅读理解真的既乏味无聊又煎熬痛苦。所以，如果大家在做英语试卷的时候，能够带着一种读报纸的感觉和心态，我想你们会觉得训练其实还是蛮有意思的。而且，这样练题还有两个好处。一是提升语感和阅读速度。当我们为做题而去生硬地读文章的时候，这个阅读节奏会非常的不稳定、不连贯。试想一下你平时读报读书的感觉，当你真的读进去的时候，阅读过程会变得流畅许多。而因为流畅，猜词能力也会提升，或者说语感提升，因而文意疏通就更容易了。二是提高做题效率，节省时间。再次回想你平时读文章的情形，当你真的读进去一篇文章时，其内容你会理解得更加透彻，故事类文章情节会更加明晰，因此在做题的时候就不用再带着问题回头读文章了，这样会节省很多重复阅读的时间，为后面答题赢得充足时间。

再次，针对作文，建议大家阅读一些讲解雅思作文的书，研究范文，应用于高考作文。我承认雅思作文的要求比高考要求要高一些，不论是从作文体裁、长度。还是高级词汇、句型上面。但是我想大家都明白一个道理：当你在一个更高水平的环境中磨炼出来之后，再解决低水平的题目就得心应手了。雅思作文的体裁包含了所有高考作文体裁，大家可以逐个研究练手。而长度上，我建议大家有能力的话就按雅思作文的长度来练笔。当时我身边很多同学都反映作文凑不够字数的问题，后来按这个要求训练都非常有效。练笔很重要，但是研究范文更加重要。书里提供的范文（如果有解析更好）一定要仔细研究，学习每种体裁的要领和框架，出现的高级词汇要尽可能多地吸收，多学多记一些高级句型并能在练笔的时候刻意地去运用。对于一些范式性的语句，比如表达感谢的句头、表达转折的连接句等，要在研究范文的时候分类积累下来，这样你会掌握一种意思的多种表达方式，使作文表达更丰富，为其大大添彩增色。

最后，希望大家在平时的考试和练习中提高答题速度。答题速度因人而异，但是有能力的同学最好将答题时间控制在距离考试结束还剩 30 分钟的程度上（因为各省份的考试时间不太统一，所以说时长不太恰当）。我所在的河南省使用的新课标卷总时长 2 小时，高三时我一直保持在 1 小时甚至 40 分钟内完成。平时对自己的高要求会让你在高考的时候，时间更充裕，心态更沉着，不会使你在题目变难的情况下措手不及，从而减少失误。

第二部分 心态

坐在未名湖畔，一阵风带走了我的思绪。细细想来，自己喜欢上英语已经 9 年了。

当一个人真正热爱一种事物的时候，无论面对怎样的环境，他都会用一种别样的更享受的心态去完成它、征服它。这样的热爱是真诚的，是值得珍惜的。这样的学习历程即使在充满压力的高三，也将会是一段奇妙的体验，是生活的馈赠。

我是校长实名推荐到北京大学的文科生。说真的，我并不是一个传统意义上的"好学生"。虽然高中考试几乎没有掉到过班里第二名，高三更是一直稳居年级前三。但是在同学、老师和领导眼里，我的生活中除了上课和自习的时候，几乎从来不会再做任何与功课有关的事情。手中每天拿的不是《5 年高考 3 年模拟》而是《Bazzar）》和《Vogue》，课余活动不是扯着嗓门无休止地背诵文综，而是忙着舞蹈训练和各种演出比赛。我也是个要经历中国高考的平凡学生，也为了高考去"战斗"，但是我没有因为高三的"战斗"而让自己在这一年真的只剩下一次性的"快餐复习"而什么真知也没有领会到。

我没有停止读书，没有停止思考，没有放弃任何我热爱的事物，没有停止一天去提高自身的修养与内涵。高三一年，我读了莎士比亚的古英语戏剧集，领略了马克斯·韦伯关于新教伦理与资本主义精神的哲思，我继续研究着十八世纪的法国艺术史，学会了品鉴葡萄酒和咖啡。

我也经历过高三，能体会到你们现在的辛苦。的确，压力大，学习时间紧，但我们在将精力大部分投入到学习备考科目的同时，也应该兼顾个人的全面发展。你的内涵、竞争力的练就，同样需要学习。

我们在成长，机会也不会因备战高考而停下脚步。我们不能变成短视的人，要记住，人生很丰富，学习不止于课本，不要因为眼前的阶段性奋斗，而忘记了积累人生的财富。但要强调的一点是，每个人在不同阶段应有不同的重心，要为现在的奋斗目标不懈努力，不能有丝毫松懈，也不能因暂时被打倒而放弃。

我还是想重复一句大家听了无数次的话："高考只是一次经历，而不是终点。"的确，高考的分数会决定你们踏入的大学以及即将面临的环境，但是大学中有无限可能的适合你的道路等着你去发现，有许多在你将来生命中会很重要的人等着你去相遇相识相知，有很多经历与机会等着你去把握、去体会。即使你即将进入的大学不如你所愿，也要保持最积极的心态，用新的眼光去感受去拥抱你即将面对的所有。你会发现，其实生活给予自己的结果也许并不那么坏，也许你会慢慢爱上这个结果中的一些闪光点。万千可能都会发生，只要你够自信和乐观，不要被高考和高考的结果束缚了本来能够自在飞翔的翅膀。高考的所谓成与败，都隐藏着同样精彩的可能性。也许你们常听这句话听到不耐烦，但是我真的希望你们能够在看完这篇文章之后去静静地想一想，当你每做出一个选择，付出一份努力，对一次考验的心态和反应，是不是真的做到了超然地看待高考，站在高考之上。当你拥有这样的心境时，你就收获了高三最有价值的东西——心态上的成熟。

我的高考成绩并不出色。但是我很想告诉在读这篇文章的亲爱的你：高考不仅是对一个人学习水平的考验，更是对其素质能力与心态的考验。这两点都做到了，才是真正的赢家。加油！

姓　　名：杨春雪
毕业学校：中央民族大学附属中学
高考成绩：总分653　语文120　数学150　英语134
　　　　　文综239　少数民族加分10
院　　系：北京大学经济学院

那些年，与数学相伴的日子

在今年北京市高考数学中，我取得了满分150的成绩。这是我曾经幻想过的结果，但是当我真正达到它的时候，反而没有想象中的狂喜，甚至有些难以置信。短暂的欢喜过后，看着成绩单，我更多的是感慨与欣慰。感觉就像登山一般，当我们在山下时往往欣羡山上的风景，并且为之前进。在登山的过程中，我们渐渐明白只有专注于脚下的每一步，才能到达山顶。因而到达山顶之后，我们知道这些美景都是由汗水带来的，反而更多的是沉稳和淡然。

一、初识数学

我并不是一个成绩一直很优异的学生。高一的时候，因为贪玩和懒惰，各科成绩都不太好，最差的时候考过年级198名，总体成绩基本上都是在100名左右徘徊。而由于初三的时候，我的数学成绩基本上都是满分，所以上高中后，有点沾沾自喜，不那么努力地去学数学了。因而，初识数学，我并没有完全学进去。

没有人在不付出努力的情况下就可以收获成绩。我犹记得当时的学习状态是上课认真听讲并且做老师布置的习题，但是下课后，我便抛下了数学，几乎没有认真做过习题册。刚开始的时候，数学还能拿到 135 分左右，但是随着课程难度的加大，之后的一年，我越来越跟不上节奏，有时候上课也听不太懂，慢慢地得不了平均分了，到最后的期末考试，120 的满分仅考了 80 分。

高一一年，与数学的接触就这么草草而过。这一年的不努力也给我之后的学习造成了比较大的障碍。在这里写出来，我既是想让学弟学妹们以此为戒，同时也希望能为基础不好的同学加油打气。

二、欢娱而行

就这样，来到了高二，我进了文科重点班。达延俊老师来教我们数学。当时，班主任朱老师说，达老师有丰富的教学经验，我们班一定会有许多同学上 140 分的。我当时就发出了惊叹声"140……"。现在想想，我要特别感谢达老师对我在学习和考试状态上的帮助，没有达老师的帮助，我肯定也不会爱上数学，不会最终超越自己得到这个分数。

我开始下定决心学好数学是在高二上学期第一次月考后。那次月考，满分 100 分的试卷我仅考了 47 分（最高分在 70 分左右），当时我想照这样下去，肯定会因为数学成绩而退出文科重点班。但是当时我并没有什么经验，于是便开始了"伟大"的刷题工程，但效果并不是很好。我拿着一本高考总复习的书在做，但是选择题一错就是一堆。因此，尽管我花了很多时间，做了许多题，但是成绩并没有得到实质性的提高。

在这样刷了一周多的题后，转折点来了。达老师叫我拿着月考试卷去办公室找他。当时的我，既兴奋又紧张。我一直想向达老师表达我的困惑，比如怎么去学数学，但是由于上次的数学成绩太差，一直不好意思。那次谈话，达老师告诉我题不在于多，而在于整理和用心。做题时不仅仅要做题本身，还要考虑题后面隐藏的数学思想，比如数形结合思想等。

后来上课的时候，我发现达老师可能会花 1 个多小时的时间来计算一道很复杂的题目。当时我就想无论多么难的题目，既然老师能算出来，那么一定是有方法的。后来，看着达老师做出每一道题后发自内心的愉悦表情，我渐渐地也感受到了做数学题的快乐。同时，达老师还会与我们平等交流。只要一位学生有新颖的想法，达老师都会认真去整理，之后给每一个同学讲解并且鼓励学生之间进行交流。

我想正是在达老师的引导下，我慢慢地喜欢上了数学。再加上同学之间的帮助，我们班的数学成绩也有了很大的提高。到了这个时候，我再也不是仅仅因为分数而去学习数学，而是由于对知识的渴求。

二、他山之石

与数学结缘后，我便开始思考怎样提高我的数学成绩。因为当时数学成绩一直在 120 分左右徘徊，得不了高分。特别是上了高三之后，高一知识点薄弱的问题就完全显现了出来。

因而，无论是在高二上新课还是高三总复习时，我都比较注重书本。老师讲授新课的时候，我跟着老师的思路，并且思考如果是我来上这节课，我要怎么去讲，怎么去连接逻辑。之后，便是自己看课本。由于高中时间比较紧张，我一般不会在上数学课的时候看课本，如果我做完习题的时间早于老师规定的时间，我便会拿出课本看。在看课本的时候，我不只是看知识点，还会想知识点为什么这么安排，各章之间的联系（这个方法是从文综中借鉴过来的），如果要我安排，我会怎么去安排等。

到高三总复习的时候，时间越来越少，老师也建议我们可以不看数学课本了。但是由于在考试中我常常在简单知识点上犯错，因而，我把七本数学书都放在课桌旁。刚开始，我是从自己不太熟的知识点开始，主要把书上的概念、定义的引入和推导看了一遍，重视逻辑的连贯性，形成一个树状思维图，能够大体上知道这本书讲的是什么。之后便对症下药，对于在总复习中我做错了的题，我就拿出书本，把这个知识点的例题和课后重要习题再做一遍。

不要把书本看成很大的负担，有时间的时候便打开书本梳理一下整体结构，具体的定义、定理只要会运用就行了，主要是宏观地掌握书本。书本的作用在于使我们的思维能够系统化，开拓做题时的思路和形成一个严谨的思维。

高一的同学，每日都应合理安排学习时间，以防课本看多了产生排斥心理。因此，我建议高一的同学平时可以分为日复习、周复习两个阶段。平时需要上课前大致看看知识点和例题，课后做好单课的练习，之后，再背一些零散的知识点，比如定义、定理。每过一周，可以梳理一下章节的逻辑，整理错题本。

"题海"战术的确有效果，因为这可以带来分数的提高。但是换个思维来想，数学除能让我们得到高分外，更重要的是培养我们严谨的思维和探求知识的方法。因而，我也不太赞成"题海"战术。

达老师曾经说过："题不在做多，而在于做精。"我平时只做达老师发的教案和练习题，但是我要尽可能记住我做的每一道题、错的每一道题。于是，我把用来做新题的时间放在了整理旧题和复习其他科目上。尽管刚开始我的成绩并没有做题多的同学好，但是随着知识点的增多，这种"精做题、少做题"的学习方法的好处凸显了出来。我的成绩也渐渐提高了。但是，没有一定的练习量也很难有成绩的提高。因而，我在寒暑假的时候，会买一本题册，一道题一道题地做，不挑题，用假期时间来扩充题量。

之后，我觉得最重要的是错题本的整理。首先，你要明确你现在处于哪个阶段。如果你正处于新课学习阶段，那么你就需要把你做错的题目都整理到错题本上面，因为这个阶段知识点相对较少，需要深入理解该块知识点。但是如果这时你处于高三复习阶段，那么你就需要有一个宏观的把握，错题本要尽可能的薄。在高三上学期，你需要把之前的错题本都浓缩到另外一个新本子上（因此，推荐买活页本）。而到了高三下学期，你的错题本上的内容分为三块。第一，你需要从你做错的题中找到现在还存在的薄弱点。因为这个时候，大部分高三学生都已经完成了第一轮复习，这个时候容易犯的错误往往不是大块知识点和章节的错误，而是粗心。这就需要你把这个知识点写在错题本上，然后再把一个典型的题目写在旁边，比如均值不等式要检验等号成立的条件。第二，你需要把一些创新题写在上面。因为这些题目的思路往往很新颖，需要你多次反复研究才能完全理解。第三，如果想尝试做出试卷中的最后一题，我建议你把老师给的试卷及平时大考的试卷的最后一题都放在错题本上。最后你可以总结一下，哪些思路是你擅长的，哪些是你难以下手的。

其实，我常常把一个问题分解得比较简单，以结果为导向来问问题。比如我把所有考试的考查重点都分为三个部分：第一，知识点；第二，读题能力；第三，知识点和题的结合，即一些做题方法。因此，每做错一道题，我一定要去反思到底是哪个环节出了问题。如果想扎实掌握知识点，就得把重点放在书上。如果看到题之后不知道怎么下手，那就是做题太少，比如一些题型用数形结合思想来解比较简单，但是你却看不出来。高一高二的时候就得多做一些题了。但是如果你正处于高三，可以首先把现有的题整理一下，看看哪些题用到了数形结合思想等。然后还可以一手拿着练习册，读完题有一个大致思路后，再一手拿着答案看看解析，多见识一些题型，总结一些规律性的东西。如果你的问题出在知识点和题的对接上，那么你可以咨询老师或者与同学讨论，说明一下你当时的思路，找出其中不正确的地方。然后在放假的时候集中训练那些不熟的章节里的题目。

以上是从书本、平时练习与错题本三个方面介绍了一些具体的学习数学的方法。具体的方法只能作为借鉴，我觉得最重要的是对数学的热爱以及对自己的信心。用心去钻研、借鉴他人经验，最终形成自己的心得，我相信这才是学好数学的不二法门。

四、梦的起航

高考前，我学数学有两个工具：一个是错题本，一个是我的小日记本。

心态是数学考试中的一个重要因素。每次考数学的时候，我往往会因为紧张而丢掉很多本不应该丢掉的分数。于是，在同学的建议下，我做了一个小日记本。每次考试前，我都写下当时的心态，考完之后再记下我的考试成绩和在心态调整上的感悟。之后，每次考试前，我都会翻看这个小日记本，看看在怎样的心态下考试分数才会比较高，之后再写下这次考试时的心态。

而这个时候，我的错题本也精简到了不到10页，上面都记载着我容易错的知识点还有一些式子，比如我经常口算算错“16×16”。

考数学的头天晚上我在教室上自习。首先翻看了小日记本，缓和了紧张了一天的情绪。之后，我便拿出了错题本，首先开始看对每一道最后大题的总结，之后又看了看易错的知识点。

6月8日下午在车上的时候，由于之前我数学经历了一个瓶颈期，比如零模只考了118分，我便把自己置身于考试失利后的情景中。我开始冷静分析，如果这次数学失利，可能的因素是什么，是粗心还是时间分配不合理，等等。之后，我便想既然数学考试还没有开始，那么一切都是可以避免的。于是，我的心平静了下来，比较心平气和地完成了整套卷子。

在高考答题的过程中，我前面做得十分顺利，当做到最后一题的时候，时间还比较充裕。但是在做完倒数第二问后，我便没有继续做下去，而是检查前面的选择和填空，之后检查出了10分的错误。这时候，距离考试结束还有40分钟，于是我决定解答最后一问，当时的思路是这样开展的：首先我想了一些选修二学习的证明方法，确定了这道题要用反证法；之后选定了用不等式来解决；然后再想知识点和题的对接，这时候，我想起我错题本上的一道题目的解答步骤以及老师强调的最后一题知识点的连贯性。因此，综合利用了书本、错题本以及回忆老师上课时的讲解之后，我便成功解决了最后一题。

之前一直觉得最后一题很魔幻，它总是以不同的面目出现在我们面前。后来通过目的性导向的思维思考过之后，我发现最后一题也不过是知识点、题目还有知识点和题目对接的问题。既然知识点掌握了，题目读懂了，剩下的便是对接的问题了。于是，我便总结了所有高三大考出过的最后一题所隐藏的思想，从而成功解决了最后一题。

那些年，与数学相伴的日子，得到高分，固然欣喜。但是我还是最感谢数学教会我如何思考、如何去挑战自己。我最感谢我的数学老师给予我学习数学的乐趣和信心。

“授人以鱼不如授人以渔”，现在看来，的确如此。数学带给我们的不是苍白的分数和题目。良好的心态，热爱、执着的精神以及钻研的品质，才是数学这门学科要给予我们的。我相信，只要我们具备了这些精神，那么我们就达到了想要的高度。

前途是光明的，道路是艰难的。愿乐然前进，与君共勉！

姓　　名：刘晟亚
毕业学校：北京师范大学第二附属中学
高考成绩：总分634　语文120　数学139　英语139
文综236
院　　系：北京大学经济学院

用“心”备战

——关于高三备考心态的感悟及建议

即将面临人生的转折点，相信各位考爸、考妈以及学弟学妹们心中都有些打鼓。高三这一年似乎叫人迷茫不已：是苦涩还是昂扬？一路顺风还是艰险异常？过来人总是众说纷纭。其实，我认为至少从心理上我们大有可为：高三这段不寻常的日子是可以很主观的，是可以被我们掌控的，重在我们以怎样的心态去度过它。

作为一个在高考中小有成绩的过来人，我在此愿回首往昔，朝花夕拾之时萃取出一些感悟或建议，但愿能给各位以启发。

总述：高三心路追踪

首先从整体上看，高三上下两个学期是截然不同的两个阶段：上学期和高一、高二的延续性比较明显，自主招生、竞赛加分等工作尚未启动，因而心态上不会有太大的波动，总体上以稳中有进、渐入佳境为最好；下学期不仅考试的内容形式会有较大变化，各种工作也容易扰人心神。对一部分学生来说，心理上会饱受各种煎熬，学习的压力，紧张、焦虑的情绪，对未来的憧憬等都会接踵而至，但于我，这同时也更是高考带给人财富的精华所在。

下面我们细细来划分，便于各位家长和同学做好心理准备。

9月：你会发现课程表上只剩下各主科的车轮战日程，下午、晚上也很可能一下子被各种统练和自习占满。有抵触和畏惧的情绪是正常的，但要尽量压制，增强自己进入高三的兴奋感，以更快地适应学习节奏。

10月：进入高三总复习的初步阶段，不求冒进只求踏实，因为往后就不会有人再带着你这样系统地复习了，要多发问多思考多总结，一步一个脚印地突破知识点，之后成就感便会迎面而来。

11月：期中考试。高三以来的第一次大考，抢占先机比较重要，更可能因为赶进度而考查未复习的知识，有些学校还可能将这次成绩作为保送参考，所以大家都有些焦虑。但是毕竟那些知识都是过去学过的，全力去准备，如往常一般应考就可以了。考后大家普遍会完全进入高三状态，干劲很强。

12月～次年1月：一轮复习进入尾声，期末考试在即。因其对知识的考查面很广而考查难度不大（这点与高考迥异），要以查漏补缺的心态去应对。但实际上结果和高考相差较大，不要过分在意。考好了固然好，那只能说明你复习中的知识漏点比较少，为下学期打下较好的基础；考砸了也不要失去希望，找到自己的漏点是再好不过的事。

次年2月：最后一个假期。学习的自主性显得极为重要，拉开差距极容易，切忌放松。

次年3月：自主招生考试和发榜，各类评优，二轮复习开始。前两件事对学生的考验很大。二轮复习重在查漏补缺和提升综合能力，但大家容易疲倦松懈。这个时候务必坚持，可以换换背书的方式，或将习题以不同方法归类来增加新鲜感。综合考试的来临或许让人难以适应，但要坚信其考查的内容自己已经掌握，只要多练多体悟，形式之难是可以突破的。

次年4 ~ 5月：一模、二模。重要的模拟考试，对之前的艰苦复习是很好的反馈，要寻求或被激励或被警示的效果。开始报志愿（我们当时是先报志愿再参加高考），而后因为大家各有了明确的目标，心情会安定一些。

次年6月：高考。但求小紧张 + 小亢奋 + 小释然，踏实走完高考之路。不要认为这几天反正也提高不了什么，就松懈下来，要知道手生可以令你功亏一篑。

享受心智的磨砺——致各位勇士（学弟学妹）们

恭喜大家进入到了这足以令你加速成长的一年！在应战的过程中，你会体会重压之下的步步难行，体会进步以后的纠结欣喜，体会潜能爆发后的难以置信……不过一定不要怕。其实，这一年带给我们的真正的价值到底是什么？难道真是海量的练习题带给我们的小小领悟，抑或是成绩上升的片刻喜悦？知识会遗忘，回忆会淡漠，但你经历过的将会伴随你的一生。不管这一仗是成是败，都会带你飞得更高。记得周国平在论及青年人必做之事时有言：要经历一次巨大的磨难而不被打败。所以与其对高三可能遇到的种种磨难怀回避的态度，不如勇敢地拥抱它，享受它给你带来的痛苦或沮丧——这是总的宗旨。下面是我想到的几点经验。

1. 整体脚踏实地 + 偶尔激情。

高三需要亢奋的、一往无前的心态，但绝不是说它足以支撑你的整个高三。这段征程类似跑步，若把短暂加速跑串联起来，无疑令人疲惫不堪。你要明白，在你身上虽然有着年轻人的朝气，但日复一日的复习、练习必定会令人感到力不从心。在朝气锐减的时候，不要认为自己能量殆尽而放弃，相信你也体会过长跑时双腿自主机械运动的感觉吧。类似的，高三的耐心远比激情重要，要承认有时必须苦熬。

2. 认识到考试的风险性，有“宁死勿怂”的胆魄。

我本人曾在二模数学失利后的很长一段时间里有心理障碍，以为是知识或状态上有问题但自己却找不到，故数次考试不是计算出错，便是满头大汗而无解，而后恶性循环直至高考前夕。后来我发现身边的许多同学都有这种状态，对某些科目并不是能力差，而是心理负担太大而导致恐惧，往往在自己有实际优势的科目上容易出现。其实，我们要认识到考试是有风险性的，不要执拗地认为这科曾经是我的优势，或是自己付出了很大努力，就一定能有多大收获，就一定要朝着满分去考，过分的完美主义会让你自己陷入漩涡。当时我走出这种状况的办法是：我发誓在三模时不再忧心忡忡，只要这一目标达到，就算考砸我也认了。有了这样的气魄，整张卷子我竟然觉得毫无从前之磕绊，我终于发挥出了自己应有的水平。确实，这种心理上的突破对于我们的人生发展，意义更为重大。

3. 调整比较的对象，关注自己的提高。

比较能使人进步，这点在高一、高二更为显著。或许你身边有个和你水平相当的伙伴，学习中你们相互竞争从而共同进步。而这种关系往往在高三便不太能维持，因为高三大家前进的脚步很难一致，暂时的水平落差如果处理不当往往成为后进者的心结。这时你应将眼光放长远，着眼于高三全体考生，相信自己虽然与大家的节奏不同，但最后是可以和你的伙伴一同爬上山顶的。同时要关注自己的进步而非他人的高度，这样才会使你心无旁骛，不在比较和纠结中浪费光阴。

4. 积极和老师、同学、家长沟通。

沟通太重要了，哪怕在如此紧张之时。你要知道这绝对不是一个人的战役，老师、同学、家长都在陪着你。高考这一年我们还是幸福的，可以找到他们任性地大哭一场，可以在无助的时候得到无上的关怀。但需要注意的是，高考对于他们同样是一场恶战，尤其是我们的父母，心里更是充满了恐惧和不安，他们急于为你做点什么却常常不知所措，你要理解他们同样是第一次陪孩子高考，体谅他们在压力下也会犯错误。你需要给他们机会去了解你的想法，而不是一味埋怨他们不理解你，你需要给他们机会哪怕来帮一帮倒忙，千万不要大门紧闭互相猜忌，或是让他们感觉不到作为父母的价值所在。如果有摩擦，你要承认差异存在的合理性，并想办法表明自己的立场，同时倾听他们的想法。你已经是18岁的成人了，要懂得与他们平等地沟通。虽说这一年事事以你为先，但绝不要把爱护和尊重当作纵容。

5.“裸考”不可怕！相信自己。

我自己就是裸考拼进北大的，尤其作为班里为数不多的裸考生，心理压力会很大，但“相信自己”是决不能动摇的。

由于篇幅限制，有很多的体验建议都不再赘述了，路还是要自己去走，旁人多说又能助几分力呢？只盼大家永远怀着乐观的心，去积极解决心态上或是学习上的各种问题，相信再多的道理也能不言自明了吧。希望各位勇士能突破自己，在这一年实现超越。

另有几本曾经对我有帮助的书推荐给大家：《哈佛积极心理学笔记》《心的出路》。

和孩子们并肩作战、共同成长
——致各位将领（考爸考妈）们

作为一个考生，或许我无法将很具体的方法和亲身体验分享给大家，但我想，从孩子的角度来给各位叔叔阿姨提建议，更有利于您了解孩子的心理吧。

1.无为还是有为？

陪考这项工作，伸缩性是很大的，静坐旁观而无为是一种态度，积极行动而操心也是一种态度，而如何把握一种平衡在我看来是很重要的。从分工上，建议父母双方只一方做积极分子，另一方旁观就好，孩子累时负责聊聊高考外的趣事，大事上提供些许建议即可。这样既可以节省父母的精力，又可以使孩子在满脑高考外找到一点空间。从具体操作上，的确是件很难的事。高考的孩子压力大，家长很有可能因掌握不好这点而徒增孩子的焦虑感。政策、消息、建议种种，家长自己吸收越多当然越好，但注意一定要有选择地透露给孩子。

2. 保持积极的心态，激励最重要。

我当时最怕的一件事并不是自己遇到困难，而是家长和老师对我失去希望。很多学生，包括初中时的我自己，学习不好并不是因为能力上有欠缺，而是遇到了自己难以控制甚至难以发现的心理难题。我相信凡是即将参加高考的孩子，没有一个不想好好学的，他们只是困惑于找不到正确的方法或没有养成良好的学习习惯。很多家长惯于将自己的孩子与别人相比，如若不及，便无论公开还是私下地重复"你瞧瞧人家""你怎么就不好好学""你是永远达不到的"。或许您说的没有错，但一味地强调消极的结果，在绝大多数情况下只能达到严重挫败自尊心及自信心的后果。有的孩子会在学习时毫无动力，因为我们的大脑会不自觉地认可重复的信息；有的孩子则干脆表现出玩世不恭的态度。实际上他们的内在逻辑则是，与其在努力后能力被人否认，还不如拒绝努力。各位家长一定要坚信，孩子在最后一年经过努力冲上来完全是有可能的，但求全力拼搏一把，高考便成功了。只有您心存希望，孩子们才会更有自信。若出了问题，家长们不要只关注目前的表象，而要帮助孩子一起发现他在学习方法、习惯、心理上的种种问题，找出解决的方法。同时，细心关注孩子的哪怕一点点进步，适当的激励是很重要的。

3. 做一名"猛将"。

高考这场恶战，家长是将军，孩子则是士兵。将军的表率作用不可小视。记得我校高三举行成人仪式时，学校邀请我妈妈在礼堂演讲，但从小就最怕公共演讲的妈妈竟然答应了。我看到整个准备过程中她的焦虑不安，上台时的微微战栗，成功后眼角的泪光，俨然就是我们高考过程的缩影。之后妈妈告诉我说，她何尝不想退缩？只是想到我也正面临着同样的艰难挑战，便知道她一定不能退缩，一定要为我的战斗冲锋。确实，每当我遇到困难和压力时，都会想到我的榜样妈妈，顿感士气大振。这种“将军”的表率，已然超越了琐碎的陪考工作，而在心理上找到了与孩子的共鸣点，足以支撑孩子勇敢地走下去。

4. 善于做遥感式家长。

高三的孩子学习紧，压力大，有时会莫名其妙地产生烦躁情绪，家长不必过分担心，更不必刨根问底地追问原因甚至胡乱猜忌。适当安慰、遥感对待这种情绪是最好的。如果这种状况持续时间较长，不妨找合适的机会和他耐心地交流一下，或是找老师问问孩子在学校的情况。有时焦虑的孩子也会冲家长们发脾气，您大可不必如往常般计较，待到孩子们控制了情绪，是经常会感到懊悔和自责的。家长们要学会远远地关心他们，体会他们的酸甜苦辣，并告诉孩子无论他遇到任何困难，你们都会在他身边，鼓励他们和您交流，毕竟主动交流的效果要远优于被动交流。

各位叔叔阿姨，高考固然辛苦，但经历这一年，你们会发现自己和孩子更亲近了，也和他们一同成长了许多。希望各位以及学弟学妹们都能在其中有所收获，预祝高考凯旋！

第二章　青春篇

爱我所爱　无怨无悔

生活中总是充满选择，我们不求、也没法做到每次选择都是对的，我们所能做的不过是对自己的人生有个总体的规划，在充分了解情况的前提下果断选择，选择了就不再后悔。这样人生无论是否很成功都会很多彩，很有意义。而一旦这样做了，生活总会给你意外的惊喜。

姓　　名：李鑫悦
毕业学校：江苏省南京外国语学校
院　　系：北京大学外国语学院（保送生）

别说再见

坐在电脑前，好不容易把思绪拨回到那个阳光明媚，我拿着录取通知书，一路蹦跳着走进南外校园的日子，却又望着空白许久的屏幕阵阵惆怅。

好像还没来得及细细回味，我青春中最宝贵的六年就这样接近终点了。

于是和同学在QQ上你一言我一语地聊着，才发现面前的空白不是对于这六年的迷茫，而是一种仅用文字表达太过单薄的情感。比起大家保送出国时最后的一锤定音，这看似漫长实则匆匆流去的六年才意味着更多，让我收获了更多。

——题记

选　择

在幼小的我的心目中，南外就像一个大染缸，仿佛在里面泡上几年，再一出浴，人人都变成了或是“模联达人”，或是“竞赛大神”，或是玩魔方进耶鲁那样的“不可一世”的人才。于是，在心里暗暗艳羡的同时，我也开始思考属于我的究竟是一种怎么样不凡的人生。

我带着满心的憧憬走进南外，伴随着繁重的课业负担和眼花缭乱的活动而来的是一系列迫切的选择。在有限的时间内，是两耳不闻窗外事埋头学习，做一个人人膜拜的“大学犇”，还是在这个广阔的平台上尽情挥洒汗水展示并锻炼自己？是在自己喜欢的方向坚持做到最好，还是尝试探索挖掘不曾被了解的自己？在这里，未来被更早更急迫地提上日程。是出国还是保送？从高一起也许每一个同学心中都萦绕着这个问题。于是我们辗转反侧，焦躁不安，一遍又一遍地和老师家长朋友讨论，一次又一次地扪心自问究竟想要怎样的人生。迷茫有时，苦恼有时，也许不是每个人都做出了最正确的决定，都发挥出了自己最高的水平。但只要努力过，就不应该为了已经产生的新可能性而后悔。

六年后，即将离开校园步入大千世界的我们，因为心中已有的选择，不再彷徨。

习　惯

我的初中数学老师常常念叨一句话：“优秀是一种习惯。”时隔六年我还是没有明白优秀这种习惯究竟是一个怎样的概念，但在南外的这些年，的的确确让我养成了也许会受益终生的习惯。

为了达成老师的要求，我给自己定下了“今日事今日毕”的目标：能够在今天完成的事绝不拖到明天，需要在今天达成的任务绝不留下缺陷。也许正是这样有些完美主义的习惯，让我在最初的磕磕绊绊中摸索着逐步提高自己的效率，渐渐地学会在有限的时间内，最大程度地扩充它的内容。

渐渐地，我习惯于不满足，习惯于理性地给自己施压，习惯于不断发掘自己的潜力。在保持优秀课内学业的同时，我一步一步向着貌似未知的领域探索。在一场场体育比赛中，我挖掘身体的潜能，突破运动的极限；在筹备节目过程中，我锻炼自己的组织能力，时刻准备好应对突发情况；在与他人的交流中，我一次又一次更深刻地认识自己，明确目标和方向，一步一个脚印地逐渐朝着梦想靠近。

也许真的，梦有多高，心就能飞多高。

个中滋味

这里，记录着我第一次完整组织艺术节目的酸甜苦辣。有料峭寒冬的夜晚一字一句修改剧本的绞尽脑汁，有中午不吃饭抓紧一分一秒排练的精疲力尽，有入戏极深时悲怆大吼的声嘶力竭，有被同学误解被老师责备时的委屈难过，而更多的还是我们成功时瘫坐在地相视而笑的默契和感动。

这里，充斥着我们也许一辈子都不会忘记的深厚情谊。在这里，我们或是探讨对于学术问题的不同见解，或是交流各自截然不同的生活经历，又或是分享对于人生、对于社会的点滴感悟。或许多年之后，在异国他乡，仅仅是瞥见一抹熟悉的校服颜色，便足以让我们热泪盈眶。

这里，承载着激励我们、鼓舞我们的长存精神。求实、奋进、博学、谦逊，鞭策着一代代南外学子在今后的人生中奋发攀登学术的高峰，拓宽自己的视野，切实为我们的社会做出贡献。

又或许每个人立在青春的洪流中，个中滋味，也只有自己品尝。

感　恩

以前看各类获奖致辞，感言都是以“感谢 ××”开头，当初还觉得做作，觉得那是故意做给别人看的表面文章。谁知道真正到了这时候，心里装的都是对那些给过我帮助的人的感激。

也许是由于青少年特有的逆反心理，有时候明明看到父母为我所做的一切并且内心感激着，但就是没办法当面说出来，还会时不时故意说出些违背本心的话来，让他们伤心。这是多么不成熟的表现啊！后来上了民俗课，听了老师的分析才知道，原来逆反心理也是有益处的。毕竟越是故意跟家长对着干，就表明自己是非观越是分明，过了青少年这个阶段后，正确的价值观就会作用于独立的生活了。我十分庆幸出生在这样一个家庭，思想在这里自由地碰撞，观点在这里平等地交流。感谢我的父母在我懵懂迷茫时为我寻找到一个也许可以持续终生的爱好，感谢他们在我对这世界几乎一无所知的时候引领我走了进来，感谢他们让我知道今生今世不论我在哪里，混迹得如何，变成了一个怎样的人，身后都有最最坚实的后盾。在这里我有一个小小的希望，希望如果有一天你们能看到这篇文章，看到这段写给你们的话，看到那个民俗学的解释，能原谅青春期的我对你们的伤害。

小时候的我们一直接受着这样的教育：熬过高考，你们的春天就要到来了。可事实上，当真正成为了一名北大学子，才发觉中学阶段是多么短暂而又珍贵的时光。国庆时正值母校 50 周年庆典，我们刚刚成为北大校友的一批学生纷纷归宁，为母校祝寿。回去了却惊讶地发现，才几个月时间不仅桌椅全套变了，校园卡换了，设备更新了，校园里更是开辟出了好多新的区域，顿时有种“身在异乡为异客”的感觉。也许，许多年后我和我当初的同学们再回来这里，再也看不到一栋似曾相识的建筑，抑或是一位口音熟悉的老师。但目睹着新一批稚嫩的孩子做着我们当时做过的梦，经历着我们所有的曾经，必定也会相视而笑的吧。毕竟这里的精神会一代代流传下来，永不褪色。感谢母校在培养我学习能力的同时还教会了我如何书写大写的“人”字；感谢母校让我坚定了“做一个中国灵魂、世界胸怀的南外人”的目标；感谢母校在告诉我“人外有人，天外有天”的同时鼓励我勇敢，激励我坚强，支持我自信不悔地去追求梦想。现在，一首《北京东路的日子》就会让我轻易地落下泪来，是谁穿着熟悉的校服在陌生的地域出现，又是哪片落叶掉进了回忆的流年。

最后要感谢的是 18 年来一直努力着做个更好的人的自己。当那么多困难摆在面前的时候，你从未选择放弃，而是坚定地大踏步前进着。感谢年轻的你不惧怕改变，跟着自己的心走，成了现在码着字的这位姑娘；感谢你不轻言放弃，珍惜每一次得之不易的机遇，愿你在今后的道路上坚持梦想，不改初心；感谢你拥有一颗善良上进的心和认真面对一切的态度，这样就算世界颠倒变成了另一个模样，我还是能找到你。也许多年后，你再也找不回即使荆棘就横亘在眼前仍坚定向前走的勇气和信念了，但至少在必须放手前，能抓多紧就抓多紧。

收　获

等你到了大学，你会发现原来父母为你做过的事情那么多，以至于一时间离开了他们来到另一座城市会倍加想念他们；等你到了大学，再也没有朝夕相处甚至整天都腻在一起的同学了，你会突然觉得每个人看起来都陌生又熟悉，唯一的共同点就是他们天天忙在你永远无法了解的小世界中；等你到了大学，一定会被纷繁复杂的活动迷乱了眼睛，倘若不能做出选择，便必须承受只睡几个小时的伤痛；等你到了大学，你会发现，眼前的路已经不止一条，或者说从未仅仅只有一条，只是表面上比较荆棘罢了。但是不要担心，每一种选择后都隐藏着一种可能，别因为没有人探索过就认为它是错的。不论你进来看到的别人有多么光鲜照人，也都是从零开始一步一步成长起来的。所以你一定要慢慢来。

尾　声

差不多到结尾了吧，欣慰于自己还算能整理出一篇像样的六年回忆，也伤感于这六年的南外生活真的如同一本书一样不知不觉翻到了结尾。

但我依然庆幸，若干年以后，那一片银杏，那一缕金黄，又可以见证新一代南外人在北京东路的日子！

姓　　名：王林怡

毕业学校：山西省运城中学

高考成绩：总分592　语文115　数学135　英语130
文综212

院　　系：北京大学外国语学院日语系

我的梦，就在这里

我曾经千百遍地幻想，有朝一日，自己会走过红楼，闲游石舫，在未名湖畔驻足眺望，眺望博雅塔旁的朝阳。而如今，当一切倏忽于眼前，心头涌起的更多是对往昔的回忆。我开始回想我的高中，怀念与朋友一起并肩战斗的那些日子，惋惜那些不懂珍惜、不懂把握的年月。

今天，我之所以会写下这篇文章，和你们谈谈我的高三，就是怕未来的你们重蹈我的覆辙，怕你们还没有准备好，敌人就已到眼前，怕你们浪费了这可贵的青春。

年年岁岁花相似，岁岁年年人不同。我无法得知属于你们的 6 月 7 日，等待你们的将会是什么，但以我漫漫的求学之路可知，还是有一些包袱可以抖的，毕竟是比你们老一些的。

Dream

梦想一词，如此沉重又如此轻飘，以至于我犹豫许久才敢把它放上来。什么是梦想？是头脑中一闪而过的光点，是虚无飘忽的磷火，是自习室永不会熄灭的灯，抑或只是心头那微微的痛。对于高中生而言，梦想究竟是什么？

难道我们的梦想只是一张薄薄的录取通知书，难道我们的梦想只为别人轻描淡写的一句恭喜，难道我们的梦想只止步于高考，难道我们终究还是要在迷茫面前低下头？

我们为什么要高考？为什么要不断鞭策懈怠的自己，以使自己得以进入高等学府？为什么要拼尽十几年的青春岁月，只为一夕梦圆？

目光移向窗外，我似乎明白了什么。无论物换星移，不论白云苍狗，燕园的万物永远静静地将自己温润的目光洒向身旁的这片土地，静静地看那早起的朝阳照耀早起的学子奔跑于未名湖畔，晚归的夕阳拂拭晚归的老师穿行于楼宇之间，看那代代北大人都在这里挥洒汗水、辛勤劳作，看到无穷的思想在这里碰撞。

我终于明白了重要的永远不是梦想本身，而是在追求梦想的路途中你收获了什么。重要的不是此刻的你在哪里，而是在走向这里的路上，你得到的朋友，遇到的挫折，收获的惊喜，感受到的爱意。

我们都是逐梦者，一路踽踽走来，无论骤风冷雨，山水烟尘。生活的理想是为理想而生活，当一个人心怀理想，哪怕他前进的过程有多曲折，遇到的阻碍有多强大，我相信，他一定是快乐的。一个有梦想，并愿意为之奋斗的人一定是快乐的。

Principles

作为刚刚告别高中生活的学姐，我其实是没有资格为你们写下高三需要遵守的几项原则的。但最终还是下笔，其原因还是希望自己这么多年的经验或教训能使你们稍有获益。

人的一生需要遵守很多条条框框，这并不是对人的局限，正如自由与纪律的关系使得自由不能是绝对的，条条框框的划定对某一特定时期的人而言，或许未尝不是另一种自由。

我将自我圈定的规范主要分成三点，缩略成三个短句，即：抵得住诱惑、耐得住寂寞、经得起折磨。

首先，抵得住诱惑。诱惑在现在这个阶段指的应该是阻碍你实现终极目标的其他任何事物。比如男生的lol、dota，女生的小说、韩剧，大众共同的早恋问题。作为一个自我控制力很差的不称职学姐，除了早恋，估计你们遇到的问题我都遇见过，但我庆幸自己没有逃避，而是选择寻求合适的方法解决它。抵制不了网游便选择在头脑发热的时候删掉游戏；忍受不了不去网吧就把钱交到一个高端大气上档次的同学手里代管，并向大家宣布自己再也不去的决心；离不开电子书中的小说就果断把手机等电子设备放在家里；总想和别人说话就搬着凳子找个没人的角落学习。

其次，耐得住寂寞。人在高三，有无数个夜晚你将属于黑暗，属于无奈，但你并不寂寞。看看你身边的好友，一个微笑，一个加油的手势，便足以支撑你的整个梦想。记得多少个坚持不下去的日子，我的好朋友握住我的手，坚定地看着我说，我们一定能坚持下去，实现自己的梦想，我们甚至可笑地给自己取名叫清北预备役。清晨，在校园里寻个僻静的角落，一起回忆前一天的收获，制定新一天的计划。深夜，一人在灯下琢磨着晦涩的高考题，一头雾水，满脸困意，但只要想到对方，想着彼此共同的梦想，这寂寞似乎也不那么难熬，高三的生活也可以很幸福。

第三，经得起折磨。高三一年，大考小考不计其数，你们定会身经百战。我认为这恰恰是高三最折磨人、最考验人心态的地方。就学姐自己而言，第一年高三，大考小考也曾百般辉煌，区第一、市第一的成绩也曾收入囊中，然而这些所谓的光环，并没能使我在第一年高考中正常发挥。高四一年，也曾被很多人落在身后，却也没有打消我对梦想的渴望，也没有使努力付诸东流。你能从中得出什么？相信学姐用血泪总结的这句话吧：高考一次的成功足以让人忘却你之前所有不忍直视的成绩，而高考一次的失败也足以抹杀你之前的一切努力。当然，并非说要用高考代表一切，要将分数指望在虚无缥缈的命运上，而是告诉你们，不必在乎你这一年的各种分数，不论考好考差，对你高考起作用的，只有熟练掌握一道道的题，一个个的知识点。你听说过谁被名校拒绝是因为他某次神奇的期中考试没考好吗？你现在会问我某次奇妙的模拟考成绩吗？显然不会。那么当你回想曾为一次小小的考试失利抱头痛哭的时候，会不会觉得有一点点的可笑；回想你曾因一次测试的退步而郁郁寡欢没有食欲的时候，会不会也像我现在这般只能对此表示无奈。

Future

笔者的现在已成定局，而你们的未来还完全掌握在自己手中，未来如何，完全由你们自己决定。

可能在未来的日子里，你会迷茫，会犹豫，会徘徊，你会不知道属于你的将来究竟是什么样子，会对自己失去信心。可是，无论如何，都不要放弃自己的梦想。在迎接高考的日子里，你会遇到数不清的困难，会遭遇无数次考试的打击，会厌烦到想要撕掉陪伴你几年的课本。可是，无论如何，你都必须直面自我，坚持实现自己多年的梦。我知道，属于少年的梦想，往往脆弱易碎，经不起风浪的洗礼，受不住岁月的侵蚀，然而，为什么还是有人能成功？因为他懂得坚持。实现梦想的唯一秘诀，说白了，就是坚持。坚持在遇到难题时不放弃，坚持写下一篇篇的书面表达，坚持在寒冷的冬天按时起床。

经常有人说，高三最苦。但我说，高三最甜。因为只有拼搏了的青春才是多彩的青春，只有饱含着泪水与汗水的收获才值得庆贺。人在高三，收获的绝不仅仅是知识与答题技能，更多的是你对自我的清醒认识与深刻反省，你会静下心来，开始思考究竟自己要的是什么，你会开始考虑自己的人生。高三使人深刻，使人奋进，使人懂得感恩。经过高三，你要知道，别人的关心换来的不能只是你的无视，你的人生之页留下的不能只是空白。

Benison

又是一年秋风起，想起去年的此时，自己慢慢从第一年失败的阴影中走出，开始新的征程，内心由焦灼渐渐变得平静。真正告别了过去，开始接受新的生活，有事没事就在门口的花店买一枝花，装点自己的书桌，也顺便点亮自己的心灵。每晚与同学一起去操场慢跑，或者听听音乐，在头脑中描画自己的将来。而此时，坐于宿舍，望着窗外路灯下散步的同学，听到风的双手穿过银杏树枝的声音，感受着燕园静谧安详的脉动，闻着空气中白果散发出的奇异味道，轻轻啜一口街景的罗马甘菊奶茶，仿佛梦想已然笼罩在我身边，晕开淡淡的光圈。

期待着自己能永远保持这份对梦想、对人生的憧憬，希望这份期待也可以影响你们，使你们在高考、在未来的日子里能够亲身体会属于燕园的美好，与我一同站在宿舍楼前，看随风飘落的银杏树叶如何染黄整个校园，听未名湖与博雅塔的百年之恋，谈未来度过得如何诗意惬意，品名师学者如何博学多才。

最后，仅以我最喜欢的一首歌作结，也希望你们可以来到这里，与我共同在未名湖的月光下放声高唱。

未名湖是个海洋
诗人都藏在水底
灵魂们都是一条鱼
也会从水面跃起
未名湖是个海洋
鸟儿飞来这个地方
这里是我的胸膛
这里跳着我心脏
就在这里就在这里
我的梦，就在这里

姓　　名：王雪斐
毕业学校：陕西省西安市高新第一中学
高考成绩：总分657　语文135　数学147　英语147
　　　　　文综228
院　　系：北京大学经济学院

他们视我如珍宝

——致我的老师们

中午吃饭的时候看微信，发现我的班主任换了个性签名："We develop people who build better tomorrows." 掐指算来，远在美国的她应该是在凌晨两点写下这句话的。不由得感慨一声，老师您真是一个"学霸"。

高考结束后，我们的英语老师也就是我们的班主任参加完谢师宴就出发了，学校公派到美国去学习。我的很多同学都在惋惜没能在离开西安之前再跟老师见一面。她告诉我们她也很遗憾，但是又说："到了寒假就能见到了。"

我们还没有正式分别，就开始思念了。

而我在高三一年对她几乎是惧怕的。我上课发呆时、写作业偷懒时、考试成绩一落千丈时……我都害怕看到她出现在我面前，然后对我来一句："放学到我办公室来。"

这应该是做错事被抓包的感觉吧！但让我奇怪的是我每次犯一点事，她都能立刻得到消息然后请我去办公室，这让我感到一种莫名的惊恐。这种感觉就像小的时候，不管在学校犯了多小的事，我妈总是能第一时间站在教室门口揪我的耳朵一样。

后来，我才后知后觉地发现，原来我早已把她当作妈妈一样的人物了。那种无微不至的关注，原来是因为爱。

托我们学校暗无天日地补课的福，我们在各种法定假期都能在她的办公室看到她儿子的身影——胖胖的，像她；白白的，也像她。不同的是她被一堆问问题的同学团团围住，她儿子就在一边孤零零地做作业，有时候一坐就是一个下午。

有次上课她提到了她儿子，什么也没说先叹了一口气，然后说："我在你们身上花的心思比在我儿子身上花的多了不知道多少倍。"我分明看到那双眼里含着深深的愧疚。

高三一年，我的班主任失声一次，重病三次，感冒无数次，但是缺席的次数，是零次。

这是其一。

我的政治老师是宝鸡人，最爱吃的是宝鸡的擀面皮（课上说的），最骄傲的是把儿子送到了清华（课上说的），最擅长的是把一道三句话就能解释清楚的哲学题讲一节课（我们发现的），最爱的，当然也是我们这群不省心的孩子。

高三的文综老师一共有四位，正好在一间办公室。平日里就属这间办公室最热闹，一到课间就挤满了人，问问题的，答疑的，交作业的，或者找老师理论的，种种人等在三张桌子前排成长龙，唯有我们政治老师的桌子，冷冷清清，无人问询。

对此他常常向我们表示不满，课上课下说了无数回。有一天晚自习我找地理老师问一道巨难的题，全搞清楚之后已经 9 点多了。地理老师收拾好东西就去赶最后一班校车，我把卷子什么的整理好也准备收拾东西回家。一回头就发现他坐在桌子前对着电脑屏幕发呆。

办公室里只剩下他一位老师了。我走到桌前准备向他道个别，他一回神就问住我："哎，你就没什么问题要问我吗？"

虽然我很想，但我还是诚实地摇了摇头。

他甚是哀怨地看了我一眼。

于是我快速转移话题："啊，老师你怎么不回家……都这么晚了。"

他一边敲着电脑键盘一边回答我："没办法啊，我就是害怕万一你们有什么要答疑的，要是找不到我多不好呀。"

于是他就这样，在一个又一个没人来问问题的晚上独自一人守着这间办公室，对着电脑发呆。要不然，就自己做点题，策划一下下次考试要拿什么来难住我们，好让我们找他答疑。

那时我就很想对他说一句：对不起。

大概是高考前两三个月的时候，他下楼的时候一个没留神摔了一跤，肋骨断了四根。

但是我们只换了一周的老师。

一周之后，他拖着打了钢板的身体来上课，面色苍白，声音微弱。为了缓解疼痛他不得不坐在椅子上讲课，戴上他最不喜欢的扩音器，用他最不爱用的ppt来展示板书，托别人来改我们的试卷—。但这些他从来都是亲力亲为。

他自作主张推迟了治疗的时间，他对我们说："你们耽误不起的。"

所以他忍受了一切，只为了我们。

我看见我们周围的同学眼里都含着泪，却还是生生忍住。每个人都开始拼命地刷政治，用高到恐怖的政治平均分来宽慰他，告诉他，你的这群孩子是好样的。

这是其二。

来北京之前最后一个见的老师就是我的数学老师。看见他时，他依旧拎着个公文包，看上去里面应该装了不少资料；依旧行色匆匆往教学楼里赶，一边赶一边看表，哪怕离上课还有一个小时。

"老师。"我叫住他，"怎么假期了您还上课啊？"

他一见是我，立马停住了脚步："给新高一带竞赛呢。我还有两道题没做出来，想着早点来学校思考这两道题。"

一句话就把我拉回到高三的那一年。我还记得和同学开玩笑说涛哥（数学老师爱称）就是“西北题王”，说我们刷的题要是有涛哥十分之一那么多，我们的数学就可以高枕无忧了。现在再想想，这个“头衔”下面，他付出了多少。

曾经坚持亮灯到九点半的办公室，一个是政治老师坚守的文综办公室，一个就是涛哥的办公室。不同的是，一个是在等着我们，另一个却是在挑灯做题。

我在一个晚上去涛哥的办公室询问问题，一进门扑面而来的就是一股浓浓的烟味。只见他左手夹着一根快要燃尽的烟，烟灰在旁边桌子上撒了厚厚一层，右手拿着根笔在刷刷地算着。说实在的，每次我看到他这么刻苦地埋头刷题，都不太忍心打扰他……但最终还是打断了他的刷题工程。答完疑后我说：“老师我帮你倒烟灰缸吧。”

涛哥从层层叠叠的卷子里抬起头，顺手塞给我几本书和一沓卷子：“那辛苦你把这些也扔了吧。”然后转过身去嘀咕两句：“什么嘛，全是烂题……”

我看了看手上的书，如果没记错的话，貌似是上个星期涛哥才买的。翻开看看，基本已经刷完了。

多么可怕的工作量。

每次考完数学之后或者公布数学成绩之前班里就一片“aftermath”的死气沉沉，话题基本就是“这次数学太难了……”“这次数学耗光了我一生的脑细胞……”而每次涛哥总是会很得意地看着他出的卷子说：“我敢保证，没有一道题是废题。”

虽然我当时跟着同学一起哀叹，但是现在的我却有些懂了，那些得意洋洋后的辛酸。

他用他自己一夜又一夜的付出，去过滤那些“废题”，让我们在最短的时间、最少的精力消耗下，获得最大的回报。这是他的得意洋洋，也是我们的心酸。

这是其三。

如果数下去，还有其四、其五、其六……我的每一个老师都优秀到让我不敢不敬畏。我记得在政治老师因为手术而缺席的那一周里，来代课的老师看着我们说了一句话：“你们要是考不好，对不起自己倒是次要的，你们最对不起的就是你们这些辛辛苦苦兢兢业业的老师们。”

辛辛苦苦，兢兢业业。

他真的总结得很好，我的每个老师，都当得起这八个大字。

我从未听他们夸赞过自己的学术成就或是职称，亦或是把师德挂在嘴边，但他们所做的一点一滴都能让我心悦诚服地向他们献上那句诗——春蚕到死丝方尽，蜡炬成灰泪始干。

就像有人在网上说的那样：“我从未让他们骄傲，他们却视我如珍宝。”

虽然这句话的落款是“致父母”，但我觉得一样可以把它送给我的老师。

敲下这篇文章的时候才发现自己做了那么多或显性或隐性的让他们伤心的事情。班主任认真找我谈的许多次话，被我“嗯嗯啊啊”地糊弄过去了；政治老师希冀着我去询问问题的眼神，被我一溜烟跑到历史老师桌前的背影挡回去了；涛哥勤勤恳恳筛选出来的题目，被我简简单单写个思路浪费掉了……

我并不是一个省心的学生（班主任亲口所言），但他们仍愿意给予我最大限度的耐心、关心和爱护。

是他们，让我站在了这里。

谢师宴的那天，说好不哭的人，都哭了。

谁会舍得离开这些可亲可敬的人。是他们陪我们走过了人生最黑暗最心酸的一年，也是他们教会我们如何在人生路上走得漂亮。

We develop people who build better tomorrows. 还记得吗，班主任说过的。

十一国庆节，因为家里的原因我没有回西安，只能在人人上刷着消息，看着那些回去看老师的同学发的各种照片各种感慨，我突然发现我还想再回去听听老师们的课，哪怕什么都不讲，只是一番胡扯海谈，我也想再次重温那些课堂。

只不过，这些已经不可能了。

于是只能翻着一张张照片，在下面留下自己的羡慕嫉妒恨。

隔了一天的时间，一个在上海的同学发来一张截图。貌似是政治老师加了他的人人，上来的第一个问题就是："××，请用文化生活的知识分析为什么河南人反对用外国名称为本地地方命名。"

××："……老师您不要逗了。"

啊，看来他也很想我们。

老师们，遥祝安好！

姓　　名：李孝严
毕业学校：河南省郑州市外国语学校
院　　系：北京大学外国语学院（保送生）

岁月如画，青春无悔

有时无法相信，高中已经结束。似乎昨天我还是那个捧着鲜红录取通知书到高中报到的少年，忐忑而又兴奋地等待与新老师和新同学的第一次见面，今天，我却已踏上征途，准备迎接大学的洗礼。

岁月如画，往事如烟，过往那一幕幕仍历历在目，如电影般从面前闪过。毫不夸张地说，高中阶段是目前为止我感觉过得最快的时光，让我人生中第一次有了“时光如白驹之过隙，忽然而已”的感觉，似乎什么话都还没来得及说，好多事情都还没来得及做，很多经历还等着我去感受。然而它的的确确过去了，一去不返。

高中也是我最充实的一段岁月，是我人生中的一个小高潮。我不仅保住了学业，更成功地作为一名班级主要领导者参与到班级的建设与发展中去，既收获了经验，也收获了辉煌，更收获了成熟。我组织了运动会、歌咏比赛、外语角、篮球赛，导演了外语文化艺术节节目《哈姆雷特》并担当主演……一段段经历如一朵朵浪花在人生的海洋中闪出点点亮光，让我对岁月怀念，对青春无悔。

正确的选择

思绪回到刚入学的那一段峥嵘岁月。入学时，我选择进了学校的数学竞赛班。这并非一时冲动做出的草率决定。我从小就对数学很感兴趣，在小学和初中的一些数学竞赛如“希望杯”“华罗庚杯”中也取得了不错的成绩，加上对数学竞赛的满腔热情，就理所当然地认为自己肯定能在竞赛班做得很好，毕竟有丰富的竞赛经验，能进数学竞赛班也说明自己有这个能力。在这一点上我毫不怀疑。

然而，生活并非一帆风顺，人对自己的估计也会因为对客观环境的不了解产生巨大的偏差。正式开学后我才发现班里真是人才辈出：有综合成绩好的，中招考试状元、榜眼、探花都在我们班，全市前十五名班里有六个，更不用说来自省内其他地方的高手了（我校是全省最好的高中）；有的数学竞赛成绩辉煌，他们大多是外地生，由于在初中取得了令人瞩目的竞赛成绩，受到我们学校的重视，被特招过来；有的多才多艺，获得过多种专业证书。与他们相比，我太缺乏亮点了，没有哪一方面能够做到全班最好，总想争取第一的我有些沮丧。但我是一个自信的人，始终坚信我是最好的，即使有些人现在比我强，只要我凭借自己的聪明与努力一定可以超越他们。我是这样想的，也是这样做的。开学后第一次月考我就考了年级第十一名，班里第四名。这还是个不错的成绩，也让我更加自信。

这时候我却在考虑：我可以在此时退出竞赛班，进入平行班。为什么我会这样想呢？主要原因是竞赛班的模式让我担心出现偏科现象。竞赛班重点在于学科竞赛，对基础学科不够重视，而且竞赛作业极多，自己想提升一下其他学科也是有心无力。况且我从一开始就没有把赌注押到数学竞赛上，也不指望靠数学竞赛将我送至名牌大学，所以这种模式让我对未来有了一些担忧。但除此以外，还有另一个原因，就是我想参与班级管理工作。

初中时我没当过班干部，将主要精力都放在学习和运动上，对班级管理不感兴趣，也不相信自己有能力管理好班级。所以我想，进了高中以后，我是不是要勇敢地尝试一下？在军训期间的班长竞选中，我勇敢地站了出来。出乎我的意料，我的口才居然征服了班内的大部分同学，让我能够力压各路英豪，当选班长。

然而做任何事情都不是仅凭一时热情就可以做好的，荷尔蒙只能左右做与不做的问题，真正可以用来解决问题的是理智与经验。很显然我极度缺乏经验，在这方面完全是空白。第一项大型活动是高一的运动会，我们要设计入场式，选服装，组织排练。由于缺乏沟通，很多情况下，我是在孤军奋战。因此，我抱怨他们不积极、不负责，结果起了争执，我心里很失落。我一次又一次告诉自己："没有关系，不要灰心，你只是缺乏经验而已，慢慢就好了。"工作渐渐有了好转，我也备受鼓舞。

但是，我纠结于究竟要不要退班。虽然，学业与工作都在不断向好的方向发展，我也变得更加自信。但是，我越来越清晰地感觉到竞赛班会影响我的前途，竞赛班并不适合我。在这里，我的视野会变得狭窄，我的综合能力会随着竞赛水平的提高而降低。最后，经过慎重考虑，我选择了退出竞赛班。

这个选择直到现在我仍然不后悔，这次选择是我高中阶段最为明智的选择。因为我转出后收获了更多的快乐与锻炼能力的机会，同时也让我得以进入北京大学。这次选择的经历给了我很大的启示：我们都会犯错误，可能都会走一些不适合我们自己的路。这个时候，第一要保持良好的心态，将损失降到最低，不能被彻底打败，否则，心死了，人就难以前进；第二，要明白什么是适合自己的，要学会安排自己的人生，发现存在的问题要及时解决，勇于做出改变。

快乐与烦恼

退出竞赛班后，我来到了一个新的班级。说是新班级，班里却有不少老同学。而且新班级的班主任是一位很出名的班主任，做事很有个性，也很有方法。在他的带领下，整个班级有一种浓浓的家的氛围，让我一来到这个班级就有一种归属感与亲切感。

心情舒畅了，加上“无官一身轻”，学起来更加有底气，也更容易沉下心去钻研。期中考试，我又取得了不小的进步，更加赢得了老师的青睐。成绩发布当天，老师宣布让我担任班长。这让我心情很复杂，一方面这是老师给我的肯定，当众宣布任命并给我自由组阁权更是我极大的荣耀；另一方面，当班长失败的经历始终如阴云般笼罩在我的头顶，毕竟这也是我退出竞赛班的重要原因之一。我究竟能不能当好这个班长，能不能不辜负老师的信任，我仔细掂量着。经过在这个班级一个多月的生活，我与同学们相处得很好，班级管理的体系已经形成，良好的氛围已经不缺乏。我从原班委那里学到了不少，加上老师让原班委成员辅助我的工作，种种条件让我接受了这个任命。

接下来的日子里，我慢慢学会了做一个班级领导者，越来越多地组织班级活动，并取得了骄人的成绩。当然，这和我们班形成的班级凝聚力有很大关系。同时我也能看到自己的成长，慢慢形成自己的班子，形成自己的体系，形成自己处理问题的一般程序。老师的管理越来越少，老班委完全退出班级的管理，我和我的小伙伴们终于成为班级运转的核心，我们取得了一个又一个团体第一名或是一等奖。

生活并不总是一帆风顺的，困难常相伴左右，其中最突出的矛盾就是学业与工作的冲突。每周都有的班长例会占用了宝贵的自习；作业极多的某天，却被告知有一个很长的会要开，而且不能缺席；临近考试，紧张复习的夜晚，却收到紧急任务，要求马上完成，更不用说布置考场了。于是，就出现了这样的场景：周四周五月考，周三和周四晚上我们九个班委还在我的组织下开会安排周六全班的郊游；作为话剧《哈姆雷特》的编剧导演兼演员，用各种自习课、外教课甚至英语课（由于是英语剧，英语老师很支持）去英语老师办公室改剧本，然后用各种本该自习的时间排练，翘掉整个周六上午的课去市里挑演出服……

每个人在这时都会疑惑：学业还是工作？二者能兼顾吗？班级

工作影响到了我的学业，这究竟值不值？我是否应该告诉老师我无力兼顾？但我从来不是一个轻易被困难打倒的人。困难是什么？不是阻碍我们前进的拦路虎，而是磨炼我们意志，使我们内心更强大并使我们有更大进步的动力助推器。没有时间，整日忙碌怎么办？不是逃避！不是无助！也不是迷茫！自己解决问题才是关键，提高效率，增加单位时间产出，才是问题的答案！

我坚信自己能兼顾。于是我养成了把事情做在前面的习惯，渐渐习惯于预留额外时间以防止突然情况的发生，我把复习工作更多地放在平时，而不是考试前临阵那一会儿……当然，有时候，工作与社会活动还是影响到了我的学习，在我的内心产生小小波澜。这时我不会再急躁，不会再焦虑，我知道，问题是不可避免的，人活着就会与困难为伴，对应的办法也总是有的。我相信，只要抛除杂念、理智分析、冷静思考，没有迈不过的坎儿，没有解决不了的问题。

最后的日子

高三终于来了，比预期的早一些，这可能是心理因素。没有人能真正做到心如止水，未来充满未知，谁能预料到下一次考试会是成功还是失败？一年前的今天，我还在忙碌着，为了大学而忙碌，却似乎又不知为了什么而忙碌，因为我无法知道能否被保送，也不知道能被保送到什么样的学校。那一段时间，为了外语类保送而背单词，却时常出神，不知道自己目前做的事有多大用处，因而常常感到迷茫。

生活充满选择，校内选拔考试成绩出来后，我在清华、北大、浙大之间犹豫徘徊。父母是主张我去浙江大学的，通过率极高（我们学校每年有二三十人参加选拔考试几乎没有被淘汰的），而且南方气候好，景色秀美。但我知道我不属于那里，北京大学才是我的真爱，它一刻不停地召唤着我，让我魂牵梦绕。于是，我人生中第一次真正为自己做出了选择。我不知道这个选择对不对，也不知道我的选择会产生怎样的结果，更无法预料我能否被录取。

我的脑海里已经给失败预留了空间，但我却成功了。当我得知我被保送第一志愿录取时，内心有过一丝欣喜，但更多的是平静。我一直是按照一种顺遂心愿的方式来生活的。我相信，生活是不会欺骗一个努力的人的。

我早已想好，即使失败，我也不会后悔，不会感叹命运不公，不会怨父母当初没有坚决地阻拦，更不会认为生命失去了希望。因为我知道，无论现时的失败在你看来有多么痛苦与不可跨越，但在人生的长河中都不算什么，正所谓“看成败人生豪迈，只不过是从头再来”，只要心在，梦想在，就能远行。即使路上有艰难困苦，也无法阻止我前进的坚定脚步。生活就是这样，你想开了，负担就小了，成功也就来了。这次经历更告诉我：生活中总是充满选择，我们不求、也没法做到每次选择都是对的，我们所能做的不过是对自己的人生有个总体的规划，在充分了解情况的前提下果断选择，选择了就不再后悔，这样人生无论是否很成功都会很多彩，很有意义。而一旦这样做了，生活总会给你意外的惊喜。

姓　　名：哈尔西哈·库尔曼江

毕业学校：新疆生产建设兵团第二中学

高考成绩：总分665（含少数民族加分）　语文120

数学137　英语125　理综233

院　　系：北京大学城市与环境学院

感恩那些年陪我走过的人

感谢我的父母，感谢我的老师，感谢我的朋友，感谢我的同学，他们助我实现梦想！

——题记

我是一名哈萨克族小伙儿，来自祖国边陲美丽的小城新疆伊宁，我在父母的呵护下度过了15年。因为初三的一次机会我幸运地考上了首府乌鲁木齐数一数二的高中——兵二，从此以后开始踏上异乡求学之路，来实现北大梦！

感恩父母——理解我

我最要感谢的是我的父母，不仅仅是因为他们为我提供经济支持，更是因为他们对我的鼓励，对我每次处于低谷时期的信任和劝导，对我每次选择的全力支持，对我生活的谆谆教导。我相信没有了这些就没有我今天的一切。

想想高一刚来兵二时我是多么的想家，多么的不适应宿舍生活，多少次想打退堂鼓，可是父母每次及时的电话中那一句“现在不学着一个人生活，什么时候才能长大”深深地震撼着我的内心，自始至终我都牢牢记住了这句话。但是即便如此，随着慢慢适应高中的生活，我也渐渐不太听父母的话了，每次电话打来，我都有点不耐烦，现在想来真是很愧疚。父母在外面拼命挣钱供我上学，每次都会关心地啰唆两句，但却成了我当时不耐烦的理由，我真的感觉很对不起他们。

但是到了高三，我却不由自主地喜欢和他们沟通交流，跟他们说说我一天的收获，说说我最近在忙什么，这对于我这个每天没日没夜学习的人来说，真是最好的放松方式，很感谢父母每次都认真聆听我的倾诉。

整个高三一年，他们没给过我一点压力，我觉得这是我能成功的重要因素之一。每当我忧虑自己考不上理想的大学的时候，他们总会安慰我说："尽力就好，能考哪儿是哪儿，我们没有要求你非要考哪儿。"我很欣慰，心里总会充满拼搏的力量，就为了能让他们安心，能让自己对得起他们！

感恩老师——支持我

我很幸运，在我的高中，在奥赛班（我们学校最好的班级之一）能遇上一位对班级管理比较松的班主任，我们亲切地叫他老崔。他的宽松和其他所有班主任的严厉形成鲜明对比，我认为正是因为如此，我们班才创造了更好的成绩。他这样的管理方式也让我感到十分轻松自在，没有感觉到太大的压力。

作为班上的少数民族之一（共有两个），我和班主任的关系也很融洽。可是在高一，我大概是因为没有跟上高中学习的节奏，期中期、末考试成绩都很糟糕，我本以为自己会被踢出这个班集体。可是第二天放学老崔把我单独叫到办公室，跟我认真地交流了一番，足足有两个小时，我深深地感受到了他对我的关心。当我听到他想让我考北大时我愣住了，一个从来没敢想过的大学，一个奢侈的梦想，感觉突然离我很近。也是从那时开始我有了这个目标，在我看来那次谈话真正改变了我的观念想法。

第二个我想要说的是语文老师，我对她既有感谢也有一点抱怨（感觉这个词用得有点过分）。语文课的主角永远都是她认为的“好学生”，像我们这样的语文“差生”基本上得不到什么锻炼的机会，语文课上和老师争辩的结果往往是被老师损得一无是处。

可能以上描述带有个人的感情色彩，或许不是很准确，我并不是出于对她的报复，只是陈述我所经历的事实。

但是她却在私下给予我很大的帮助，每次大考结束后，她都会叫我到办公室，跟我讲很多课堂上学不到的东西，一些值得我为未来思考的东西，我认为这些很重要。她很相信我，也经常鼓励我询问我的情况。有一次清华北大负责人来校招生时，她把我介绍给他们，给了我很大帮助，真的十分感激她，同时我也用自己的成绩回报了她。

我再说说我们的年级主任。高一到高三，我不知道因为手机问题被她抓了多少次，每次的宽恕都会让我感到愧疚，每次经过她办公室时也会被叫进去告诉我努力冲清北，他们如此信任我，也使我充满动力。

我很佩服我们年级主任的敬业精神，也十分尊敬她！在高三最后的日子，她时常为我加油鼓气，很感激她！

感恩朋友——关照我

刚来这里我认识了我们班的另一个哈族男生，后来我们成了很好的朋友，确切地说应该成了真正的兄弟。到了高二，我和他分到了一个宿舍，从高一到高二几乎每天都是和他一起去上课，一起去吃饭，一同自习，可以说是形影不离吧。

我们不仅仅是哥们儿，更是学习上的帮手和对手，互相鼓励，互相学习，相互之间也免不了竞争。正是我们之间这无形的比拼，无形的努力，无形的互相促进，才让我提高得更快，我想如果没有认识他，我今天或许不会有这样好的成绩。

我很感谢他，在我学习低谷时拉我一把，在我身体不适时细心照顾我，在我松懈时主动给我施压，让我努力。朋友不在多，而在知心，我觉得能认识他这样一个朋友，一生都值了。当然我们之间也会有争吵，也会有些许不和谐，在我看来这些都是正常的，说实话高一时特别不适应和他一起学习，毕竟我会感觉压力很大。但是到了高二高三，我们之间就不再是单纯的比拼，更多的是理解和谐。毕竟我们慢慢长大，一些东西也看开了，我不希望因为学习的原因破坏我们真挚的友谊，这种难能可贵的友谊是我们青春的见证，也是日后我们对高中生活的一种美好回忆。

在高三拼搏的日子里，这些更显得珍贵了，当然最终他考上了复旦，我考上了北大，我们都很优秀，我们的努力没有白费。我觉得很少有人能拥有像我们这样的友谊，我们无话不谈，彼此之间肆无忌惮，现在想想我们在一起的日子我都能笑出声来。感谢你，兄弟！

在这里我还认识了另一个朋友，我们关系也很铁。可能是因为他高一高二没住校的原因，那时我们只是普通朋友；到了高三，每天下课我们三个总是围在一起，有说有笑，各种吐槽，各种开玩笑，和他们在一起我永远都是很轻松的，这也让我释放了不少压力。他虽然年纪比我小却像大哥一样，每次都会很认真很有耐心地跟我讲道理，在我烦躁的时候开导我，每次我都会为他的那股严肃劲所感动，在我心中他真是一个大好人！学习方面，由于我生物不太好，他也会主动给我找题让我做，也会每次跑到我的教室或宿舍给我讲解题目，每次我的心里都装满了感动。真的很感谢他。他的负责和耐心也深深地影响了我。总之他是一个值得学习，值得结交一辈子的好哥们！

再来说一下我的舍友。高一时的一个室友每天都很“二”，更确切地说是乐观的“二”，虽然成绩有点不理想，但是丝毫没有影响到他的心情，我也时常被他感染到，开开心心地过每一天。我们会一起打球，一起开玩笑互相损对方，有他的地方永远都有欢笑，高三也因为他我释放了很大压力。

高二的两个室友就是那种“学霸”类型了，是年级中的佼佼者，而且人都好得没话说。但凡我们有不会的题，他们都会耐心地讲解，每次都让我们获益匪浅。高三那段每天熬夜奋斗的日子至今历历在目，我们一起努力，互相加油打气，偶尔学累了，也会把学习放一放，开始各种胡侃，一聊就是深夜，等笑够了聊够了就睡觉，当时真的很享受这样难得的闲暇。

宿舍四个人的关系一直都是很和谐融洽的，也正因为如此，我们创造了高考宿舍之最：一个清华，两个北大，一个复旦。我们感到骄傲自豪，我们是最棒的！

感恩同学——帮助我

虽然是最好的班级，但并不是传统的那种只学习不参加其他娱乐活动的班级。班里有很多活跃的人，也有像我这样能调动班级气氛的人，我们有说有笑，学习之余也会有很多欢笑声。我们学得很轻松，每天的生活丰富多彩，并不是只有单调的学习，即便是到了高三，虽然课间少了很多嬉闹，但是大家也都在很轻松地学习。

我很享受这种氛围，感觉十分轻松。每周六下午放学后是住宿生最欢乐的时光，那一晚我们都会在班里的电脑上看电影看美剧，一看就是好几部，其他班的同学都会过来凑热闹，整个教室真像是电影院。

在学校举行的运动会上，我们班是实验班中唯一一个拿到前三名的班级，可以说是史无前例，我们学习好，体育也很好。平时在班里，同学之间相处得很好，我人缘也比较好，总会和同学有共同语言，总能和他们打成一片，能在这样一个和谐的班集体中学习生活，我真的很幸福。

再来说说我的同桌。高中前两年，我们一直坐一起，生活上我们互相帮助，学习上互相鼓舞，互相促进，就这样我们都取得了很好的成绩，这是我们共同努力的结果！现在的我很怀念那时的日子，毕竟同桌陪我度过了我的青春时光！

我感谢每位陪我度过高三的人，正是因为你们的存在，我才能让北大这个理想不再是梦想！我坚信只要有梦想，并且朝着梦想始终不渝地努力下去，终会有见到彩虹的那一天，等那天真正来临的时候你会感叹自己的伟大！在这里希望还在高三拼搏的学弟学妹们能够继续加油，把学习坚持下去，熬过这艰难的高三，你们就会成功实现自己的理想。相信自己，扬帆远航！

第三章　技巧篇

掌握方法 各个击破

高考被喻为“千军万马过独木桥”，只有将综合实力发挥到最佳的人，才能脱颖而出。其中综合实力来源于自身与外界共同的锤炼。而我希望，能用自己的学习经验，为学弟学妹们提供外界的帮助。

姓　　名：董明志
毕业学校：中央民族大学附属中学
高考成绩：总分678　语文136　数学134　英语136
　　　　　文综262　加分10
院　　系：北京大学经济学院

觅寻幽香

——英语学习经验技巧

写在前面：我从小没有接受过专业的英语训练。在上高中前，我主要通过简单地背诵来学习。但是，上了高中后，我明显感觉到自己在英语上与别人的差距。从高一的昏昏欲睡到高三的热情满怀，我慢慢推开了英语的大门。

起舞弄弦

也许一开始我对英语没有那么浓厚的兴趣，刚上高一的时候，便没有花很多精力在上面，并且希望能够借助以前的背诵方式来得到一个还算不错的分数。然而，事与愿违，我渐渐地发现，我的英语实际水平并没有提高，而且越来越大的阅读量让我在英语考试过程中越来越感觉时间不够用。

首先我从自身来分析英语学习中的问题。第一是对基础知识的掌握不扎实。知识的输入，我主要依赖于课文，我往往只是为了应付老师而去背诵课文，并不是有选择、有重点地去吸收。第二是听力练得太少，平时集体听力训练的时候不认真。第三，课外知识的输入太少。由于学习时没有目的和计划，我平时在英语上投入的时间过多，因而也没有很大的兴趣扩展课外知识。

然后我便“审视”周围的同学。许多同学都有比较雄厚的英文基础，并且他们对课外知识都有很大兴趣，还有一些同学会经常听一些英文广播。

了解了自身的问题和别人的长处后，我便开始寻找策略来提高我的英语成绩。记得在高一下学期的第三次月考中，我的英语成绩跌到了谷底。那次考试还没有完成阅读题便到了截止时间，满分120分的试卷仅得了80多分。因而，之后提高英语成绩的过程也显得格外艰辛。

探寻小径

现在再来回顾，渐渐发现，英语成绩并不是只与积累有关，如果高中阶段继续努力，寻找方法，那么英语成绩也会得到很大的提高。而我提高英语成绩的关键有两个：第一，大量英文信息的输入；第二，有效地选择性记忆。

英文信息的输入我主要依靠三个途径。

第一是课本。我现在背诵一篇课文并不是依靠单纯反复性朗读来达到，而是首先选出自己感兴趣的词组和句子，记在本上。之后，以这些词组和句子为重点，将整篇课文串联起来。

第二是平时的卷子和听力练习，再加上词典。在高一下学期的第三次月考之前我在做完题或听完听力之后，便把书本扔到一边，没有想过去总结。但是自那时起，我便把每次做过的卷子及平时训练的听力中不会的、感兴趣的词组以及单词记录下来，并且查词典，尽可能多地将词典上的短语以及意思抄在本子上。这些意思并不需要完全背诵，在看本子的时候，我可以大致浏览一下这些词的意思，心中有一个印象。这样多看几遍，有助于以较简单的方式在脑海中形成记忆。

第三是新概念英语以及其他相关的非教材英语书籍。这些书本不但能增加我们学习的兴趣，并且还可以让我们学会一些地道的英语表达方式。学习这些书籍与学习课本的方法类似，将自己感兴趣的表达记下来并运用到作文中，这是英语作文得到高分的关键。

因而，在做完以上积累之后，我们便会形成一个记载英语短语和句子的本子。对于书本上的知识，我们一定要努力去背诵。对于第二和第三部分的积累，我们可以先大概形成一个印象，然后在做题过程中碰见比较熟悉的词时，就拿出这个本子来回忆一下这个词的所有用法。日积月累，相信积累量能够有很大的提高。

如何将自己的积累量反映到试卷上？这也是我当时反复思考的问题。每次英语考试的时候，我总是感觉时间不太够。主要问题应该在于，我平时的训练量太少，不太适应考试时的大量题目。于是，我便开始了英语的适应性训练。

首先，我借鉴了上一届师兄师姐的建议。采取"32323"的方法来做英语阅读训练，即周一、周三、周五做三篇阅读，周二、周四做两篇，剩下的时间用来整理阅读材料，同时每天再做一篇完形。尽管题目训练量上去了，但是我感觉考试时间依然有点紧张，并且在很长一段时间中，我还是找不到问题的所在。直至到了高二，英语老师开始让我们每天做一套题。刚开始的时候，我依然感觉很吃力，因为我在每一道题上花的时间都太多了。但是，随着对一套套试卷题目量的习惯，我慢慢地能够在规定时间内做完一套题。

试卷中除了阅读和完形两大块，还有一个不容忽视的部分便是作文。我的作文一开始就没有什么突出的地方，因而，英语的总体分数也不高。看着同桌优异的作文成绩，我便忍不住向她讨教了一下经验。我才发现写好作文要有两个条件：第一，有大量的常用固定结构和句型的积累，这个可以通过积累本做到；第二，有较为充裕的作文时间。据说一篇好的作文，得花上 60 分钟左右的时间来完成，但是，我当时每次仅留 35 分钟左右的时间来完成作文。因而，我建议如果想在英语上拿高分，作文要花较多的时间来斟酌。

尽管我在高二时便得出了这个经验，但是直至高三上学期，我才真正有这么多的时间来写作文。而老师的训练便是我能得到这些时间的关键。

高三开始时，老师要求我们训练试卷时除了作文和听力，其他的部分要在45分钟之内完成。这对当时的我来说，几乎是不可能做到的。最后着老师对阅读回答技巧的讲解，即扫读一遍文章，大致得出每一段的中心意思，然后再读题，看看每一段具体问的是什么内容，之后便在具体的段落中去寻找问题的答案，等等。这些方法为我节省了大量的时间，让我有时间去细细雕琢作文。

关于听力，由于条件有限，我的听力训练仅是跟着班级一起做，并没有增加额外的训练。但是在每次听力训练前，我都会进行积极的心理暗示。比如，把这次听力训练想成是某次考试，然后让自己集中注意力，就这样把每次训练都当成考试来看待，最后思索为什么当时会做错。在这种方法的激励下，我的听力水平也突飞猛进地提高了。

在朋友的帮助和老师的指引下，我的英语成绩迅速地从100分左右稳步上升到135分左右。这一切，都要感谢我的师友，是他们帮我开辟出一条小径来敲开英语的大门。

繁花之韵

高考总复习的时候，我还是坚持着英语做题的“32323”计划。一切都没有因高考临近而改变，英语学习变成了一个有计划、稳定性的工作。我想，这正是由语言学习的特性决定的，即把学习看为常态，通过日积月累来达到自己的目标。

高考总复习和平时的英语学习在节奏上并没有很大的差别，因而，我三次模拟考试的成绩也相对比较稳定，一切都风平浪静。但是在高考英语考试前，却出现了一些紧急状况。

因为英语考试是高考中的最后一场考试，我在上午紧张的文综考试后，便有些放松，同时由这个放松带来了焦虑。这种内心的纠葛导致我中午没有睡着，并且赶赴考场前一喝咖啡就吐。当时我的脑袋也是昏昏沉沉的，内心也非常紧张。

但是，我马上意识到，这种高度紧张和自责的心态不利于我参加考试。我尽量让自己沉静下来，并且不和家长或同学抱怨没睡午觉的事情，在车上闭目养神。到了考场之后，拿到卷子，我便暗示自己这不是高考，仅是一次平时的小练习，不用紧张。之后，我尽量按照平时的训练节奏来完成这份试卷。尽管在阅读上花了比较多的时间，但是我在考试结束铃响的刹那放下了笔，在比较疲倦的情况下完成了高考的答卷。

到这个时候，我才发现平时练习时留出时间的富余量是多么重要。因此，我感谢平时的训练，那些训练让我能够在高考中完成英语答卷，让我能够有机会去实现自己的梦想。

从不到 100 分到最高的 140 多分，我从一个看花的少年变成一个走进英语的寻花人。敲开英语那扇门，这不仅仅指我在高考中得到的不错的分数，还有这门语言学科所教会我的东西。

在整个学习过程中，我发现了一条学习语言的规律，即阅读和挑选。阅读理解题日以及课本和各类参考书，这些能让我们广泛地接触这门语言。之后，我们便依靠自己的、师兄师姐的以及周围同学的经验去挑选自己感兴趣的或者重要的表达，去反复记忆。最后，再通过做题去了解题型，完成知识点和题目的对接即可。

因而，在我看来，不论是学习一门科目还是达到任何一个目标，最重要的是，形成目标导向型的思维方式。当我们在学习或者做任何一件事情时，我们要考虑到自己想要达到的目标，不仅仅是可以量化的而且更重要的是精神上的。之后便去培养自己精神上的品质，比如学好英语，我们一定要有耐心、好奇心以及积累的精神。你要相信，当有了这些精神品质之后，无论再发生什么状况，如失眠，你都会更加游刃有余地去面对和解决。即便最后达不到目标，我们也不会因此而失望，因为我们的精神得到了提高，得到了满足。

“路漫漫其修远兮，吾将上下而求索。”愿各位学弟学妹秉承着对某个科目的追求，去愉悦地学习。无论结果如何，记得我们曾经努力过，记得我们现在要努力，记得我们将来也要继续奋斗。愿共勉！

姓　　名：罗杨智
毕业学校：广西柳州市铁一中
高考成绩：总分634　语文116　数学126　英语118
　　　　　文综244　少数民族加分5
院　　系：北京大学哲学系

历史学习三部曲

——我的学习经验小谈

历史的学习说难不难，说易不易。觉得难，可能是因为对历史这一学科不喜欢、学习习惯不好、做题考试没有把握好方法……成绩好的原因是相似的，成绩糟的原因却数不胜数。作为一个对历史学习小有心得的人，我主要针对历史这一具体学科的学习及考试方法与大家分享经验。

第一步：爱上历史

或许你会觉得这应该一笔带过或是略去不提，但我不这样认为。多少英雄豪杰不过是历史中的朵朵浪花，速生速灭；多少阴谋阳谋掀起历史中的惊天波澜，反复重演。心怀敬畏，感受历史的磅礴、滑稽、可爱、悲壮；心怀温情，把自己带入历史之中，体验历史人物的喜怒哀乐、悲欢沉浮……如果说学习历史有“心法”，这心法便是对历史的敬畏与温情。学习历史要走正道，对历史产生感情是第一步。只把历史当作一门考试科目其实也可以，但历史如此博大精深，这样学难免会造成浪费。而很多人可能会说，历史书实在无聊，哪里能学到“高级”的东西。

其实，想要对历史有感觉也未必那么难。想想电视剧、小说、游戏、动漫……大部分文化娱乐活动中都或多或少地包含着历史的元素，而从小被包围在其中的我们，早在潜移默化中受到历史的熏陶。课本或许是苍白的，但课本中的历史人物是有血有肉的，历史中的故事同样精彩绝伦，不输于小说电视。我们可以发挥想象，将自己当成历史人物，去感受历史的一呼一吸；还可以将进行文化娱乐活动时培养的对历史的感情转移到学习中来，破除对历史课本的成见：挑某个轻松愉悦的时刻，拿出桌子角落里的历史书，想象自己是在某个阳光明媚的午后，从图书馆的书架上随便抽出了一本薄薄的读物。翻开书页，你知道了它是与历史相关的，并且语言风格简练清爽。开始读了，你在目录上流连，捕捉到一个吸引你的词，如开元盛世；翻到相应的章节，看到唐玄宗为了富民强国而颁布的种种措施，你仿佛看到了千古一帝治理天下的雄心壮志，为大好河山设计出种种前景；你仿佛聆听到了朝堂之上君臣的精彩讨论，或亲临京都街巷见证政策带来的种种变化……一旦充分调动你的各种感官，读史其实是一种享受。

第二步：记住历史

记忆对历史而言恐怕比对其他学科更为重要。倘若我们不能记住课本中林林总总的史实，做题应试便会处处受阻；任你悟性多高文采多好，也无法将高分收入囊中。记忆方法大家肯定听过很多，其中有趣或高效的肯定不少。这里我向大家推荐的方法看上去或许不那么巧妙，但我觉得它们更实用。不仅能帮你更好地记忆，还能协助你把知识系统化、理解深层化、结构清晰化。

1. 归纳法

对史实的分类记忆绝对是重中之重，尤其是在学完课本上古今中外浩如烟海的史实后。史实的分类标准是多种多样的，你可以打破课本对史实的划分格局，将它们填入你想出的各种门类，比如国别史、科技史、战争史；会议类、法律类、运动类；名人录、条约录、文物录等等。这些门类是交叉连接的，比如将科技史与国别史结合，或是运动中涉及条约。需要注意的是，既然设定了某一门类，就要对那些交叉相关的史实进行筛选，使门类中的内容清晰。并且门类宜精不宜多，不要因追求奇巧全面而颠倒主次，耗时耗力徒增记忆负担。

2. 对比法

对比法是归纳法的补充。很多史实是需要对比的，可以是同类事件的对比，比如中国古代的历次农民起义，这时对比的是史实的具体细节；可以是相反事件的对比，比如中国历史上著名的失败或成功的变法；可以是中外史实的对比，比如某年某月中外各发生了什么大事件……通过对比，既能强化记忆，还能加深理解，提高辨析能力。

3. 关键词法

一些具有特殊意义的史实是历史考试的一个重要考查部分。这类史实通常与“首次”“最重要”“标志着”等字眼相连。很多人只是在记忆单个史实时附带记忆这些特殊意义，而我们可以将这些史实通过关键词分类，不仅便于记忆，还能将重要史实联系起来，使我们把握某一阶段或种类历史大的发展方向，据此窥见历史主观题可能考查的重点史实；在平时练习或考试中答主观题可以运用发散思维，避免笔下无物。

4. 知识树法

知识树法是记忆史实、把握结构的一个好方法，可以用来记忆时间、事件等具体而繁杂的课本内容。以时间为例，首先，可以将一些较为重要的时间标注在课本正文旁的空白边栏。这样做除了方便我们选取知识树的内容，还有另外的作用：复习时边浏览边栏中的时间，边回忆对应史实，记不起来的话可以随时回归课本填补记忆漏洞；或是先做标记，等浏览完全部对象后再统一处理。接着，粗略地画出知识树的结构，然后把时间填入相应的枝丫。可以把月放在粗枝干上，把日放在月的分支上；也可以把一系列事件中关键事件的时间放在粗枝干上，把其他时间放在分支上。还可以借助分支表现前后关系、因果关系等。

5. 口诀法

首先我要劝大家谨慎使用口诀法。今天我们能搜索到的历史口诀已经多如牛毛，似乎一条搞定大部分史实的捷径已经展现在眼前。但要注意，语言粗糙、逻辑牵强、史实选取不科学的口诀也随处可见，这不仅不利于我们高效记忆，更会阻碍我们对知识形成合理精练的串联。此外，通过口诀记忆史实的话，我们在做题时就必须先回忆起某套口诀，再检索出我们需要的信息，这就比直接记忆多了一个程序，而这样的过渡会破坏做题的速度与思维的流畅性。

第三步：备考历史

历史备考需要注意的细节很多，首先当然是复习。时间充裕时，可以温习课本和习题；时间紧张时，可以浏览课本目录把握结构、做考试真题练手。至于具体的做题考试，最重要的便是把握以下三个步骤：把握题型、培养做题习惯、按模板答题。

1. 把握题型

把握了出题类型，才能明确试题要考查什么知识点与应试能力，主观题还涉及选择什么模板进行答题，而不是拿到一套题就开始做，想到什么写什么，被题目的表面文字牵着走，不知不觉就掉进陷阱或是找不着答题方向。

客观题的题型五花八门，但也有规律可循。每个人都可以按自己的喜好设计分类，但设计要尽量有概括性与普遍性，比如先按所考查的能力分为记忆类、辨析类、感悟类、常识类、混合类，再在各大类中按内容或逻辑分为时间类、意义类、因果类等。每次做题时，先将试题划归相应的类别，便把握了正确的思考方向。比如你在做某道题时，记不太清史实细节，假如你判断出它要考查的是对一类事件的意义辨析，你就不会先去纠结出题者故意安插在各选项中的时间数据，而是注意考查选项中对事件意义的描述语言。而假如你碰到的那道题中插入了很多拗口难解的文字材料，你也能感觉出应该从哪个方向去思考或是哪个选项明显与出题方向无关，而不至于盲目地做出选择。主观题的分类原理与此类似，这里就不举例了。

2. 做题习惯

做题要有好习惯。看到一道客观题，先把题目中的时间、人物等关键词标出来，判断选项时一一对应，避免瞬时记忆出错或缺漏，也有利于检查。一定要仔细看题目的设问，有些题会特意针对同学们“游遍题海”的特点“旧瓶装新酒”，把你引入陷阱。做题中想不起史实时，不是特殊情况不要拖延，因为纠结往往只是浪费时间，还影响做题节奏和心态。而对于历史主观题，读题也很重要。可以先看问题再看材料，看材料的同时顺着设题点勾画重点，一定要仔细读题，挖掘材料信息。就我个人的应试经验而言，答主观题并不需要绞尽脑汁地发散思维：考查课本重点知识的，课本中已经提供了系统论述，可以据此提炼回答；考查“野生”知识的，一般可以从材料中挖掘出主要答案，再回忆课本中相似知识进行补充渲染。

3. 答题模板

这是专门针对主观题而言的。有的同学不喜欢套路，觉得这会束缚住思维，但我们应该认识到，从花样繁多的题海中归纳出某些模板较之天马行空率性作答是一种更高级的能力，而考试考查的正是这种能力。从考试策略的角度看，模板可以弥补其他能力的欠缺。记不得史实、找不到答题方向是每个人都可能遇到的问题。适当运用模板，不仅有利于抓住得分点，还能给阅卷老师留下很专业的印象，考虑到流水阅卷的高速度，很可能捞到“好感分”或是“错眼分”。由于不同考区不同教材有着不同的模板风格，在此不具体举例，同学们可通过老师传授的经验，并结合自己研读规范考题的心得，总结出相应的模板。

最后：大胆尝试

读了这么多年书，大家早就见惯各种各样的经验介绍了。面对各种学习方法，有的人浅尝辄止，永远走在搜集各路秘籍的路上；有的人干脆无动于衷，任你妙语连珠我自岿然不动。我想说的是，别人的经验只是别人的，你膜拜也好不屑也罢，都不重要。重要的是自己去探索，去尝试。不少情况下，膜拜者看似积极实则焦虑：用简单的搜集代替艰难的学习，从中得到短暂的正能量与虚假的知识富足感；不屑者看似不屑，实则恐惧：不尝试便永远不会失败，不失败才能继续维持自我的美好假象，这种自我欺骗非常普遍，也曾很多次成为我在困难面前望而却步的帮凶。所以我特地在文章的最后提及，希望大家在学习历史的过程中注意摒弃那些自我欺骗的伎俩，清醒而勇敢地踏上尝试之旅！

姓　　名：杨翼菡
毕业学校：四川省南充高级中学
高考成绩：总分652　语文112　数学137　英语134
文综239　自主招生加分20　省优干加分10
院　　系：北京大学哲学系

浅谈高中地理学习方法

第一部分　学习地理的思想准备

作为文科生，身边的很多同学总是把数学和地理视作两个仇敌，而这两科又偏偏是我觉得最简单的两科，其中最简单的又莫过于地理。因为高中地理介于文科和理科之间，需要用理性思维理解一些东西，但不过于复杂，剩下的工作就是用偏感性的思维去分析和表达。且比起文综的另外两个科目——历史和政治，地理显得最为客观实在，不带有一点阶级色彩，又与实际结合得相对紧密（比如农业和工业的区位分析），所以事实上是实用性最强的一科了，因此深得我的喜爱。这种对地理的喜好对于我的地理成绩一直稳定地保持领先地位起了重要作用。地理中的主观题改卷是比较固定的，不像政治和历史那样有很强的主观随意性，所以高考中地理依然没有让我失望，在今年四川文综改卷主观题偏严的情况下拿到了与平时差不多的分数 87 分（估分 92）。

因此，同学们学习地理的心理准备就是要消除对地理的偏见，尽量喜欢上这门学科。即使实在没有兴趣，只要不讨厌和逃避它，因为高中学习的知识的深浅程度根本不要求到浓厚的兴趣和热爱这个层面，只需要一些务实的方法和技巧，以及踏踏实实地听课和完成作业，就能得到一个非常不错的成绩。

第二部分　理解是关键

这句话好像是废话，可是却往往被忽视。总是看到有同学拿来一本地理参考书就开始做，10 道题有 9 道题不会，就开始骂："这什么东西啊！地理是人学的吗？"然后沮丧地把资料书一扔，安慰自己说："大家都觉得地理难，学不好也正常。"这个时候应该问问自己：你真的理解了地理教材上的那些知识了吗？你在抱怨地球地图部分题太难的时候，真的能闭着眼睛在脑海中模拟出地球运动时的状态吗？你能想象晨昏线是如何运动的吗？你能准确说出正午太阳高度和子夜太阳高度的公式并理解它们是如何得出的吗？再比如，水的循环运动和岩石的循环运动，你是否能清楚地在脑中像放电影一样模拟出它们的变化过程，然后在纸上一口气画出一幅流程图？而这些理解过程恰恰是解题的基础和关键，你没把根基打好就妄图直接开始建大厦。因此，做题遇到困难是必然的。

我也没有厉害到在听完老师的讲义之后就能做到熟练掌握上述内容。我通常的办法是：认认真真地看教材，做到对课本上的知识完全理解，同时结合参考资料书的一些重点知识讲解。在完成这一步之后，我会试着在草稿纸上回忆，如果是像岩石的变化过程这样具有时间顺序的知识点，我会试图画一幅流程图；如果是雨的类型、锋面、气旋这样的知识点，我就画一个表格来做性质对比。但是有时候我还是不能完全写出来，这个时候我不会抱怨自己愚笨，而是再看一看资料书上的总结，思考一下，再合上资料书添加上那些内容。所以关键在于，你所总结的或表格或结构图都是你合上书自己画出来的，而不是对着资料书抄一遍。这个工作对于掌握课本知识极其重要。那么如何检验这个工作做得是否到位呢？实践是检验真理的唯一标准。当你拿到任何一个基础题或中档题时，能马上清晰地回忆起相关知识而不再有似是而非的感觉，你这项工作就是做到位了。

第三部分　刷题是王道

刷题之所以是王道，是因为刷题的数量在一定程度上决定了你的水平高低。高中考试的特点就是把一个知识点变换成很多花样来考我们，所以多见见题型是大有裨益的。

其实掌握知识和刷题是相辅相成的过程：刷题可以帮助掌握知识，而掌握知识的目的也就是解题。如果硬性地要求自己必须要把知识都掌握得清清楚楚才开始做题，未必可行。我很能理解，当老师布置的作业的deadline接踵而至，我们很容易失去复习基础知识的耐性，而是直接开始做题，可是长此以往，做作业就完全成了一种疲于奔命的应付。所以，聪明的学生懂得让做题帮助自己更好地理解基础知识，关键就在于即使作业再多，也不要成为作业的奴隶。必须抽出时间进行第二个部分的掌握基础知识的步骤，这样做题的过程就是一个巩固的过程，做的题越多，每一个知识点在你的脑子里也就越来越清晰，越做越有成就感，从而形成一个良性循环。

在高三的复习中，有一段时间我很认真地按时按量完成老师布置的作业，但结果反而不好，那段时间的考试结果一直不理想。后来经过反思，我才发现，原来自己一直沉浸在题海中，变成了作业的奴隶。自那以后，我就警醒自己，一定要让所有做过的题为我服务。也就是说，我要知道我做过的每一道题的价值所在。比如我做了十道关于太阳高度的选择题，我就得明白这十道题让我重温了公式加深了认识，要能保证即使从现在到高考前都不再做类似的题，到了高考考场上再做这一类型的题依然不会出问题。此外，做题的过程中容易发现自己薄弱的地方，如我发现对几种岩石的转化过程的相关知识还不太清楚，就马上翻教材、笔记、资料书，记一遍之后，再找出几道关于这个知识点的题来做，直到准确无误地全部做对。因此，我又要提出刷题的另一个关键点：平时的学习和高三复习的开始阶段，最好每一次都集中地做关于一个知识点的题。一个很好的方法是在一本高考卷中挑题做，每一次都把一本卷子中考查某个知识点的题选出来一口气做完，这样不仅加深了对这个知识点的掌握，还能对比同一个知识点的不同考法，摸索出题老师的意图。

第四部分　总结才是王道中的王道

做完题，如果没有总结这个步骤，那么做的题有 90%都等于徒劳，简直是对时间和精力的浪费。但是不喜欢总结这种现象在同学们中又很普遍，很多同学都只是做了题对完答案就把题扔一边，继续做下面的题，如此反复，最后发现虽然做了很多题却几乎没有成效，又来抱怨说自己付出了却没有收获。如果这一点说中了，那你就真的应该好好改变这个坏习惯，否则不管是地理还是其他学科都不可能取得什么大的进步。

在地理学习中，如果说选择题还能靠简单大量的刷题来勉强提高，那么主观题也使用这一招就是事倍功半了。总结答题模板才是提高地理主观题得分率最简单、最有效的途径。

在高三的地理复习中，我做的最重要的一件事就是总结。我总结的参考文本以近五年的全国地理高考题为主，以平时做的模拟题和考试题为辅。

先说总结的小头——选择题。对于我认为有价值的错题，我会摘抄或剪贴在错题本上，有时候嫌工作量太大，就直接把错误题肢抄下来。除了我做错了的题，我发现还有一些题是凭运气蒙对的，比如我选择了一个我能够肯定正确的选项 B，但是选项 D 的说法我不那么确定，如果放在另一道题里面我就可能错。我发现这个问题是因为有好几次自己以前做对了的题这次却做错了，而这些题并不在错题的范围内，也不在掌握了的题的范围内，容易变成复习中的死角。从那以后，我做完选择题对完答案后，会再参照答案从头到尾看一遍，然后回忆当时做每道题的时候是如何破题、如何排除每一个错误选项的。通过这个方法，我发现了以前被我忽略的“宝藏”：一份详尽的答案里蕴含了很多很多宝贵的知识，有些是很细小的容易被忽略的知识点，有些则反映出自己思维的漏洞。在此，强烈建议同学们要更加重视对选择题答案的研究。时间紧迫的时候，我就直接看答案，因为用过的答案上有我画过的重点，而且能够提醒我在哪些地方容易出错。

其次谈谈总结的大头——主观题。地理的主观题无非就是这几种类型：农业区位、工业区位、城市聚落、交通、产业转移、自然整体性、气候类型、水文条件比较，等等。总结起来并不复杂，这里分步骤谈谈我的总结方法：

（1）总结主观题类型。找出一个本子作为地理主观题答题模板总结本，然后尽量全面地列出主观题类型。方法是在近五年的全国高考试题里挖掘，把出现频率最高的题型放在本子的前面几页，比如农业区位和工业区位分析题显然应该列在最前面。

（2）全面地总结各类型的答题点。还是拿农业区位来举例，把五年高考题中的所有农业区位题圈出来，然后分析它们的答案，把具有共性的要点列出来，比如气候、水文、土地、交通等，把不是共性的东西放在后面，并用括号注明在什么情况下使用。

（3）总结精细化。经过第二步的总结，答题模板还是太过粗糙。比如，有时候题目只考分析气候条件，这时候就不能泛泛而谈，而必须在气候这一个小区位条件里详细地做文章。气候包括气温和降水两大部分，气温包括昼夜温差大、冬季气温低易发生冻害、冬季气温低病虫害少等要点，降水又包括生长季节降水量大、收获季节降水量小方便采摘等这样十分小的要点，这些细小的要点都要认真整理。精细化的含义不仅在于做到大范围的题目的答题要点要齐全，也在于全面地整理到各种小范围题目的要点。

（4）总结之后的工作。第一个最重要的工作就是要反复看自己整理的模板，我相信经过你辛勤的整理，看那些东西比从资料书上看到的答题模板要印象深刻得多。没事的时候就反复看，必要的时候可以把一些十分重要的知识点编成口诀，比如每次分析自然整体性时就念“水汽土地生”代表水文、气候、土地类型、地形地貌、生物植被。第二个工作是持续完善。在以后的做题过程中遇到从来没有见过的要点，或是容易忽略的要点，继续往自己的答题模板上添加。慢慢地，你的答题模板就成了一个任何资料书都比不上的最完善的“答题神器”，主观题分数也就慢慢地提上去了。

第五部分　应试技巧

如果你通过了刷题和总结这两关，地理成绩在理论上来说应该是在一个非常不错的位置了。然后我们再讨论一下考场上的实际操作技巧，以尽量发挥出你平时积累的全部知识储备。

考场上做地理选择题，第一要义就是“稳”，不要过于激动以至于审不清题。一定要仔细看题干的要求和给出的材料，拿不准的时候，不要急着做出选择，而是要重新读题，也许是第一次遗漏了要点，也许是你没有意识到题干的指向性。平时做题的时候除了选出正确答案，还要多思考一下出题老师的意图，慢慢地，你会发现自己看到一道题就知道老师到底想考你什么，甚至在拿不准答案的时候，也能通过这样的逆向思维分析出老师想考的知识点，从而大大提高猜题的正确率。这种题感和英语语感类似，建立在平时的大量练习之上。

关于主观题，首先考场上一定要习惯勾画题干重点。第一个重点是限定范围，提示词有“根据自然整体性原理”“根据图一和表二、三”；第二个重点是答题指向，这个最容易被忽略，提示词有“分析”“说明”“简述”“列举”等，这几个词要求的答案详尽程度大概是依次递减的，比如在一个分析工业区位的题中，如果题目要求是“简述”，回答“交通便利”就基本上没问题了。但如果是“分析”，这个回答就得不了分，必须根据题中给的地图或者是常识说明交通到底怎么便利了，比如说“地处铁路干线附近，铁路运输便利，靠近河流，水运便利”。至于这个度到底怎么把握，也是要通过总结高考题的标准答案才知道的，有时候为了保险起见，可以比正常的要求回答得更详尽一点。其次要注意答案要点化，重要的和有把握的务必放在前面。

最后，我想告诉同学们的是，我已经在高中尝试过各种地理学习方法，最后发现不管什么方法，从根本上遵循的就是本文中我列出的这几个最基本的步骤，这些方法最朴实，也最有效。其实地理学起来并不难，只要按这些最朴实的方法按部就班地学下去，你一定会收获一个理想的地理成绩单。

姓　　名：余佳晨
毕业学校：中国人民大学附属中学
高考成绩：总分709　语文137　数学145　英语141
理综286
院　　系：北京大学工程物理系

在高三成长

记得高考结束后回到母校，看到新高三的学弟学妹们往他们的新教室搬运物品，在教室内外熙熙攘攘地忙碌时，我莫名地觉得这些只比我小一年的学弟学妹们仿佛在另一种年龄意义上比我“小”了许多。同样是一年 365 天，高三这一年对于每个学生来说大概是显得最为漫长的。绵延长达一年的压力，而且几乎是人生中最大的压力，再加上繁重的学习任务，让每个经历了它的人都难免唏嘘。但我更想说的却是高三的“长”——成长。这最不同寻常的一年所能带给一个高三学生的不单单只是一纸录取通知书，更是一种心智上的磨砺、内心的强大和坚韧。我所见过的许多同学，或许也可以包括我自己在内，在高三完成了向成年人的转变。这绝不仅仅只是跨过十八岁生日这个门槛那么简单，而是因为在这一年中，你将学会如何对自己的未来负责，为自己的未来奋斗，为自己的未来做出抉择。

我希望在此能够与学弟学妹们分享我在高三这一年中的成长与感悟，以及一点谈不上精彩的学习经验，倘若能对你有一点帮助，便是我莫大的荣幸。

在高三成长

很多人会觉得高三的生活非常乏味且缺少意义，只是机械地重复做题、考试，直到最后迎来一次“审判”，拿到一张通知书。诚然，我认为，在高三中耗尽大家心力才练就的做题技巧、考试技巧等会随着高考的结束而变得 meaningless，但这绝不意味着高三这一年在我们的人生当中的意义就仅此而已。

我想，我们应该从高三中收获更有价值的东西，小至自己安排学习、规划时间的方法、自主学习的技巧，大则可上升到面对压力时心态的历练，为了自己的目标或者梦想付出努力的决心，而最重要的是一种态度。我在此援引高三时班主任老师的教诲，可以毫不夸张地说，它是支撑我高三一年奋斗的信念——“对自己的未来负责”。

从刚入高三到高考，一年的跨度，数不清的大小考试，难以避免的挫折、困难，难以摆脱的畏惧与怠惰，我想也许只有想清楚你在做的一切究竟是为了什么，才能不顾一切地去付诸行动。这个目标绝不仅仅是一所好大学那么简单，它更是一个好的平台，是一个让你接触到更优秀的人的机会，而且在现实意义上，也是一个更好的未来的保障。作为“过来人”，我亲眼见到身边人与自己的 dream school 失之交臂的痛苦，而倘若这是在高三一年未拼尽全力结下的苦果，这便使人备受煎熬。

这便是我为什么如此看重这句看起来平淡无奇的话的原因。我想，这种责任感能够用来评价一个高三人究竟“成人”与否。有了这种责任感，付出努力根本不需要师长的敦促，而应成为一种自觉实施的行为，这样你才真正能称得上长大成人，才真正能在高三收获宝贵的成长。

更具体一点，我想谈谈以下几个方面。

首先是心态，它在高三中的重要性可以和其他所有技术层面的东西画等号。可以说，高三的目的一半是巩固知识，一半是强化心理素质，尤其是临考的心态。究竟怎样的心态最适合发挥出好成绩，这是因人而异的，但我想最重要的便是自信。无论遇到任何挫折，包括平时学习中的困难或考试的失利，都不要怀疑自己，决不能动摇。要相信，自己付出的努力是有回报的。在人生中，高三的挑战不可谓不大，因此如何自信地走向将来的大学生活可以算得上是高三的必修课了。

当然，这样的自信还需要实际行动的支撑，否则便是盲目的自信，甚至是自大了。因此，要在学习中拼尽全力，让自己在走上考场时能拍拍胸脯默念一句“人事已尽”，这才是“有支撑的自信”的来源。如果你能坚持比别人多做一点的习惯，那么日积月累，你将会变得无比强大；反之，便如古语所说，“始于不可见，终于不可及”。

最后我想说的一点是在高三一年中收获的和同学们一起奋斗的“革命友谊”，这同样是高三馈赠给每个人的珍贵礼物。这是许多人人生中最后一个能与一大群熟悉的伙伴们坐在同一屋檐下，生活在以一个“班”为代号的家中，为着相同的目标而奋斗的一年了。也正因为每个人都经历着相同的煎熬、辛苦，怀揣着相似的目标与憧憬，这样的友谊才显得愈发珍贵。

学习经验谈

总体来讲，高三的复习可以分为两部分，也就是我们通常所说的一轮和二轮的复习。一轮复习的目的，毋庸置疑，是夯实基础。因此，不留漏洞便是这一阶段的重心。如果这一阶段能够做到紧跟老师，优质地完成所有任务，会为以后的提高打下非常好的基础，一定能让每个人都受益匪浅。二轮复习阶段在习惯上被称为提高阶段，提高的不仅仅是做题的能力和速度，更重要的是准备考试、参加考试的技巧。可以不夸张地说，高三为高考所做的准备一半是知识和解题能力上的，一半是应试技巧和应试心态上的。这是贯穿高三一年的一个重要线索，而且在二轮复习中尤为重要。

在整个学年当中，每个同学都应当找到一套适合自己的复习体系。这套体系应该在一年当中被不断打磨、完善、成熟，直至高考为你保驾护航。我个人理解，此复习的重要性绝非仅体现在巩固知识意义上，越到后期，它在帮助我调整心态上起到的作用便越显著。假如我能按照自己完善成熟的复习体系完整地为眼前的考试做好准备，那么走上考场自然不必畏惧。

而考试过程当中，我最深刻的体会便是：只有能“钻”进题目当中，心无杂念，全神贯注，才能尽量减少每个考生都深恶痛绝却难以避免的低级失误。当然，做到这点实属不易，平稳的心态、扎实的基本功，还有对自我状态的调整等都是达到这一境界的先决条件。

具体到技术性问题，我认为每科都必不可少的便是常见思路和错题的积累，这也是应当贯穿高三整年的基础工作之一。高考或高三的大考中会有许多困难或“阴险”的问题，第一次见难免栽倒，只要能避免重复地栽跟头便可。就我个人感觉，临近高考时，做到面对各科试题都能在绝大多数题上形成条件反射——看到一道题能立刻联想到易错点、常见思路，便是理想状态。而这需要在一年中不断积累，不断复习、强化，也需要在无数次考试和“血的教训”中形成。因此，平时的错误都是“财富”，不必害怕出错。只要能够避免犯相同的错误，且还未踏上高考的考场。

具体到各科的技巧如下：

语文。语文是灵活度非常大的一科，但除了需要积累这一特性，语文的许多题目套路也是相当固定的，诸如阅读中的分析作用题、赏析题，都有非常固定的模式，它并不仅仅是一种答题的套路，更是一种程序化的分析问题的方法。且不说这样的模式是否僵化，在应付考试得分上，模板化还是非常实用的。这需要自己积累，形成完善的体系，照顾到所有常见的题型。至于作文，素材积累和审题练习都有非常大的帮助。

数学。数学是在题海中练出的，这种说法并不夸张。除了大量的练习，还应在平时所有的练习中养成做题严谨认真的习惯，尽全力避免基础题犯错，这样便能在考试中取得一个好成绩。固定时间的套卷练习对成绩提高非常有帮助，但前提是保证完成的质量。

英语。英语是讲究一分付出一分收获的学科。所谓做题技巧只是很小一方面，更多的是诸如阅读能力、材料积累、语法基本功这些硬实力。它不可能通过短时间取得，但只要达到一定高度，就能在考试中保证稳定的发挥。平时积累的重要性不言而喻。

物理。高三物理的特点是题目高度“模块化”。很多复杂的问题都可以归纳为一些基础问题的叠加。因此，一不必畏难，二要注重基础。基本模型的基本方程、易错点需要在平时练习时多多积累。

化学。化学中有许多需要记忆的内容，但它作为理科中的科目，重要的是其中的逻辑关联。能够记清各种基本物质的性质及物质间的反应等，形成体系，许多题目便迎刃而解。

生物。生物常常被人们称为“理科中的文科”，需要记忆的概念非常多，因此知识网络同样重要。形成一个能覆盖所有知识点、所有做过的题的常见思路、所有易错点的层次清晰的知识网络是高三一年学习生物的“终极目标”。而且，搭建这个网络的过程本身非常重要，它是复习的最佳方式。这个网络既是“物质的”——以纸质形式，也必须是“精神的”——存放在大脑中。这将保证你走上高考考场时可以自信满满，不必担心遗漏哪个细碎的概念。

以上便是我经历高三一年的一些感悟。文题是在高三成长，既然是成长，自然是一个过程，它重在亲身体验，而不仅仅在于结果。高考前老师说我们每个人高考后都会留恋高三这一年时，许多同学都从作业堆里探出头来报以将信将疑的目光。但这真的是一段难得的、美好的、不可复制的经历。回顾我在这一年里的收获，我可以问心无愧地说，在这一年里，我收获了成长。

姓　　名：刘佩灵
毕业学校：江西省临川一中
高考成绩：总分619　语文134　数学137　英语143
文综205
院　　系：北京大学哲学系

终圆北大梦

我是一名普通的学生，家境一般，长相一般，智力一般，但因为有了高考，我拥有了一次把平凡变成优秀的机会。这就像鲤鱼跃龙门一样让我欣喜，这就如“十年寒窗无人问，一举成名天下知”一样让我骄傲。说实话，有机会一睹巍巍博雅塔，有机会一览溶溶未名湖，有机会在北大徜徉，都是我在高考前想都不敢想的。我成绩并不算特别突出，也不是孜孜不倦、宵衣旰食的“学霸党”。但我能进入北大求学，靠的肯定不只是运气，还有自己有效的学习方法。下面我就为学弟学妹们介绍一下自己的学习方法。

首先，我们要从高一保持良好的学习态度。高考这条路何其漫漫，只有在开始时奠定良好的基础，才能让你在高三游刃有余，处变不惊。英语和语文作为文字性学科，知识的难度在高中三年区分并不大，都是靠积累靠记忆。英语要考出好成绩必然要有充足的词汇，因此高一就显得很重要了。高一我们都对新的学习环境感到很新鲜很兴奋，这时候给点力加点油，会收获意想不到的效果。语文也一样，要想写出文采斐然的文章必然需要平时博览群书。总而言之，好的态度才能有好的成绩，坚持到底，一步一个脚印就会收获不一样的美丽。

其次，我们一定要有高效的学习方法。我所在的中学是高一末分文理科，我一直摇摆不定，浪费了很多精力。因此奉劝各位学弟学妹，不要受外界干扰，最适合自己的才是最好的，文理科其实并没有优劣之分。同时高一时就要对自己的所选有所侧重，这并不是说其他的就不用学，要把握好一个度，全面发展固然最好。

此外，我们还应该有一个良好的心态，一时的成功不代表永远的辉煌，一刻的失败也不会注定永远的颓废。态度决定你的高度。高三的我们要经历无数次考试，每次考试都是高考的演练场，但那考试成绩并不代表我们的高考结果。宠辱皆忘很难，但我们至少要做到淡定从容。一次次地总结经验，一次次地汲取教训，不求成功，但求成长。

以上说的都是总的方针路线，好比是抽象的世界观，但要真正取得效果，还需要细致的方法论。下面我就介绍一下各科的学习方法。

我高考发挥得比较好的是语数英三科。语文的学习方法很简单，其实就是不断地积累和总结，我们省的高考语文试卷前面有36分的选择题，要整体取得好成绩，这36分一定要拿下。比如字音字形方面，我们就要准备一个错题本和归纳本，记下自己平时读错、写错以及感觉比较难记的字。但是要注意，不能一味地求新求怪，有些字我们已经很少见了，就无需再费脑筋去记。江西省高考语文现在有回归课本的趋势，因此课本上出现的生词我们必须掌握。还有就是多音字，这就要靠我们自己总结概括，通过记词语等方法形成自己的一套规律。另外，文言文的学习也应注意，课本上的文言文我们应该逐字逐句地落实好，高考考的用法一定是平时我们学过的。每次考试中的文言文，其中一些古代的官名和词语的古义活用我们都可以记在本子上。还有就是大阅读，高考改卷是很快的，这要求我们一定要掌握答题技巧，分点作答并做到条理清晰。高三时，老师都会教我们一些专业术语，将术语和具体的文章内容相结合，你的答案就会显得很规范了。至于大小作文，就要靠我们平时广泛的阅读了。小作文要求我们用词简练而生动，在有限的字数里表现出你三年的文字积淀。大作文一定要有明确的中心和清晰的条理，高考作文题比较新颖，审题要求很高，因此我们千万不能跑题。我建议大家写议论文，条理清楚，改卷老师也可以快速阅览，明白你的写作主旨。

英语是常被许多同学忽视的科目，觉得英语拉不开分，我自己在高三一年的进步也不是很大。可是英语还是很重要的，通过高三的查漏补缺，你可以在高考中做到最大程度地不失分。高考是浪里淘沙的过程，一分的差距也是一个档次的区别，“拿到一分刷掉一千”这句话固然夸张，但分分必争是高考对我们的要求。所以我们平时练习要认真仔细，注意积累词汇，区分语法，大量阅读（英语报纸杂志等都是我们可以利用的资源）。长此以往，英语成绩就不会差。

数学的学习方法在文科里千变万化，每个人都有自己的一套法则，因为文科数学相对简单，所以只要多做多练习，问题都不大。可是很多文科生因为高一基础不好，看到数学就慌以致丧失信心，抱着破罐子破摔的心态。我也有过这样一段低谷期。但是后来我发现，文科数学是有一定规律的，它不像理科数学那样难懂。我推荐的方法是将纠正错题和研读母题并举，学习文科数学最忌讳眼高手低，难的题目不会做，容易的题目不屑做。数学讲求题感，每天一定要有一定的练习量，而且应该有针对性，你这段时间选择题不太行，就主攻选择题，掌握大题大做、小题小做的方法。当然还要有归纳总结的时间，定期翻阅自己的错题本和精题本，也可以让自己更加熟稔解题技巧。学习有道，贵在坚持。数学对许多文科生来说难度较大，但只要讲究方法，持之以恒，“数学小贼”必定手到擒来。

最后就是大家最头痛并且很难掌握的文综了。虽然我高考时在文综上摔得很惨，但我觉得学文综还是有技巧的。地理就是要有一套答题技巧，把握题目所考查的知识点。政治就靠背诵了，一定要区分很多知识点间的细小区别，那可能都是考点。至于历史，是我的硬伤。我在高三时期，历史成绩相当不稳定，因为知识点太多太杂。我推荐大家列表记忆，比如中国古代选官制度变迁、古代民族关系变迁、近代西方科技演变等都可以列出表格。将课本里细散的知识点归总，这当然要花费很多时间，但是效果是很显著的。学文综最关键的就是要有耐心和毅力，一本本书都要反复看，一个个知识点要反复记忆。得文综者得天下，高考文综是相当拉分的。

学习方法就介绍到这里，我还想跟学弟学妹们分享一下我高三的经历。

我的高三其实不像许多人形容的那样兵荒马乱、昏天黑地，或许是因为我已经习惯了每天上课、写作业的生活。我认为只要每天都保质保量地完成老师安排的或自己定好的任务，不多想以后的结果，结果就不会让你失望。我的高三有同桌每天早上温暖的问候，有好朋友每天晚上陪伴跑步的爽快，有考试前背地理背政治的疲倦，有考试中或沉着或忐忑的躁动，有考试后对答案的惊喜或落寞。但是我记得最清楚的，是高考结束后自己内心的宁静，一切都结束了吗？一切远没有结束，高考对我们来说，其实只是一个转折点。

回想起这三年岁月，那些待在阴暗湿冷的房间里啃笔头的星期天的下午，那些痛哭流涕夜不能寐的数学周练后的星期五的深夜，那些和室友听歌赏花谈人生的星期六的傍晚，那些和同桌分吃零食嬉笑怒骂的课间操的二十分钟，那些为糯米鸡海带汤毫无形象地奔向食堂的中午，那些站在走廊与老师交流倾诉的考前考后的清晨黄昏……它们被高考的雨水洗濯得更加明亮光洁，它们在数不清的雨季里仍然灼灼其华。让我想起了毕业前那开满校园的栀子花，披雨戴露，楚楚可人，芬芳四溢。

书上说，不要刻意地去忘记，因为忘记本来也是在复刻回忆。对于已经逝去的高中，这句话说得很合宜。那些歌颂高中荡漾着青春的欢愉的人，不算是真正的高中生；那些抱怨高中饱含了读书习作的艰苦和痛楚的人，也不算是。生命的经历是不能够完整地划归于乐与悲的，或许正是这样，那些复杂的经历才如此让人难以忘怀，回味无穷。咀嚼苦楚的曾经与细抿辉煌的现在都是五味混杂的，而且这味道都转瞬即逝。记得王尔德的一句话：每一个圣人都有不可告人的过去，每一个罪人都有纯白无邪的未来。此时的荣辱与彼时的胜败没有必然的关联，而此时的悲喜与未来的成败也本无承接式的牵连。这是高中三年的悲悲喜喜给我的深刻教诲。

阴雨绵绵的六月过后，是烈焰骄阳的七月。在阳光曝晒下干渴难耐的人会怀念起雨季温润清凉的和风细雨。可雨季，不再来了。还好，在下雨的时候我们打过伞，脱过鞋，湿过衣服，也学会了避雨。那么让七月的阳光铆足劲来照耀我们吧，记得雨季的人儿，将心怀雨的温和湿润，奔向阳光下亮闪闪的明天！

姓　　名：雷依蒙

毕业学校：江苏省镇江市第一中学

高考成绩：总分406（镇江大市文科裸分第一名）

语文128+27　数学131　英语95　历史A+

政治A　小高考加分5　自主招生加分20

院　　系：北京大学法学院

Every Cloud Has A Silver Lining

十二年寒窗苦读，哪个学子不想一跃进入最高等学府进行深造。然而，金榜题名谈何容易！高考被喻为“千军万马过独木桥”，只有将综合实力发挥到最佳的人，才能脱颖而出。其中综合实力来源于自身与外界共同的锤炼。而我希望，能用自己的学习经验，为学弟学妹们提供外界的帮助。

我自己也看过历届高考中出类拔萃的学长学姐的经验总结，方式不外乎将自己成功的要素罗列，再结合自身理解解释一番。而我这个“过来人”却觉得，从学习中的顽疾、困扰等谈起，或许更能使人“感同身受”。

1. 粗心

我几乎没有看过同龄人不把自己的某些错误归结为“粗心”的。计算错，粗心；审题错，粗心；想选择 A 却选成了 C，粗心……粗心几乎是我们学习生活中的头号“杀手”，我也从小学起就被这样的顽疾纠缠着，考试屡屡与满分失之交臂，都是小错，没有什么是知识的漏洞导致的失分。这样的细节“致命伤”一直持续到高中，我认为高强度的训练以及专注的头脑解救了我自己。

一些纯计算性的粗心，主要是由于不熟练导致的。平时做题的时候不认真对待，练就不了一定的计算能力，考试的时候遇到计算复杂的题目自然会慌，这一点文科生表现比较明显。所以，平时对于习题计算的训练，是必要的！这也就是我们通常所说的勤奋。“这些简单重复的训练有什么意思！”“这题我看看都会了，就不去计算了。”如果不是顶尖高手，这样的想法，最好不要有。对基本计算的结果了如指掌对于解决过程复杂的大题十分有帮助。武侠小说中即使主人公得到了什么武林秘籍，也是要通过日夜苦练才得以运用自如的，在我们要去参加的这场没有硝烟的战争中，有许多比我们天资聪颖的人尚在勤学苦练，我们有什么理由懈怠呢？

而一些类似于看漏条件、选错选项等粗心错误，我主要将其归结为不够专注。专注，是十二年学习生涯中，我认为最困难的一件事。我们这一代的孩子物质生活太丰富：各式各样的电子产品、五彩缤纷的网络世界、早熟的个性、“复杂”的社交……似乎周围的一切都在把我们拉离“学习”——这一件最需要沉寂和专注的事。我们要耐得住寂寞，学会抵制外界的诱惑。这并不一定是要让我们如苦行僧一般，但是一定要把握好度。我们的外界生活过于丰富多彩，就会影响心灵世界的宁静与专一。我们可以很好地运用网络来学习：查找、下载学习资料，浏览时事要闻，拜读名家名篇……但是，如果说网络已经让你到了每天不登录一些社交网络，不刷刷微博就浑身难受的地步，那么你平时在学习时也一定会时不时地想起网络世界从而分心，就算不会被分散注意力，学习时的专注度也会大打折扣，而一旦不专注，各种各样的问题也就来了。

专注度，在我看来是意识性的。一个人心无旁骛，理想坚定，方法得当，专注度一定会大大提高。更重要的是，专注在学习上表现为认真，在生活上更表现为责任感。一个人有了责任感，那么他做事的效率和效果都会大大超过那些没有责任感的人。

2. 懈怠

我在高二上学期期末到高二下学期，曾经有好几个月的考试成绩位居班级前列，那种似乎不用特别努力就能考得不错的感觉让我感到危险。但也仅仅是“感到危险”而已，在学习的要求上对自己放松了很多，结果从高二期末开始了很长一段时间的瓶颈期。

懈怠这种东西，我不敢说每个人都有，但至少每个人都会在拼命努力了很长一段时间并且取得成效后有所放松，或者说是猛地达到巅峰之后的一种无所适从。“得意而忘形”“生于忧患，死于安乐”等一些老祖宗的训诫，我们还是要牢记的。

如果不是那种“无论怎么考，我就是第一”的“无敌学霸型”人物，我建议学弟学妹们还是把那种潜在的“独孤求败”的心理扼杀在萌芽之中。懈怠，失去动力和方向，这在高考——这种终极持久战中，是大忌。不过日子总不是一帆风顺的，每个人的高中生涯总会有懈怠的时候，不过我想，最迟到了高三上学期期末后，就不能再有任何一丝的懈怠了。当然那个时候，班里的学习氛围已经不容许我们有任何的迷惘。

其实克服懈怠的方法，没有比尝到失败滋味更现实更残酷更有效了，但我还是可以提出那么一点预防措施的。

每个人都不是超人——不插电就可以高速运转二十四小时、三百六十五天，而且不用休息。努力了很长一段时间后，可以有所松懈，最主要还是基于身体考虑的。但这并不意味着可以不顾学习恣意玩耍，不意味着上课不认真听，作业不认真做，更不意味着可以虚度时光。在完成每天日常任务的基础上，我们不必做那么多的拓展，可以看书读报了解社会，听听音乐舒缓神经，多加锻炼强壮体魄，为下一阶段继续冲刺打下好的生理和心理基础。

有时思想上想行动，可是心里忍不住打退堂鼓，这时候你需要一些其他方式来调节。比如激将法，心里设立一些假想敌，可以是班里某方面比你优秀的同学，可以是在你放松时，那些格外努力上升势头很猛的同学。总之，可以用危机感克服懈怠。哈佛图书馆墙壁上据说有这么一句话：“即使是现在，你的对手也还在翻动书页。”与君共勉。

3. 焦虑

心态，一直是影响很多同学发挥潜力的一个重要因素。

而很多人都有的焦虑，我觉得主要有单科焦虑和大考前焦虑两种。

单科焦虑，主要是因为对某门科目不太擅长或因为某次失手而陷入“怎么考也考不好”“越考越怕”的恶性循环中。对某一门课，如果产生了畏惧的心理，那么必定是怎么考也考不好的。文科班的女生众多，大部分女生最怕的就是数学，每次考试前后可以听见许多人在抱怨，这样的氛围自然不好，弥漫着负能量。

其实呢，就像之前说的“克服懈怠的方法，没有比尝到失败滋味更现实更残酷更有效的”，要战胜焦虑、畏惧，没有比某一次考试的爆发更有激励的效果了。现实往往残酷，我们要做许多准备。

就拿数学来说，要用自信克服畏惧。自信从何而来？首先是最基础的计算能力，对公式、题型的熟练度。有一些文科班的女生做题目一味地埋首于题海，不知道“跳出来”。思考一道题，摸清考查点，活用已有知识，做出一类题，比仅仅把这道题做出来更有价值。如此才能提高数学水平，解决好“硬件”上的问题。

然后是“软件”上的问题。无论如何，要想沉着面对，首先内心要强大，内心强大了，才不容易慌乱。我觉得我们班主任说的两句话对我们的心态调整很有帮助：“人难我难我不畏难，人易我易我不大意。”“平时要有考试心，考试时要有平常心。”

大考前焦虑的情况其实挺常见的，其实我也有。就在高考第一天的前夜我失眠了，一直到凌晨一点多才睡着。其实也没有很明显的焦虑，比如心跳加速啊，想法太多之类的。但这毕竟是人生中第一次，也或许是决定着以后人生道路的一场重要的大考。后来和同学们交流才知道，6 月 6 日晚失眠的人其实有很多。如果真的失眠了，怎么办呢？我试了各种方法，数羊、数水饺、听音乐，最后强迫自己闭上眼睛才睡过去。如果考前焦虑失眠了，也千万不要慌乱，不要想一些“糟糕啊我失眠了，明天要考语文数学呢，万一太困了睡过去怎么办”之类的丧气话，这时宁愿让自己脑袋空空，自我安慰也是好的。而实际上，在高考第一天我坐在考场上的时候，心里是平静的，甚至是有一点欣喜的，“这一天终于来了”，完全没有想到一些考前的状况。

4. 瓶颈期

除了那些实力十分出众，无论怎么考都是第一的“大神”们，我想每个人或长或短的都有一段瓶颈期吧。瓶颈期未必不是好事，不过时间太长也会给同学们造成心理上的困扰。我就来谈谈我的瓶颈期吧。

我的瓶颈期出现在可以说得上是“辉煌”的高二下学期结束后的高三上学期，开学几次摸底考试，勉强保持住前三，国庆之后就一路走低。每次考试都会出现一些新状况、新问题，或许那些只是我当时为“考砸了”找的借口，但是那种很糟糕的状态确实是很让人崩溃的。

不知道大家有没有这种感受：一旦学习状态比较好，如果有一次考得好，就会像一个正反馈一样给学习源源不断地提供正能量，会有一段时间都考得很不错。但是如果有一次考得不好，从此状态丢了，学习的心态也就不对了，自此像恶性循环一样一路糟糕下去。

所以我那段时间其实每次考试结束之后就已经知道自己考得怎么样了，我至今仍觉得学习方式和劲头上都没有什么不对的，但就是陷入了“考砸”的死胡同里，跟自己过不去，钻牛角尖。

其实我一直不知道应该怎样做才能走出这样的阴霾，只好一边安抚自己“受伤”的心灵，一边继续做我一直在做的事。

这种状态一直延续到我要从高考复习中抽身出来，准备自主招生考试。其实江苏的考生准备自主招生考试是一件很辛苦的事，不知道其他省份怎样。就拿数学来说，很多理科生学的东西文科生不学，但是自主招生笔试的时候，数学又是不分文理科的。还好我高一是年级理科强化一班出身，当时理科还算不错，一直跟着上数学竞赛课程。这对我自主招生的准备帮助非常大，有很多东西我不用现学，只需要多做题加深印象，会灵活运用就好。在啃下整整一本有着例题和变式题型的自主招生书后，又做了好几份模拟试题，就这样上了考场。

结果竟然很不错，这完全出乎我的意料。在我的低迷状态持续了整个高三上学期之后，在 2013 年的 3 月份，我的首次翻身仗竟然是全国统考的“北约联盟”的自主招生考试！联盟考试是在 3 月 16 日进行的，而我一直停掉了在校的文综各科，几乎是全力准备联盟考试，所以 3 月 20 日进行的高三的第一次大型的模拟考试，我几乎是抱着“裸考”的心态去的。更加不可思议的是，这次我也取得了不错的成绩，至少，比起低迷的高三上学期，这个成绩实在太能振奋我的神经了！

现在想想，当时的我坚持了主科的课程，照常完成作业。而准备联盟考试时也对我高考中的弱项进行了专攻，没有额外的干扰和压力，不知道江苏乃至全国其他高手的情况，在这样一个几乎“天时地利人和”的情况下，我能扭转自己的乾坤，也不是全无道理的。

从那时开始，我的状态就开始走上升路线了。（尽管我没能从联盟数学题天马行空的解题方式中尽快跳出来，吃了不少苦头，但这种小问题相对于我终于走出瓶颈期的大喜悦，简直是微乎其微的。）

所以，我个人对于瓶颈期的解决方法是：转移注意力。这里的转移注意力并不是很极端的，比如说我不去上学了，在家拼命玩儿，这样不但不会走出瓶颈期，反而会更糟糕。我的意思是，如果你一直在为之努力的重点得不到进展，那么就把它变为侧重点，换个方式去攻克它，或者去重点攻克其他科目的其他薄弱点。但是一定要坚持住你一直在坚持的，并且认为是最适合你的东西。

另外，有一些必备的技能想介绍给大家。

1. 计划性

高一高二，一般在期中、期末考试之前，需要列一个周详的计划表，这样会让自己有紧迫感，没有完成的事也会催着自己去完成，“一口吃不出个胖子”，当你看到自己逐步完成了自己想要做的事，你会觉得非常有成就感。而到了高三，一定要针对自己的薄弱点，列出解决方案和计划表，循序渐进，会非常有帮助。

2. 高效性

到了高三，基本上所有同学都会觉得时间不够用，恨不得每天能有四十八个小时。在任务多、时间紧的状况下，提高学习效率，成了“快人一步”的关键。这样的“高效”，与之前提过的“专注”是密不可分的，只有专注了，才能达到事半功倍的境界。

3. 时间观念

当你给自己列了一个计划，当你想要用别人一半的时间做成两件事，就必须要比别人更关注时间。这个第三点会让前面两点增色不少。现在的同学，尤其是有了手机、电脑等各种可以与外界联系的工具后，越来越容易患上“拖延症”，比如打开电脑想要查个资料，结果浏览了很多其他不相关的东西，时间在不知不觉中就过去了。千万不要浪费你宝贵的时间。我在高三时的座右铭就是：“现在的自己所做的一切，都是为了让将来的自己不后悔。”希望能与同学们共勉。

4. 养成好的学习习惯

会记笔记，会打草稿，整理好自己的学习资料，即使再忙也要让自己看起来井井有条，这是让自己顺利学习的基础。

5. 学会调节

我从小到大，有两件事让我很得意。

一是，我钢琴弹得不错。闲下来的时候会弹两首曲子给自己听听。听自己弹的，总会和听别人弹的不太一样。

二是，我爱运动。羽毛球、乒乓球，甚至女孩子不太擅长的篮球，我都很喜欢。学会运动，帮助自己锻炼出一个好的身体，给革命一个好的本钱；运动还能放松神经，调节心情。高三的时候心里难免会有很多波动，我也会骑着自行车在江边兜风，放松放松。

以上是我在接受基础教育中的一些经验和心得，有些问题未必人人会碰到，有些经验未必人人都适用。适合自己的才是最好的。最后，希望这篇文章能给学弟学妹们一些帮助，祝你们在高考中一飞冲天，进入理想的学校！

姓　　名：黄　斌
毕业学校：云南省弥勒市第一中学
高考成绩：总分641　语文119　数学128　英语133
　　　　　理综239　学业水平测试22　自主招生加分20
院　　系：北京大学外国语学院

一路向北

——自招的故事

自招已经过去将近一年了，回过头来想想曾经经历过的事情，我仍然觉得那次考试，或者夸张一点称之为旅行，其实是我很宝贵的财富。又是一年保送季，离自招报名也不远了，再过不久，燕园里就会出现很多新面孔。作为一个“过来人”，我想还是应该和学弟学妹们谈谈自招的那些故事，同时也给大家做个参考，为想参加自招的同学提点建议。

报　名

第一次听说自招是从高中物理老师口中，那时候并不觉得自招有什么稀奇，也并没有想过要参加。然而有些事就是特别奇怪，我现在也不明白自己当时是出于什么心理去报名的。当然现在我是支持大家去报名的，怎么说也是多了一重保障，如果像我这样高考突然大失利，有个加分总比什么都没有好。但是这是在自己觉得学有余力的情况下，因为自招是很浪费时间的，如果连高考要求的内容都不能学好，对自招也不要抱太大希望，到时候两边都弄不好就亏大了。报名过程其实挺简单，主要是要关注报名时间，我高中学校的消息是很闭塞的，如果不是有一天中午我在上网的时候看到自招报名开始的新闻也许就错过了。所以给学校也提个建议，这方面的消息还是要多关注一下，当然有意愿参加考试的学生更是要自己多留心。

初　审

报名分为网上报名和信件报名两部分，后者应该说是初审，当然如果连档案都没寄出去那根本不算报名。报名时还要注意的是报哪所学校。据我所知，“北约”因为学校比较多所以可以同时报三所大学，“华约”和“卓越”都只能报两所，当然还有很多学校是独立自招的，如复旦、云大、中南大学等，三大联盟笔试时间估计依然会撞车，但其他独立的大学自招时间应该不会冲突，所以想要报名的同学应先考虑好，结合自己的理想和现实来选择适合自己的大学。初审需要的材料很多，有获奖的奖状复印件，还有近期考试的成绩表，最重要的还有自荐信以及打印的报名表。自招分为自荐和校荐两种，如果是校荐可以免笔试直接面试，但校荐名额很少，主要还是靠自荐。自荐信一定要写好，要展现出自己的理想抱负，可以陈述选择报考某个学校的原因，具体的要求可以上网查一下。

笔试准备

自招初审通过率是 1∶3，也就是大约每三个人里面选出一个人，其实这个概率是很大的。北大招生组的老师曾公开表示，每个人的自荐信他们都会认真看，所以只要自荐信写得好，能够打动初审老师，即使自己获奖少、材料少、平时成绩不是很突出，初审也应该不会有大问题。还有一个很神奇的事，北大去年招的保送生中就有一位北京考生，他的在校成绩并不是十分突出，但是有一次骑车游览全国的经历，最终通过校荐得到保送机会。所以，平时成绩在初审时并不是最重要的。

初审通过后就需要进行笔试的准备了。我的建议是想要参加自招的同学从现在开始就可以准备了，等到初审结果下来其实时间并不多了。虽然我个人觉得“北约”和“华约”的笔试短时间内准备了也没多大用，但看一下真题起码会有心理准备。如果是要考“卓越”的同学看真题是很有必要的，三大联盟中最接近高考的就是“卓越”。“北约”“华约”都是高于高考的，尤其是数学题，形式和内容都更偏向于竞赛，物理会有一半的题目跟高考差不多，语文题一般也很奇怪，复旦千分考就更不用说了，形式也是不同于一般的高考。自招主要是考查学生的创新思维能力和对知识的掌握情况，所以强烈建议大家平时不要死读书，要有自己的想法。大家也不用着急，我说从现在开始准备，意思是可以先把高考要求的知识、数学思维、语言表达能力、应变能力、创新思维先跟上，自招真题、模拟题什么的可以报名后甚至初审结果下来后再看，这样在你准备自招笔试的时候，高考复习的准备工作也不会落下太多。

还有很重要的一点是一定要分配好自己的时间。高考才是主旋律，准备自招一定不能占用太多时间。另外，建议大家在报名之前先权衡一下自己的时间。对平时没有接触过竞赛的人来说，自招肯定会占用高考复习的时间，如果笔试过了，面试更是会占用很多时间，所以一定要想清楚自己到底能不能兼顾。

笔　试

自招对普通学校的人来说其实并不是很公平，因为在自招之前，各个学校的保送考试都会进行，竞赛保送要求学生要有一项国家级竞赛一等奖的荣誉，所以能参加保送的人都是相当厉害的，而能过了保送考试的就更不是普通人了。当然不可能所有参加考试的人都能通过考试，而没有通过考试的人就自动转入自招考试了，如果他们自招笔试、面试都通过的话，其实还有机会再转成保送的。自招笔试按各省排名择优录取，北大在云南一般录取 20 个左右（文理生加起来），通过笔试的基本都能获得加分，但加分多少要看笔试和复试的总成绩。“卓越”的加分形式不太一样，可以查一查资料，或者咨询一下招生老师。不过，即使是保送下来的也不一定比一般人厉害，我认识的人就有一个物理竞赛一等奖却没过自招的。自招考试的形式每年都有所不同，今年就从以前考五科（理科：语数英物化；文科：语数英政史）缩减为考两科（理科：数物；文科：语数），在自招报名之前会公布考试形式的变化，同学们要注意了解这方面的新闻。笔试会要求在规定时间内打印准考证，注意不要过期了。

复试准备

笔试通过了，接着就到了复试。北大的复试分为三个部分：体质测试、面试和创新能力测试，所以复试的准备也分三个部分。体质测试一般会有跳绳、台阶运动、跳远等，不会有长跑。体测有两种计分形式，一种是体测单独计分，如果达到优秀的话可以有体测加分（5 分以内）；另外一种是计入总分的形式，除了体测特别差的会直接被淘汰外，其他人的体测成绩直接计入总成绩。但体测成绩还占不到总分的 10%，所以不用太担心。北大的计分方式是第二种。面试各个学校不同，北大是无领导小组讨论，面试主要考查应变能力、语言表达能力和思维能力等，我建议可以看看历年真题，锻炼自己的应变能力及表达能力。创新能力测试是今年开始开创的一种考试形式，主要考查学生对交叉学科的了解，北大和清华考试模式都是先听教授讲一节课，然后用学到的知识答题，但难度不会很大，比高中知识略难一点。今年考查的是分子结构部分，基本上就是化学选修 3 的内容。关于考试形式，估计明年还会有变化，大家继续关注高校动态吧。

复　试

复试一般是在每年的 4 月初举行，地点就在各个大学学校内。需要提醒的是面试时不要紧张，老师只是要听听你对问题的看法，不需要你有多高深的见解，如果过于紧张连话都说不连贯，反而给老师的印象不好。另外告诉大家一个事实，有研究显示，紧张其实只是自己的感觉，别人眼中的你其实并没有那么紧张。所以不要想着别人看出了你的紧张，反而把自己搞得更紧张。北大面试时会准备 20 个题目，每个人自己抽一个题，如果对题目不满意可以有一次换题的机会，大部分题目都是很简单的，第一次抽到的题目只要不是特别刁钻的尽量不要换，换题风险更大。以我自身为例，一开始我抽到的题目大概是说："化学正在经历一场剧痛，你对此怎么看？"当时觉得不是很好答，然后就换题了，后来换到的题目是关于甲午海战的，虽然在高一学过，但是云南省对理科生的历史要求是很低的，正好历史也是我最讨厌的科目，所以感觉当时答得不是很好。

还有一个消息是给户籍是农村的孩子的，几乎各个高校都有各种各样的偏向农村学子的政策，比如北大会规定农村学生自招录取率要保证 20%，这使得农村孩子通过自招的概率大大增加。所以农村孩子有立志要考北大清华的也要积极参加考试，不能妄自菲薄，觉得自己不如城里孩子就放弃了。其实客观地说农村的教育条件是不如城里，但农村孩子的踏实刻苦也是可以弥补条件上的不足的。

自招其实并不像大家想象的那么神奇、那么难，只要平时好好学习课本知识，在此基础上适当接触些竞赛题自招题，注重发散思维，对问题要养成独立思考的习惯，要有自己的见解，再加上一个良好的心态，考试时好好发挥，那么你也可以通过自主招生考试。

所以，有志报考名校的孩子们要好好努力了，带着梦想上路吧，最初的梦想，终会到达的！

姓　　名：张　力
毕业学校：云南省昆明市第一中学
高考成绩：总分686　语文125　数学141　英语143
　　　　　理综255　会考成绩22
院　　系：北京大学经济学院

学习经验小谈

语文篇

中华文化博大精深，尤以语文最为源远流长。古时学子寒窗十年，诵《诗》《书》《礼》《易》，才得以出口成章，金榜题名。可见学语文是一个不断积累的过程。战国时期的学者荀子在《劝学》一文中告诫人们："不积跬步，无以至千里；不积小流，无以成江海。"唐代的韩愈说"俱收并蓄，待用无遗"；宋代的苏轼则主张"博观而约取，厚积而薄发"。学语文绝非一蹴而就的事情，它是一个人整体素质、阅读与写作能力多年积累的体现。所以在高一、高二时间较为充裕的时候，我们要多读书，读好书，没事儿就可以读几本小说，品几阕词曲，碰到一些好的词句、段落，最好抄下来。但是，不能只是盲目地抄，在抄的同时要想到以后如何运用到自己的文章中去，要把"用"作为抄的目的，否则尽管平时在不停地积累，到了写作时还是会头脑一片空白，无话可说。

应试方面：语文考试主要考查学生对知识的掌握程度、运用程度。在课堂上学习了知识以后，要想运用到考试中，大量的练习必不可少。语文也是如此，特别上了高三以后，最好多找些高考真题或者模拟题来练习。在初期，知识点还不熟练，所以最好有针对性地进行训练。大家可以选择一本讲解详尽的教辅书，先把里面的基础知识过一遍，用笔画出自己记不住的地方，反复看，反复记。当基础知识记背得差不多的时候，就可以着手做题。做错的题要积累下来，比如说哪个句子的语病你没找出来，哪个成语没记住，哪个文言词语的意思你还不知道，哪些阅读答题技巧你还没掌握，都要整理下来，定时记背，多看多记多积累。学语文没有别的技巧，就一个词——积累。成语需要积累，病句需要积累，文言文的实词、虚词需要积累，阅读答题方法需要积累，诗歌鉴赏的角度也需要积累。怎样积累这些知识呢？靠的就是接触各种各样的题型、各种各样的文章。因此，在打好基础后，就可以开始套题的训练。严格按照高考的时间分配来完成一套题目，掐着时间做，做完后总结、积累，这样不仅能让你对时间有个比较准确的把握，同时也增加了你的知识积累。

数学篇

在我看来，数学是一门较为灵活的学科，它要求我们要培养对数学的兴趣，鼓励我们自己探索数学问题的解法。所以，学习数学切忌被动，一定要怀着主动的热情去学习它。对于课本上的公式、定理，不仅要熟记，更要主动思考其本质、来源乃至与其他看似不相关的知识之间的联系。不能只是死记硬背，必要时还可以自己推导一部分公式，自己演算一部分例题。听课的时候要注意深入思考老师的解题思路，例如为什么会这么思考、这道题是怎样由一个条件推导到另一个条件，等等。遇到问题要及时处理，否则问题越积越多，最后不可收拾的时候会追悔莫及。

应试方面：我的一位老师说过，高考数学考查的就是解题的速度、准确度、熟练度。高考数学题量大，时间短，在这种情况下，这三个度就显得尤为重要。因此，高三阶段仍然免不了大量的练习。

刚上高三的时候，我买了一本《十年高考》，上面有不同模块的高考真题汇编，每天就挑一个自己不熟的模块不停地做。先自己做一遍，做完对过答案后，还要再比较答案的思路和我的思路的不同点，选出最优方案。在这个过程中也能得到不同的收获，原来淤塞不通的地方常常会茅塞顿开。对于做错的地方要深入思考（可以抄到错题本上），看看是哪方面出的问题，是知识点漏洞，还是计算的问题。找到问题后要定期查看，不断提醒自己，这样所犯的错才不会白犯。到了高三后期，就应该从专项练习转向套题的训练，最好每次都能够抽出一个下午的时间，按照高考的时间安排（下午三点到五点），严格控制时间来完成一套题目，加强自己对时间的控制及对试卷的把握能力。另外草稿纸的使用也十分重要，有的同学打草稿十分没有章法，第一题在上边，第二题在下面，第三题在中间，第四题又跑到了背面。这样打草稿虽然够随心所欲，也够自由，但是我们知道，草稿除了帮助我们演算，还有一个重大的功能就是帮助检查纠错。如此凌乱的草稿，等到回过头来检查的时候，很难找到原来演算的过程，即使找到了，也一定会花掉很多的时间。所以大家无论在平时作业还是在考试中最好养成整齐地打草稿的习惯，按照一定的顺序使用草稿纸（标明题号等），这样再来检查的时候就会方便得多。

英语篇

当今社会，学好英语几乎成了每个人的必修课。学好英语，首当其冲的就是积累足够大的词汇量，词汇量的大小决定一个学生英语水平的高低。但说到记忆单词，这可是大家普遍感到头疼的事，尤其是现行的新教材（我省的教材使用情况）词汇量扩大了不少，记忆的难度就更大了。记不住单词，学好英语就无从谈起。那么到底应该怎样记单词，该什么时候记呢？首先，一个字母一个字母地背肯定收不到好的效果，也不利于我们记住单词的发音。记单词的方法很多，就我个人而言，我是采用读音分隔的记忆方法。简单地说，就是拼着记，像写汉语拼音一样，在读的同时就拼出来了。

其次，语法也非常重要。高考题型中的单选、完形、短文改错都包含了对语法的考查。说到语法，能系统地学习自然是最好的，以免记住了后面的忘了前面的，甚至前后混为一谈。为此，我个人比较推荐一本参考书《五年高考三年模拟》，上面有对各个考点的详细总结。我的使用方法是：买来以后第一遍先看书上的知识清单（即各块知识点的归纳），把自己不知道或认为是重点的地方勾下来，重点记背，看不懂的地方再作标记。然后转向《三年模拟》那个模块，直接把后面的答案填到题目的空白里，再一遍遍地读，带着原先看知识清单留下的问题并结合语境思考，以前很多不懂的地方便会茅塞顿开，很多记不住的知识点也会逐渐加深印象。最后当我觉得自己对基础知识的掌握已经足够熟练了以后，就自己做《五年高考》上的真题，再对照答案、知识清单，总结自己的错因并进行整理。

再次，对于阅读、完形，语感非常重要，因此我几乎每天都坚持做一篇完形、两篇阅读。完形做完后也要把正确答案反填回去并多读，而阅读要学会勾画，比如哪个题在文中哪里找到了答案、哪个单词影响了你的判断（事后要查找并记下来）等。至于听力，没什么特别的窍门，就是多听。可以看原版的英文电影，可以听英语的广播。可以先用一倍的速度听，再用两倍的速度听，你会发现，当你能够听懂两倍的速度时，再听一倍的速度便是小菜一碟。

理综篇

以前看过这样一句话：生物学习靠课本，化学学习靠课本加历年高考题，物理学习靠公式加想法。的确，生物更多的是记忆的东西，把课本吃透是先决条件。只有把课本背熟了，概念都深入思考过了，各种知识都理解其本质了，才有去刷题的资本。而对于化学，记背仍然是主要的，但是如果只会背课本，做题时就会感觉无从下手。此时，历年高考题、各省市模拟题的重要性就体现出来了。由于考试都具有一定的规律性，所以刷题有时候会显得卓有成效。就化学而言，在做历年高考题的时候，你会发现一些答题技巧以及解题思路，还会对一些题目的评分标准有所了解，从而能在有限的时间里使得分最大化。但是我说的刷题不是盲目而单纯地刷题，其核心在于总结与思考。做题时要不断思考，这道题的思路是什么，为什么会想到要这样做，以前为什么会做错……对于做错的题一定要多总结，争取会一道题就会一类题，事半功倍。就物理而言，首先当然得把公式与定理记熟，之后再从习题、教科书、教辅书中搜集整理有关的信息、答题技巧，通过反复记忆使知识更全面、更系统，使公式、定理、定律的联系更加紧密，进而能找到学物理的感觉。在考试方面，理综是一门综合学科，由于题量大，你很可能做不完，所以时间分配十分重要。因此，在高三一整年，要不断地进行套卷的练习（按照高考时间要求自己），寻找最适合自己的做题顺序，努力提高自己的速度、熟练度、准确度！

总之，一切学科的学习都离不开兴趣的培养，兴趣是最好的老师，在兴趣的基础上谈答题技巧才显得有意义。以上就是我自己在学习中的一些体会，谈不上真知灼见，但希望能够对学弟学妹们有所帮助。

姓　　名：侯同尘
高考年份：2013年
毕业学校：天津市宝坻一中
高考成绩：总分649.5　语文123　数学130　英语141
　　　　　文综235.5　政策加分20
院　　系：北京大学外国语学院缅甸语专业

一切都是最好的安排

“一切都是最好的安排”这句话是班主任党万钧老师告诉我们的。也许这几个字早已刻在了21班每一个人的心里，闪闪发光。

电影《致青春》里有这样一句话：“青春，当你怀揣着它时，你觉得它一文不值，而只有将它耗尽后，再回头看，一切才有了意义。爱过我们的人和伤害过我们的人都是我们存在的意义。”

我想在介绍经验之前，留些地方给自己回顾高中三年的光影。高一初到宝坻一中，与别人的喜悦与激动相比，陪伴我的更多是对家乡的思念。但很快，3班那些可爱的面孔给了我继续前行的勇气。我结识了“幼儿园”（我们几个好朋友的代号），五个人来自五个不同的地方，却同样地可爱、体贴、善良。因为他们，高一成了我三年中欢笑最多的一年。

很快，就迎来了第一次重要的抉择：学文还是学理。我知道，有很多同学即将面对或正在面对这样的问题。关于这个问题，我想说几点：第一，高中每一次重大的决定都是一个家庭的决定。也就是说，学弟学妹们不妨听听家长的意见，但是，你自己的意愿要占到80%，毕竟这是你自己的人生。第二，不要单单就成绩优劣去衡量你各科的强弱。我个人以为，兴趣才是最重要的，也就是说，你到底喜欢什么是最关键的。第三，作为一名文科生，我想为文科平反，有很多同学在选择文科时会有很多顾虑：文科学习枯燥、将来就业面窄，等等。但其实，一中的文科师资力量是很强的，更多的师资去培养少部分的人，精英就是这样诞生的。

进入高二，我的成绩基本稳定在年级前十。但我深知，这样的成绩离自己的梦想还很远很远。高二对于我来说，是很纠结的一年。我似乎把重心从学习转到了友谊、朋友的身上，更多的重视和在乎反而导致了更多的矛盾。作为一个“过来人”，我想告诉学弟学妹们，高二是很重要的一年，高考的许多考点都会在高二涉及，而且高二的活动会比较多，学习时间比较少，很多同学容易学不扎实。我能告诉大家的就是抓住每一分钟去充实自己。另外，不要让自己陷入任何烦恼中，单纯地学习，单纯地玩，这就够了。

很快，我跌跌撞撞地进入了高三。搬进了高三的教室，换了高三的食堂，换了高三的班主任。这一切似乎还没有办法让自己进入高考备战的状态。但我庆幸遇见了这样的班主任，党叔（我们对班主任的爱称）开的每一节班会、和我们的每一次谈话都让我们清醒地意识到我们高三了。墙上挂上了“只要学不死，就要往死学，高三不拼算白活”的豪言壮语。拼，就成了21班的班魂。我们比别人更刻苦，我们比别人更踏实，所以21班的成绩一直在六个班中稳居第一。不知从何时开始，我的“小宇宙”也开始旋转起来，我在书桌上写下了“北大”两个字。那一刻，无尽的喜悦从心底涌来。我从未如此清晰地看到过自己的梦想。但好景不长，我又开始了情绪波动，甚至在家“休息”了两天。我永远也忘不了那几天党叔对我说的每一句话，是他教我振作了起来。那一个月过后，我才算真正进入了备战状态。

说了这么多，也算是对高中生活的一份怀念吧。接下来，我想跟学弟学妹们谈谈我的各科学习方法和学习经验。

语文。我一直认为，语文的学习在于平时的积累。在这里，我就跟大家分享一下总结笔记的经验吧。高三时，我有了一个很厚的分栏的笔记本（自认为是记得最好的一本）。第一栏是文言文。高三每复习一篇文言文，我都会把重点的通假字、虚词、实词、文学常识标出来。等课内文言文复习完后，我会做很多课外的文言文，然后老师每讲一篇就总结一篇，尤其要注意重点的实词（不常见的那种），因为高考中虚词考查课内偏多，而句子翻译题里的实词有的就是课外的。所以文言文的学习一是课内课外两手抓，二是坚持积累，三是及时翻看笔记。第二栏是字词。每个人都有自己的习惯，我的字词积累是按照音序来的，这样比较好找。要勤翻字典，勤做笔记。但一定不要出现一个词语记很多次的现象。这就要求大家及时复习。第三栏是诗歌鉴赏。其实诗歌鉴赏和阅读在总结方面有很多相近的部分。这两大块既是得分点也是失分点，简而言之，就是拉开差距的地方。老师到后期或在平时就会讲很多答题思路、答题框架，像作用题、赏析题之类的，这些思路框架是必须要记住的。但是天津高考越来越轻套路重内容，也就是说更多考的是理解、特殊性，而不是框架、普遍性。所以笔记上除了老师给你的框架，还要有你自己做完题的收获，你自己挖掘到的这类题的规律，这道题值得玩味的地方。第四栏是阅读。类似于诗歌要有套路和经典题的分析，然后就是按照不同的文体进行总结，主要有小说和散文。第五栏是作文。写作文能挖掘自己的风格是最好的，不能形成自己的风格，模板是一定要有的。作文积累比较重要的就是作文素材，素材积累也要分类。现在那些摆例子泛泛而谈的作文有些 out 了，而那些能够针砭时弊的议论性作文却既能够展现自己的功底也能抓住老师的眼球，所以在积累素材的同时，应注意那些经典的评论性的语言，会对自己的写作很有帮助。剩下的就是一些细碎的知识点了，像词语辨析、成语、病句、文学常识、语言应用等，考查这类知识的题目，在答题时自我发挥的空间不大，更要求同学们听老师的话，按老师的要求做，不折不扣地完成。

数学。说实话，我喜欢数学。也许，学弟学妹们有很多人为数学成绩得不到提高而担忧、苦恼，觉得自己做难题的智商不够。其实高考试卷中只有很少一部分是难题，大部分是中档题。高考数学主要考查大家对知识点的运用能力、细心程度、计算能力和心态。对于数学学习，我想从四个方面来说。第一，错题本。错题本一定要有，不仅要有，而且每一道题都必须堪称经典。这个真的很重要，因为数学考点很多，尤其是一些小的易错点，错题本既可以提醒你那些容易被忽略的地方，也可以方便你从中寻找某类题型的答题规律。另外提醒大家一点，其实错题本、笔记本这类东西，我觉得最好的就是最个性的。换句话说，错题本、笔记本要适合自己。第二，做题。数学其实是一份熟练工，做得越熟练，拿分就越容易。但我不赞成题海战术，不过一定的训练是必须的。尤其到了高三后期，会发大量的数学卷子，有的同学为了背史、地、政就把数学抛在脑后，这种做法是不科学的。还有的同学到后期只攻难题，不看简单题，这样做也是不科学的，因为如此一来做题的感觉会大打折扣。第三，合作。其实“比学赶帮超”这几个字不仅仅是口号，有几个要好的数学题友，比比智商，比比方法，练练速度，既可以拓展自己的思维，又可以激发自己学数学的兴趣。我就有几个“题友”，有时会为一道题争得面红耳赤，有时会一起去老师那炫耀我们的新方法。所以，当时的数学学习一点也没觉得枯燥。第四，心态。其实到高三，情商较智商更重要，一定要有很强的耐挫折能力。就像党叔说的那句话：“一切都是最好的安排。”考试既是能力的比拼也是心理素质的比拼。考试时谁的状态好谁就能发挥得更好一些。那怎样锻炼自己的心态呢？把平时的考试当成高考，把高考当成平时考试。平时做作业也尽量掐着时间做，训练自己的速度。这样到真正考试时才能胸有成竹。

英语。英语其实是学习方法最简单的一科，就两点：练和背。学习完型和阅读——英语中最重要的部分，没别的特殊技巧，就是练习。但也不是盲目地练，练一篇就要消化一篇，把错的原因弄明白。其实，练还要在背的基础上进行。单词是所有题型的基础。高三时一般学校都会发一本词汇手册，这本书必须背下来，这里对背的要求并不高，做到给你一个单词知道它的含义就行，另外注意那些一词多义现象和重要的词组。对重要的词组我想提示两点：一是写作文时可能会用到的，一定要确保万无一失；二是一些类似词组像 call off 和 call in 之类的，一定要分清。还有语法，有的同学英语底子薄，语法一直不过关。我建议，一开始学就要把它弄明白，基础题型保证会做，因为在后期复习语法时速度会很快，没有时间再细细研究理解。准备一个错题本也是个不错的选择。这样，考前复习起来会比较有针对性。

历史。历史一直是我比较头疼的一科。所以，针对历史学习，我说几点自己的经验教训，并把看到的别人的好方法跟大家分享。第一，历史是一门对时间概念要求很高的学科，如果把各大事件的时间、每个时期的特征记清楚就能应对很大一部分题了。第二，历史课本是基础，所以一定要把课本背熟，历史纵横之类的小字也要看。第三，要做题。历史题比较灵活，对答题方向要求就比较高。写一堆废话不如写几个关键词的得分高就是这个道理。所以研究高考题，把握答题方向还是很重要的。当然，高一高二的同学还是不要过早接触高考题，跟着老师的步骤走是最明智的。第四，要注意老师讲的一些规律性的东西，怎么解读材料、怎么抓重点词、怎样表述等都要记在笔记本上。

地理。说实话，文综这三科中我最喜欢地理。一个重要原因是因为党叔教地理，还有就是地理真的比较有意思。有人说地理是文科中的理科，应像学数学一样学它。其实不然，地理的基础也来源于书本。尤其现在天津的地理考题越来越细化，基础化，它会考你书本上的小细节，所以熟读课本，弄懂书本上的每一句话，记住一些专业术语，可以使你的地理成绩提升一个档次。然后就是做题。地理，我有两个总结本，一个是记录平时做错的选择题和大题里比较有感触的答题思路和表述。另外一个是最后系统复习时自己总结的，把类似的知识点归到一起的本子。到后期时，老师会给你答题模板，最低要求是把它背下来，这真的是最低要求了。再高一点的要求就是会灵活运用这些套路。我个人认为最好的方法就是自己先在平时进行总结，找出一些答题模板，然后结合老师给的看你有没有空缺，编织一条属于自己的知识网，这样才是最灵活、最全面的。地理学习还有一个比较重要的点，就是看地图。党叔一开始要求我们每天看 5 分钟地图，然后是 10 分钟，后来教室后墙上挂上了大地图，我们班总会有人到后面去看。地图是做题的基础。高考不会考你做过的题，它会考你一个不熟悉的地方，需要调动你对地图的记忆、识别能力，定位，定区域，找特点，确定答题模板，其实就这么简单。我知道，一开始会很难，甚至中间会出现瓶颈期，这都很正常，能看到自己问题的所在，抓紧弥补就行了。

政治。政治一直是我学得很稳定的学科，也没因为它烦恼过。有人说文科就是背，我认为历史、地理更多是理解的东西，政治是有很多背的篇幅，但也不是死记硬背。总而言之，就像党叔开学时跟我们说的学文科靠的是“悟性”。政治这几本书，我每一本都背了不下 10 遍，不是我用功，这是每一个“高三党”都必须做到的。我到高三有一个政治笔记本，是高一高二的一个汇总，也是高三新思路的添加，分成经济、政治、文化、哲学四块，积累了一些经典题，一些分析思路，一些解读材料的方法，一些重点词的含义。我想说，如果你选择了文科，如果你追求卓越，你就必须付出汗水。我有一个同学说过，当你以后回首高三这段路程而被自己感动到落泪时，高三可以说无悔。

关于学习方法就说到这吧。有些只是我的个人见解。总之，大家还是要寻找到适合自己的学习方法和学习习惯。

我怀念曾经的战场，那没有硝烟的战场。学弟学妹们。你们也将踏入这样的战场，请不要恐惧，享受它的魅力吧，也许你再也不会像高三那样拼命了。三年的准备，日日夜夜的奋战都是为了高考那几天的发挥，走进考场就该相信自己是最棒的。

在这个光怪陆离的人间，没有谁可以将日子过得如行云流水。但我始终相信，走过平湖烟雨、岁月长河，那些历经劫数、尝遍百味的人会更加生动而干净。时间永远是旁观者，所有过程和结果都需要我们自己承担。一切都是最好的安排。

姓　　名：武学姝
高考年份：2013年
毕业学校：山西省太谷中学
高考成绩：总分637　语文116　数学130　英语136
理综255
院　　系：北京大学经济学院

花开不败在北大

又是一年花开烂漫时，我从太谷中学走向了北大，徜徉在温暖的阳光下，昔日的点点滴滴涌入脑海……

那是最近的一个冬天，虽然天气寒冷，但是我的内心仿佛每一天都涌着一簇小火苗——因为高三，因为高考，因为拼搏！

花开不败在北大，回忆走向北大的这条路，我想起了每一科的每一天……

语文是高考的第一科。因为一直是语文课代表，我对语文一直充满热爱。我认为语文是一门语言学科，不需要搞题海战术，不需要绞尽脑汁思考解题方法没有一条条定理法则需要我们熟练运用，没有大片计算让我们望而生畏……所以，在我的学习中语文一直都是在零碎时间里起调节缓解作用的。我认为学语文最重要的是把它真正当成一门语言，而不是一门学科、一门考试科目。语文有很多需要背的东西，比如成语，感觉成语总是背不完，逢考必出新，所以成语是很多同学的软肋。可是成语也是人说的，只不过是古人常用的，只要我们弄明白成语中每个字的意义，理解其使用的语境，其实也并不复杂。而且背成语可以帮我们学文言文，可以为我们的作文增色，一箭三雕。我那时起得很早，早上的一部分时间就是背语文的知识点。再就是在一天的生活中时时学语文：我有一个“掌中宝”，专门用来记看到的佳句；课间休息时翻看语文的学案；吃饭路上回忆背的文言文；晚上睡觉前读一篇阅读材料，在墨香中入睡……虽然我并没有花大块的时间来学语文，但是语文的确已经成为我生活的一部分。要是能把语文当成一种生活，对它怀着一种赤诚的爱，语文也会以爱来回报你！

数学是理科生拉开分数的学科。尽管高考之前已经复习了很多，但是当考卷真真正正地摆在面前时，我的心跳还是在加速。学数学，只能用“刷”这个字。每天下午的自习课，数学至少占两节。除了学校的复习资料，我还买了大量的参考书。数学课本上的原理很简单，但是每个原理都需要做大量的习题来辅助理解。在做题的过程中，要注重比较和总结：两道貌似截然不同的题，可能是同一个定理的不同用法，或者反映了同一个原理的不同表现形式；对比一类相似的题，我们可以得出一类题的通用解法和注意点……这样，对一道题进行深入思考就相当于做了好几道题。数学考卷发下来后很多人都会抱怨自己又因为马虎丢了多少分，但是我个人觉得世界上并没有“马虎”这件事，所谓的“马虎”其原因就是缺少训练。说自己审题不清，但如果平时都做到认真仔细又怎么会考试时慌张？说自己考虑不全，那只反映了对一类问题的思维片面！所以，马虎只是懦夫的自我安慰，而不是解决问题的方法！针对大家所谓的“马虎”，我建议建立一个易错点小册子，每次考试完或做完题后整理自己的非知识性失分点，如果出了以前犯过的错误就做个标记，这样看到自己在某个地方总是出错，自然就会注意了。

英语是所有考试中最容易得高分的科目。同样，英语需要多背，它与语文的不同点在于：高中阶段语文更多的要求是读，英语则要求多背。新课标对英语单词的要求降低了不少，但是我一直认为掌握单词是打开英语大门的钥匙，所以一定要重视单词的记忆，尤其是易混词。我们应准备一本牛津高阶词典，平时做题时遇到不懂的词就去查一查，不一定要查过一遍就全部记住，但是一定要把该词的意义、用法、常用搭配、易混易错点仔细看一遍。当然，这里强调的查词典是指在单选和完形里，而阅读理解题里的生词是难免的，所以在做阅读题时，猜词能力也是必备的。英语的词组搭配繁多，所以备一个英语小册子是必须的，每次碰到的新词组、老师上课补充的词组，统统记在上面，闲时就翻出来读一读。再有就是每天都要做完形和阅读，养成习惯，而且要计时。遇上错得多的完形就把它剪下来，把正确答案用不同颜色的笔填上，也粘在英语小册子上面，经常翻看。还有英语作文，一定要注重书写。不一定要求字体多好看，但是一定要工整，大小一致，左右对齐。总之，学英语的总体原则就是用英国人的思维去思考问题，学会地道的表达方式，多阅读外文读物，养成良好的语感。

物理是理科综合的重头戏。理科综合的命题方式是有顺序的，物理在中间位置，应该是我们在思维最活跃时做的题，所以我并不赞同一开始就调整答题顺序。学物理重要的就是记模型。有一些所谓的难题，不过是把好几个模型综合到一起，分析清楚涉及哪几个模型，一个一个地进行列式计算，就可以轻松拿下。物理经常出现图像问题，这时候一定“看图先看轴”，适当地运用数学方法。很多物理情景多有一些小的规律，尽量在不混淆的情况下记一些规律。做选择题时能用规律的就用规律，能排除的就排除，这样可以很快地找出答案，毕竟理综的时间是很宝贵的！还有物理规律的成立条件一定要记清楚，有时候错题就错在把不适用的条件用上了。如果一开始不注意细节，可能就会导致整道大题都因为开始的一点点而失分。对物理一定不能心存畏惧，做物理题时要将没弄懂的题目标记出来，并向老师或同学请教。得物理者得理综，所以自习课上的很多时间都要留给物理。做题不要图快，因为物理题的题干一般很长，要记清每个条件，必要时可以勾画出来。平心静气做物理，能做多少做多少，毕竟步骤分也是很可观的。

化学，优秀生是完全可以得满分的。化学题的一大特点是每次考试的知识点都差不多，到最后闭上眼睛几乎都能背下来考题顺序。虽然化学的知识点看上去很多很杂，但是实际上把基本知识点背下来之后再稍加变通就可以了。化学记特殊点，就是说大的规律记住之后，就只需要记哪些不符合这种规律的，而没必要记那些符合规律的东西了。还有就是要记特殊颜色的物质，每次都会考到。因为化学考试都会把对知识点的考查渗透到貌似复杂的各种情境中，所以整理化学错题时可以只提炼所考的哪个知识点不会，没必要把整个复杂的情境照搬，这样有利于日后再翻看复习。化学的知识点轮廓性强，很多部分基本上都是自成一体，所以要把每个部分都学扎实。如果哪个部分没学好，也能很方便地进行针对性训练。有很多专题训练，就可以在平时练习做。我尤其推荐多做各省份历年的高考题，可以知道知识点都是怎样考查的。

生物，理综卷中的开始和结尾。它的地位就是尽可能快地让我们进入理科综合的答题状态，所以生物的题目一般不难。学生物最重要的就是要对课本足够熟悉，所以在一轮复习中，我在生物方面做的最重要的事就是把必修和选修课本认真看了一遍，包括小字部分和课本边框。因为课本知识也比较多，所以看课本经常有看了很久但感觉没重点没收获的情况。这时建议一边看一边把自己想象成命题人，如果自己出题的话会怎样设置问题。再就是一边读课本一边在上面列提纲，既突出整体结构又注意细枝末节。对生物题一定不要盲目地多做，先把基础知识打通，因为生物题只要会就能做很快。还有生物里的计算题，一定要看清楚基本条件，问的是什么，包括小括号里的内容也要注意，运算注意数量级。理综卷里一定不要空着生物题不做，因为生物一般对情境依赖不大，看一眼就能得出答案，是“性价比”最高的科目，也适合在最后时间大脑高速运转时迅速得分，不会出现读不懂题、大脑空白的现象。

总的来说，高三就是需要我们冷静细致、全力以赴。记得班主任曾经说过一句话：“全力以赴的最大障碍就是你以为你已经全力以赴。”永远不要抱怨课业量大，只要你想，永远可以挤出更多时间。还有就是永远要保持冷静，不管是卷子纷纷扬扬的时候，还是成绩陷入低谷的时候。一定要知道自己已经做了什么，还需要做什么。我习惯晚上睡觉之前躺在床上用几分钟时间反思自己的一天，并对明天的生活做出规划，这样使我觉得每一天都过得充实、有意义。

临近考试，我的心情没有太大起伏。只要把平时的作业、考试当成高考，自然就能把高考当成平时。只要自己无怨无悔地度过了高考前的每一天，就一定能坦然面对最后的结果！

步入考场，我的身后是老师和家长殷切的目光，不过这些并没有给我带来太大压力。高考试卷的难度比我平时练的要难，这也没有使我的心态有太大改变。我觉得那些所谓高考发挥失利的人，就是因为他们太把高考当成高考了，以至于迷失了自己，所以考出的就不像是自己的成绩。紧张时深呼吸，想着：不过是一场考试，只需要仔细认真，把自己会做的都做对就好了！

公布成绩的时刻，得知自己考上了北大，我的心里没有太大惊喜，只是淡淡一笑。所有付出都会有回报，天道酬勤！在那个昏天黑地的高三，我让自己默默地站成一棵树，努力向下扎根，终于在 2013 年的 6 月绽放成一朵花，花开不败，在北大！

姓　　名：熊　韦
毕业学校：黑龙江省牡丹江市第一高级中学
高考成绩：总分654　语文105　数学141　英语136
理综272
院　　系：北京大学城市与环境学院

梦想之花如此绽放

从远古时期的原始社会到如今的现代社会，人类一点点走向文明，走向繁荣。在这个过程中，人类一定会遇到各种各样的问题，这些问题又不可能是千篇一律的，所以在解决的过程中，人们产生一种认识世界、改造世界的思考方式，并加以实践和创新，从而不断进步。在学习的过程中，我建议大家打破旧的观念，从更高的角度去看待、思考问题，把学习的过程当成对自己的磨炼，把考试当成对自己能力的检验，从而对学习产生新的认识。

我是一名理科生，距离取得学习上的成功还相差很远，但是在大学之前的基础知识储备过程中，我画上了一个比较完整的句号。

爱因斯坦总结自己获得伟大成功的公式是：A=X+Y+Z。A 代表成功，X 代表艰苦劳动，Y 代表正确方法，Z 代表少说废话。这个公式用在学习上，就是说，要想在学习上取得成功，一要靠学习方法，二要靠意志，三要靠效率。

方法是成功路上的阶梯

学习可以说伴随着每个人的一生，而好的学习方法往往让你收到事半功倍的效果。我认为我的学习方法也是一种比较有用的方法。

一、接受新知识

新知识的摄入首先应有直观的体验，理解不透彻一般是因为知识在头脑中形成的是抽象的概念而不是直观的体验。建议学习某一类知识的时候，首先应该对知识应用背景有直观的体验。学生时代，我们获取知识的途径多数是通过课堂。所以，在课堂上，确定获取知识的范围与程度，抓住重点，不随意撒网捞鱼，循序渐进，多思考十分重要。学习成绩好的学生很大程度上得益于充分利用课堂时间，这也意味着在课后少花些功夫。课堂上要及时配合老师，做好笔记来帮助自己记住老师讲授的内容，尤其重要的是要积极地独立思考，跟得上老师的思维。

二、巩固所学知识

复习是学习过程中的一个重要环节，是对已经学过的知识的一次再学习。它是巩固和深化所学知识的一种有效手段，使已经获得的知识系统化，形成合理的知识结构，对强化记忆能力、提高学习效率有重要意义。人们的认识总是按照“感知、识记、理解、再感知、巩固记忆、深化理解”这样一个规律进行的。课堂上对知识的第一次学习是感知过程，这时知识的有序性还体现为低级阶段，即感性阶段。通过复习对课堂上初次接触的知识进行再感知、再认识，这样就可以增强知识的有序性与深刻性，从而起到加深理解、巩固记忆的作用。复习巩固实际上就是同遗忘做斗争。关于产生遗忘的原因，有记忆痕迹的消退和干扰两种学说。痕迹的消退说认为，记忆如镌刻在岩石上的文字那样，在大脑的某个地方形成记忆的痕迹，然后，随着时间的流逝，记忆痕迹也逐渐消退。干扰学说认为，引起遗忘的原因，并不单纯由于时间的流逝，而是从识记开始到回忆这段时间里，由于进行了其他活动，记忆受到了干扰。为了有效地进行复习，必须掌握科学的复习方法。

（1）反复记忆法。重复是学习之母。宋代教育家朱熹告诫别人说："读书，每次只读五十字，速读上二三遍。"茅盾读名著，至少要读三遍。第一遍是鸟瞰式，第二遍是精读式，第三遍是消化式。革命导师马克思记忆力很好，但他还是经常地反复阅读和研究已经看过多遍的书，并且从来不感到满足。他们的经验都证明：反复记忆、反复强化，是理解知识、避免遗忘的有效方法。

（2）由厚转薄法。复习知识时要避免只求量不求质，还要避免只求质不求量，因为，这两种学习方法都是片面的。著名学者华罗庚总结了读书要由薄变厚，由厚再到薄的方法。他说："一本书，当未读前，你感到书是那么薄，在读的过程中，如果你对各章各节又做了深入的探讨，在每页上加注解，补充参考资料，那就会觉得厚了。但是，当我们对书的内容真正有了透彻的了解，抓住了全书的要点，掌握了全书的精神实质以后，就会感到书本变薄了。愈懂得透彻，就愈有薄的感觉。"

由厚转薄的过程和方法是：

各个击破。对教材的每一章、每一节，乃至每个问题、每个概念都要弄清。构成某种知识的"部件"都掌握了，这种知识的"整体"也就容易掌握了。瑞士教育家裴斯泰洛齐说过："最复杂的感觉印象是建立在简单的要素上的，当你把简单的要素完全搞清楚了，那么最复杂的也会变得简单了。"各个击破是量的积累，把握整体是质的飞跃，一旦把握整体，知识也就变薄了。

吸取精华。由厚转薄的关键是要抓住实质，吸取精华。作家碧野在谈他的读书经验时说："读书的方法，一般说，首先'粗读'了解书中梗概和中心内容；然后'细读'书中各个环节，在精彩处做上记号；最后'精读'，专心把精彩的部分再三琢磨，转化成为自己的血液。"碧野读书的三部曲，最后归宿点是"精读"，吸取精华。

知识理解了，精华抓住了，真正要记忆的东西就不多了。

（3）知识结构法。现代教育家都十分强调知识的结构问题。美国教育家布鲁纳主张要采用最佳的方式，将大量的教材组织起来，形成理想的知识结构。苏联教育家赞可夫则十分注意“知识之间的本质上的联系”。他认为：“学生在有机的联系中获得越来越多的新知识，其效果要比进行多次单调的复习好得多。”用他们的话来指导复习，讲得概括一点，就是要使知识系统化、条理化。我们所学的各门课程，都有一定的科学体系，反映了知识的内在的有机联系。如果我们只注意知识的一块块的“碎片”，那我们自己也将成为一块“碎片”；如果我们只知道在书本的海洋中一味贪婪地吞食，那我们自己也将被知识海洋所吞食。

三、学会提问

“学起于思，思源于疑。”提问是思维的导火线，是学生的内驱力，是探索与创新的源头。加强学生质疑能力的培养，即培养学生自己发现问题、提出问题的能力。聪明的人懂得说，智慧的人懂得听，高明的人懂得问。学习中能问出好问题，才说明对知识有深入的挖掘，对知识产生深刻的理解。所以，在学校学习，首先要充分利用老师这个资源，敢于提问，善于提问；其次，要充分利用同学这个资源，经常与同学切磋探讨问题，交流学习的心得和方法。方式上，可以建立学习兴趣小组，各组之间组织多种学科竞赛活动相互比拼，团队合作学习很有助于提高学习热情，完善学习方法，是我们学习的捷径。

四、学会在竞争中合作

在集体中学习，就一定会有比较，如果选错竞争对象，那么不仅不会使自己进步，还会挫伤自己的积极性，丧失自信心。在班级中学习，要找与自己实力相当的同学作为竞争对手，在竞争的同时互帮互助，尽享学习带来的欢乐。在竞争中还要时刻保持自己的优势，用优势为自己创造条件。每个人只要扬长避短，就能使自己立于不败之地，创造自己的精彩。

意志是成功之门的钥匙

一、适当强迫自己

曾经有多少雄心壮志，总是以热情高涨开头，到最后却是冷淡的结尾。渐渐地，我发现活在一个毫无压力、充满欢乐的星球中，如果想让幸运女神来到我的身边，只有一个办法——战胜诱惑，强迫自己。研究表明，大多数在某一领域取得巨大成功的人都曾强迫自己。学习中的强迫症是指学习时给自己施加压力，对自己严格要求。在日复一日地看书和做题中，疲劳厌倦是无法避免的，这时我们可以尝试着对自己提出要求，告诉自己今天做完这些题才可以睡觉，这道题一定要自己解决。这些要求就是来自心底的声音，能使人顿时精神焕发，充满力量，获得继续前行的决心。适当强迫自己有利于形成良好的作息习惯，并且提升抗压能力，使自己在困难面前不退缩，在挫折面前不落魄。

二、要自信

很多科学研究都证明，人的潜力是很大的，但大多数人并没有有效地开发这种潜力。其中，自信是很重要的一个方面。无论何时何地，你做任何事情，有了这种自信，就有了一种必胜的信念，而且能使你很快摆脱失败的阴影。相反，一个人如果失掉了自信，那他就会一事无成，而且很容易陷入自卑中。

三、学会用心

学习的过程，应当是用脑思考的过程，无论是眼看、口读还是手写，都是作为辅助用脑的手段。学习的关键还在于用脑子去想。比如说记单词，如果你只是随意地浏览或漫无目的地抄写，也许要很多遍才能记住，而且不容易记牢，而如果你能充分发挥自己的想象力，运用联想的方法去记忆，往往可以记得很快，而且不容易遗忘。现在很多书上介绍的英语单词快速记忆的方法，也都是强调联想的作用。可见，如果能做到集中精力，发挥大脑的潜力，一定可以大大提高学习的效率。

四、人的情绪

如果某一天的精神饱满而且情绪高涨，那样在学习一样东西时就会感到很轻松，学得也很快。其实，这正是我们学习效率高的时候。因此，保持良好的情绪是十分重要的。我们在日常生活中，应当有较为开朗的心境，不要过多地去想那些不顺心的事，而且我们要以一种热情向上的乐观生活态度去对待周围的人和事，因为这样无论对别人还是对自己都是很有好处的。这样，我们就能在自己的周围营造一个十分轻松的氛围，学习起来也就感到格外的有精神。

效率是成功路上的引擎

学习上要给自己一些时间限制。连续长时间的学习很容易使自己产生厌烦情绪，这时可以把功课分成若干个部分，把每一部分限定好时间，这样不仅有助于提高效率，还不会产生疲劳感。如果可能的话，逐步缩短所用的时间，不久你就会发现，以前一小时完成的作业，现在四十分钟就完成了。

不要在学习的同时干其他事或想其他事。一心不能二用的道理谁都明白，可还是有许多同学边学习边听音乐。或许你会说听音乐是放松情绪的好办法，那么你尽可以专心地学习一小时后全身放松地听一刻钟音乐，这样比带着耳机做功课的效果好得多。

不要整个晚上都复习同一门功课。这样做不仅容易疲劳，而且效果也很差。每晚安排复习两三门功课，情况就好多了。

除十分重要的内容外，课堂上不必记很详细的笔记。如果课堂上忙于记笔记，听课的效率一定不高，况且你也不能保证课后一定会去看笔记。课堂上所做的主要工作应当是把老师的讲课内容消化、吸收，适当作一些简要的笔记即可。

本来有付出就应该有回报，而且，付出的多，收到的回报就应该多，这是天经地义的事。但实际情况却并非如此，这里边就存在一个效率的问题。效率指什么呢？就拿学一种东西来说，有人练十次就会了，而有人则需练一百次，这其中就存在一个效率的问题。如何提高学习效率呢？我认为最重要的一条就是劳逸结合。学习效率的提高最需要的是清醒敏捷的头脑，所以适当的休息、娱乐是必要的，是提高学习效率的基础。那么上课时的听课效率如何提高呢？课前要有一定的预习，这是必要的。我的预习比较粗略，就是大概浏览一下课本，这样课本上讲的内容、重点大致在心里有个数，听起课来就比较有针对性。预习时，我们不必看得太细，如果过细不仅浪费时间，而且上课时未免会有些松懈，有时反而忽略了最有用的东西。上课时认真听课当然是必须的，但任何人也无法集中精力听一节课。也就是说，连续四十多分钟一刻也不走神，是不太可能的，所以上课期间也有一个时间分配的问题，老师讲一些对自己来说很熟悉的东西时，可以适当地放松一下。做题的效率如何提高呢？最重要的是选“好题”，千万不能见题就做，不分青红皂白，那样往往会事倍功半。题都是围绕着知识点进行的，而且很多题的形式也是类似的。首先选择想要得到强化的知识点，然后围绕这个知识点来选择题目，题并不需要多，类似的题只要一道就足够，选好题后就可以认真地去做了。做题效率的提高，很大程度上还取决于做题之后的过程，对于做错的题，应当认真思考错误的原因，是知识点掌握不清还是因为马虎大意，分析之后再做一遍加深印象，这样做题效率就会高得多。

我们都有梦想，我们的梦想是一个简单的信念，是一份对自己未来与生命的责任。也许是十八岁的豪情壮志；也许是青春期的迷茫与冲动；也许只是一份平淡的渴望，渴望掌声，渴望成功。无数的“可能”，无数的“希望”，因为我们的青春岁月充满奇迹，我们心中大大小小的梦，在生活的每一个角落里芬芳弥漫。

我们青年人爱幻想，每个人都有自己美好的梦想。但如果不经过奋斗，那梦想终究是梦想，绝无实现的可能。大家一定听说过“蜀鄙二僧朝南海”的故事：穷和尚和富和尚都立志去南海，结果穷和尚凭一瓶一钵去了南海，而富和尚“数年来欲买舟而下，犹未能也”。原因何在？就在于穷和尚勇于立志，勇于践志；富和尚则只敢想，却不敢做。

梦想是位绝代佳人，她拥有幽深的眼眸，让我们看到了未来的希望；她拥有甜美的声音，告诉我们如何走好自己的路；她拥有纤巧的双手，给予我们无私的帮助；她拥有博爱的心灵，永远含笑相伴你身旁。请你也寻到一位属于你的佳人，并将她拥在怀中，在月色下回忆她的美妙，承诺对她的付出，在她的指引下走向成功。

原来，梦想之花如此绽放！

姓　　名：孔令毓
毕业学校：山西省高平一中
高考成绩：总分603　语文107　数学140　英语122
　　　　　文综214　自主招生加分20
院　　系：北京大学哲学系

高中地理学习经验漫谈

对于大部分文科同学来说，地理是相当头疼的一门课，尤其是偏向理科的自然地理，更让一些同学感到无奈。那么，该如何学好高中的地理呢？接下来我就与大家分享一些经验。

学习地理，首先要熟悉地图，我在高中时地理的优势其实主要源于对地图的熟悉。当然了，这是由于我对地理有很深的兴趣，从小学开始就热衷于看各种地图。因而在高中时遇到有地图的题时，首先就会想到地图上的地方是哪里，然后做题就顺利了很多。有的同学可能会问，如果没有兴趣呢？其实，兴趣是可以培养出来的，通常做某件事成功了，会带来喜悦感，然后会心甘情愿地继续做，兴趣也就逐渐产生了，这也可以解释为什么有些高三的高手会那样兴奋。识图，甚至是学习地理也需要成功的喜悦和对自己的激励。另外，大家还可以每天抽出一些时间看图，甚至是边听音乐边看也可以，坚持一个月，就会发现自己的读图水平会提升很多。

高中地理分为自然地理和人文地理，有些省份可能还加入了区域地理，然后是选修部分。自然地理整体偏向理科，人文地理则是真正的文科内容，学习方法上也应该不同。

自然地理的学习方法

自然地理是偏向理科的一块内容，学习自然地理当然不能单纯地靠记忆。其中，地球运动、大气运动是相对难一些的部分，更需要理解和练习。

但值得注意的是，地球运动这块内容在考试中占的分量很小而且在逐渐减小，有些省份的大纲里就没有地球运动，但不能因此就放弃它，因为它是整个自然地理的基础。因此对地球运动，要尽力而为但不勉强。地球运动有些内容是比较枯燥和抽象的，比如说自转运动和公转运动，练习的时候一定要坚持。学习这一块内容要参照理科生学数学和物理的方法，要么掌握它的精髓，要么就采用题海战术多做题；地球运动的题目，图形类的占绝大多数，对这种题，一个非常好用的办法就是图形转化，将各种图形转化为自己熟悉的侧视图或者正视图，有些题目就迎刃而解了。当然了，没有学过立体几何的话，空间想象能力可能还会有欠缺，这个不必担心，在学过立体几何，并有了足够的训练后，转换图形的能力就会得到提升。

大气运动和气候既是难点，又是考试的重点，尤其是气候和各种天气系统。学习气候的时候，各种气候的成因、理论分布位置、实际分布状况、气候的特点等都需要熟知，但是这些也不需要死记硬背，只要掌握了原理，知道各种气候之间的递变关系，就能够将他们的成因和气候特点以及分布记下来。而实际的分布位置则要多看图了，至于形成原因，则分为一般性的原因和特殊性的原因，二者要分开，做题的时候也应该看清楚题目。比如，如果题目问的是热带雨林气候的形成原因，则回答：位于低纬地区，终年受赤道低气压带控制。但是如果题目问的是马达加斯加东部热带雨林气候的形成原因，则应该回答：东南信风从海上来，带有较多的水汽，该地位于东南信风的迎风坡，地形雨丰富；受沿岸暖流的影响。

自然地理中的其他部分就相对容易一些，下面简单地介绍一下。洋流这一块内容，最大的问题就是名称比较难记，但是如果看了足够多的图，这个问题也就迎刃而解了。自然地理是个整体，只要在高一或者高三复习时按部就班，一步一步踏实地学，后半部分就很容易。

人文地理的学习方法

人文地理相对来说更接近文科，因而记忆就很重要了。人文地理的主要内容有城市、农业、工业、商业、交通线，其中大部分内容都有其套路，记忆的时候可以记框架，比如说农业中，某地形成某种农业地域类型的原因，就可以靠下面这个体系来记忆：

如果觉得框架也不容易记下来，则可以记下书上的模板，做题时套着用，比如分析长江中下游的季风水田农业的形成原因。

当然了，这只能保证得到大部分分数，剩下的一部分就是当地的特殊性，这就不能一概而论了。正如在分析长江中下游的季风水田农业的形成原因时，千万不能写市场，因为这里的农业是自给自足的，不需要出售；也不能写科技，因为传统的农业不需要太先进的科技。

选修课本则容易很多，花费在上面的时间也应该少一些，但是选修课本也应该认真地学，而且要尽量多学一些，不能只专注于一本，以免考试时没有选择的余地。当然了，大家可以依据自己的兴趣，选择几本感兴趣的选修课本读。

对于区域地理，读图的重要性就更重要了。之前读图不够的同学也可以趁着学区域地理的时候多读些图。学习区域地理是为了加强对各地的了解，学习过程中注意结合自然地理和人文地理的相关知识，这样就做到了温故而知新，相当于在不断复习着前两部分内容。学习区域地理，不仅要全方面地了解各地，从气候、地形一直到农业、工业，而且要与自己所知晓的一些名人名地相结合，而且要特别注意一些时事热点发生的地方，以应对考试。当然了，学习地理不只是为了应考，而且是提升自身素质的需要。所谓“上知天文，下知地理”，足见学习地理对于提升一个人谈吐水平的重要意义。

另外，学习地理也需要丰富的课外知识，平时可以多读一些相关的书籍。我在高中时就经常读《中国国家地理》一类的书籍，里面很多知识都曾被我用来答题。当然了，读书的目的并不只是为了考试，增加一些分数只是多读书的一个好处。

接下来，我将分享一些应考地理时的技巧，考试时的通用法则我就不再赘述了。做选择题的时候最好将能够保证正确的题目与存有疑惑的题目用不同的记号分开，以提高检查时的效率，而且要注意控制选择题的时间，以免不能完成问答题，两分钟做不出来（特别是选择题里的压轴题）的题目就应该暂时放弃，放到最后再考虑。另外，地理题中的图很多，一定要仔细地看，比如有些图需要找到指向标、经纬度，以确定方向（特别是考查河流流向的题目）；有些题目则要看清比例尺，尤其注意有些降水的柱状图和气温的折线图都要看清楚数值而不能只看形状。对于问答题，也可以先选最有把握的题目写。问答题里需要注意的就是最先做的题，千万不要犹豫，总是想答得更好，但在摇摆不定很长时间后甚至还不如原来所想的答案，而且后面的题目也没做完。地理的问答题答案往往是很简洁的，所以我们写问答题答案的时候，一定要简洁而不能长篇大论。问答题可以大致分为两类，一类是有一定套路的题目，比如说问气候的形成原因，问农业、工业的地域分布，这类题是很容易的。而另一种题目则具有一定自由发挥的因素，这种题就像辩论一样，每句话都一定要支撑自己的观点。比如说，题目中问选择 A 还是选择 B 来建一个港口，如果选了 A，只要说 A 建港口的有利条件就可以了，切忌一直讲 B 的不利条件。最后，一些地方的试卷里还有选修题，其难度一般比较低，应该控制在较短时间内完成，而且要尽量选择一道自己最有把握的题目，如果担心没有时间逐道分析，那就在试卷刚发下来的时候先看选修题，大概确定一道。做选择前准备充分，做选择的时候果断迅速，切忌犹豫。对于单科考试地理的同学，不需要为其他科目留时间，相对来说更为轻松一些，但是仍然需要合理安排时间，其他需要注意的事项与之前所说的大致相似。总之答地理题时要冷静应对，合理分配时间，审题要慢，做题要快。

当然了，再多应考技巧都应该以扎实的知识为基础，这些技巧的作用是让你将应该能得到的分尽量都得到，而你的成绩与你的知识基础的关系更为紧密。因此，学习地理，重在平时的积累。

最后，祝大家愉快地完成高中的地理学习，取得满意的成绩！

姓　　名：邓君蕊
毕业学校：中央民族大学附属中学
高考成绩：总分629　语文129　数学132　英语130
文综238　少数民族加分10
院　　系：北京大学国际关系学院

天道酬勤

——误打误撞的文科生如何学好文综

大概很多最终选择了文科的同学都曾经有过和我类似的纠结和不甘心。

从初中开始，我最喜欢的科目就是物理、化学、生物三门理科课程，在文综三门和理综三门同时闭卷考试并计入中考成绩的情况下（意思是文综的三门和理综的三门需要同等严肃对待），我的理科成绩要远远好于文科成绩。在我们初升高的自主招生考试中，是我出众的理科成绩把我送进了这所高中的大门，而不是其他。上了高中之后，在高一整整一年的学习中，因为不想学文科，所以对文科三门的学习一直是消极怠工，每次考试都临时抱佛脚，平时连课也懒得听。

可是，当高一年级结束，要分文理科时，我却因为数学和理科综合的成绩不够理想、排名不够高而不得不放弃自己中意的理科，根据自己的潜力水准，为了自己的前途，选择了并没有好好学习过的文科，当上了一个不甘心的文科生。

凭借总成绩排名，我进入了文科重点班，我在班级里的排名不高，一想到自己几乎从未认真学习过文科，现在却要开始一心一意地去对待，不觉有种无所适从之感。

初中的时候，对于文科学习，我习惯性地背重点，总觉得书那么厚，重要的东西却只有那么一点，考试也不会考得那么详细。多做题，然后把答案背下来，总会碰见一样的题目——这便是我初中的学习方法。

高中的时候，发现以前的方法不好使了。几次考试下来，我的成绩都不是很理想。我开始想，是不是因为同学们一早就决定要学习文科，所以都已经摸索出适合自己的学习方法了，而我，还需要这么一个过程。但是我没有放弃过，没有因为刚刚分科时候的不适应和暂时的落后就丧失了信心。所以，我跟老师说："我需要一个摸索的过程，相信我，我一定会实现自己的北大梦，眼底未名水，胸中黄河月。"

希望我这个误打误撞的文科生"历经千辛万苦"终于摸索出来的一些文综备考应考的方法能够帮助你们。

定好目标

分科之后，离梦想更近，当然也说明离高考更近，于是我们开始了身经百战的过程。考试的过程，总是有人欢喜有人忧，谁都不可能是常胜将军，时常因为受到挫折，我们的学习热情会大不如前，学习效率也会大大下降。这个时候，我们需要一个明确的、合理的目标。

在我没有进入年级优异者行列，只是第一次考进年级前十的时候，我的目标是争取每次考试保持在年级前十。这个目标实现之后，我又在成绩一直比我优秀的同学中找了一个榜样，争取每次考试都能缩短与她的差距。

这就像一段马拉松，每个距离适中的里程目标让我在漫长的征程中举重若轻，成绩斐然。

制订可行的计划

良好可行性的计划能够规划我们每天、每周、每个学期的学习内容，加速我们的学习效率。

我个人就有制定计划的习惯。从每天到考试前两周再到最终的高考，从未间断过。

每天的计划，有时由于一些不可抗拒的原因（如数学老师突然布置了一大堆作业、东城区的模拟试卷发下来了明天就要讲等），是不能保证全部完成的。不过没关系，你会发现，计划已经帮你规划了学习步骤，再也不会觉得“总有什么事情要做，可又不知道做什么”。

每次月考之前两个星期，我都会制定一个复习计划，以求在不断添加新内容的课堂外，能够比较高效地复习。月考复习计划例如：

政治——做《5 年高考 3 年模拟》、背诵课文、笔记本

历史——做《5 年高考 3 年模拟》、背诵课文、笔记本

地理——做《5 年高考 3 年模拟》、复习资料、图册

另外，还可以按照日期列出每天的复习内容，我比较倾向于每天每科都复习到。

不要把计划安排得过于紧密，每个人都不可能做到完全的不懈怠，要留出机动的时间。相信坚持执行你的计划，能让你焕然一新。

具体每科的学习技巧

政治

解答一切政治题目的基础都是你脑子里牢固的课本内容，但是我们往往背过了却在答题的时候想不起来。怎么办呢？我的办法是自己做知识结构图。虽然很多参考资料上都有结构图，但是亲自

动手做的感觉却与单纯补充参考资料上的结构图完全不一样，有了自己建立的知识结构，答题的时候会轻松很多。除此之外，还要多做题，保持题感。选择题尤其要细心细心再细心，一定要抠字眼，避免遗憾的失分。

历史

第一还是要靠背，第二还是要靠总结，可以通过写年表的方式将古今中外事件串联起来，对历史事件的掌握要透彻，它的时间、背景、条件、经过、人物、目的、原因、评价、影响等都要了然于心。第三还是要抠字眼，选择题中是“根本原因”还是“直接原因”，“正确”还是“错误”，大题中是“根据材料”还是“根据材料并结合所学”都要搞清楚。

地理

第一还是要靠对课本的掌握，这也可以通过自己列结构图来帮助记忆。第二还是要靠分类总结，一般来说，老师都会把分类总结做得比较好。我们学生要做的，就是根据老师的知识总结归类，充分理解记忆，并且应用。地理大题有很多答题套路，需要向老师请教或者自己总结。

进入“高原期”后

一模之后，我开始进入赫赫有名的“高原期”。具体表现为：再也学不进去新东西，背书的时候，感觉背了就忘，心情烦躁，不想听课，但是也不想自习。事实上，虽然不是每个同学都会经历“高原期”，但当你出现上述“病症”的时候，就需要警惕了。我们应该如何应对呢？

“再迷惘，也继续，每个呼吸都有意义。”不想听课怎么办？听，硬撑着也要耐心听完老师的课，那是老师多少个小时的备课凝结成的40分钟的精华啊！不想自习怎么办？坚持。一定要自习，做题、背书，竭力像以前那样做进去题，看进去书，想想自己不想自习的时候别人都在马不停蹄地前进。感觉背了就忘怎么办？那只是我们的感觉而已，在做题的时候你就会发现，那些概念你都牢牢地记着呢，所以不必恐慌。

生活作息的调整

高二的时候，为了奋勇向前，我一度每天熬夜到凌晨 1 点半，早上 6 点起床，起床第一件事情就是泡浓茶（不推荐咖啡，对身体不好）以对抗“睡魔”。这种近乎自虐的学习方式当然取得了令人惊讶的成果。可是到高考冲刺前夕，我知道自己必须调整生活作息了，否则身体极容易吃不消。

时间上，我每晚 11 点半停止一切学习活动，准时睡觉；早上 6 点半起床。在保证了充分的睡眠后，我觉得每天精力更加充沛，情绪也更加稳定。

饮食上，我的父母做得比较夸张。高考备考前夕，各种美味佳肴轮番上阵，以致于我现在回想起来十分想再读一次高三。可事实上，家长们并不需要在这段时期对饮食做出特殊的改变，保证营养全面就够了。

高考冲刺前夕的种种，无论是喜怒哀乐，还是跌宕起伏，以后都将成为我们最珍贵的财富。不管我们在分科之前是否真心地对文科感兴趣，我们都不要忘记最初的梦想，奋勇向前！

最后，我想以一首曾经激励我继续坚持学习文科的诗来结尾，也希望它能激励你圆梦北大。

未选择的路

弗罗斯特

黄色的树林里分出两条路，
可惜我不能同时去涉足，

我在那路口久久伫立，
我向着一条路极目望去，
直到它消失在丛林深处。

但我却选了另外一条路，
它荒草萋萋，十分幽寂，
显得更诱人，更美丽；
虽然在这条小路上，
很少留下旅人的足迹。

那天清晨落叶满地，
两条路都未经脚印污染。
啊，留下一条路等改日再见！
但我知道路径延绵无尽头，
恐怕我难以再回返。

也许多少年后在某个地方，
我将轻声叹息将往事回顾：
一片树林里分出两条路——
而我选择了人迹更少的一条，
从此决定了我一生的道路。

姓　　名：方田野
毕业学校：安徽省阜阳市太和中学
高考成绩：总分651　语文119　数学142　英语143
文综247
院　　系：北京大学社会学系

那些年，我们一起学过的数学

数学，是大多数学子的“梦魇”，却一直是我的骄傲。高中时，最令我感到骄傲的学科就是数学。学习数学不仅锤炼了我的思维，给我带来了无穷的乐趣，而且也让我的成绩一直处于前列。当然，它也曾带给我沉重的失败和深深的打击。可以这么说，曾经一张低于 130 分的数学试卷带给我的挫败感，远胜于 100 分的语文试卷。所以，数学带给我无尽的苦与甜，而这恰恰也让我不仅获得了成功的经验，还有失败的教训。

我对自己的数学一直满怀信心，从未怀疑过自己的实力。第一次高考我发挥失常，但是数学相比较而言，仍然很好。第一次高考，我是全校第十名，而数学则是第二名。这也让我在复读时对数学没有太多的担心。所以，我想说，学习数学，最重要的心态就是自信，这样才有可能去征服它。

关于数学学习，我有很多心得，又因为复读的原因，我对于数学的复习备考以及应对数学考试感触更深，所以我想着重谈谈这两点，希望能对后来人有所帮助。

百日冲刺时的数学复习

这时候，数学大致已经进入了二轮复习，也就是专题复习。而我在高四的百日冲刺时，为数学制定了详细的规划，这也是我成功的重要因素。在这里与大家分享。

一、知识点巩固

一轮复习主要是对基础知识的回顾，而我的数学基础较好，因而这方面没有太大问题，所以可以全身心准备二轮复习。我们的二轮复习是按照考试范围来进行的，主要有六大部分，对应考试的六大板块：三角函数、概率与统计、立体几何、数列、圆锥曲线、导数。我当时也是分板块强化的。

首先，花较少时间扫一遍基础知识，主干知识点一定要牢固掌握。而冷僻的知识点，我都汇集了起来，如三角函数中的初相、概率中的相关性、立体几何中的投影等知识点。虽然不常出现，但是也很重要。

其次，将知识点串联起来。数学是一环扣一环的，从最基础的部分开始，很容易将知识点连起来。我当时就是把各板块的知识点串联成知识体系，大致是从例子到定义到定理再到推理，把课本的知识和老师补充的知识以及教辅资料上的很多引申知识点归纳在一起。例如，从三角函数的定义（正余弦，正余切）、几何意义到基本的公式到倍角半角公式，再到引申的和差化积公式。通过这样的归纳，往往可以很全面地复习和掌握某一板块的知识点。

二、解题能力的提升

数学是一门对逻辑思维要求很高的学科，对于文科生来说更是如此。也正因如此，很多人把学不好数学归咎于自己逻辑能力不行。实际上，思维是可以通过锤炼和摸索来提升的，研究解题方法是提升数学思维的重要途径。我平时爱钻研解题方法，所以才能在考试时不至于思路阻塞。以下是几点建议：

1. 研究课本

课本上的推导过程是最经典、最正统的。我们平时解题所用的基本公式、定理在课本里都可以找到推导过程，同时，课本例题也为我们提供了最为规范的解题指南。所以，从课本的例题中汲取营养对解题很有帮助。

2. 求助于老师

我高中的数学老师都很优秀，无论是自身的数学能力还是传道授业的能力都值得称道，所以我很愿意求助于他们。他们做过的题很多，教过的学生也很多，所以对于如何解题、学生常犯哪些错误，他们都很清楚。我经常跟老师探讨解题方法，无论课上课下，而老师们也都乐于倾听并提出意见。但是有两点要注意：一是态度，不能冒失也不能太低微，既要有礼貌又不能太拘束，要学会与老师交流、讨论甚至争辩，自己真正投入进去才能有所获益，不然只是简单的听讲，收获也有限；二是求教的内容，最好是一些值得探讨的内容，这就要求我们在平时学习时不能过分依赖老师。发现问题，自己必须要先思考，实在解决不了的再求助老师。

3. 研究典型例题，探索规律

我很喜欢研究数学题，主要是典型例题（高考题及高质量的模拟题）、难题。典型的题目不一定难，但是必然具有普适性，研究这类题目有“做一题，会一类”的作用。高考题当然很典型，一些模拟题也很不错。对于这类题，我一般先认真做一遍，之后再变换条件，重新做。几次变换之后，大致可以归纳一下这类题的一般性解法和特殊情况下的解答思路。比如数列的几大递推公式，都有其各自的解答方法，如果自己不研究典型例题，很容易混淆。再比如，圆锥曲线的设问，解答的一般过程是：设方程联立，求解，代换，代入，然后根据条件进行接下来的操作。典型题目往往可以体现一类题目的设问规律，仔细研究有利于找出相对应的解题规律。

而对于难题，我也很喜欢，因为我喜欢挑战。平时我经常研究理科的题目，因为理科题目对思维的要求很高，文科试卷上的难题经常是理科试卷中题目的下移。研究难题有两点好处：第一，锤炼自己克服困难的能力，让自己在巨大困难下寻找解决之法，这对我们整体的学习也是有好处的。第二，锤炼思维。难题之难在于其思维繁琐、怪异或者步骤之间跳跃性大，通过研究难题来调动自己的知识储备，有利于数学思维的提升，即使最终做不出来也是有收获的。

所以，我的建议是：抽出固定的时间做一些典型题和难题，并且深入地分析、归纳、总结、反思，不用做太多就能找出解题的规律。

三、训练——重中之重

数学对训练的要求超过其他任何科目，我的数学之所以长期优秀，也与科学的训练密不可分。以下是我关于训练的几点建议：

1. 训练内容、训练量及题目的选择

与平时做题相比，数学训练的内容更广泛一些，除了知识点的熟练，解题技巧的运用、速度和准确率的提升、审题能力、解题规范性都是重要内容。关于训练量，在百日冲刺阶段，每周至少应保证4张试卷的训练量（是训练量，不是总的做题量），其中包括至少两次整卷训练和两次专项训练——选择、填空训练和部分板块的训练（这是自己安排的，不包括学校安排的训练和考试）。题目选择上，高考题和具有较高信誉度的模拟题优先。此外，一些著名教辅的题目也不错。我比较欣赏的有《试题调研》《金考卷》《精编45套》，这些加在一起足够凑出训练的题目。

2. 训练要求

（1）必须是整块的时间。整卷训练应该至少100分钟，保证能完整地做完试卷，但是又必须限制时间，平时做题速度必须快于考试时间的要求。

（2）模拟考试环境。整理书桌，腾出空间；一口气做完，中间不能随意走动；选择自习时间，避免周围的干扰。

（3）心态上：严肃对待，全神贯注，最好有适度的紧张，不能过于放松。

（4）答题时：速率与准确率兼顾，步骤齐全，解题规范。平时力求在100分钟内完成，因为考试时情绪紧张，大部分学生很难以正常速度答题，所以平时就应该注意训练速度。我经过平时的训练，平均下来完成一张数学试卷需要75分钟，考试时大概需95分钟。

（5）目标要求：我的底线是单选、填空错一个，后面大题错一问。目标永远是150分。

3. 练后反思、总结

这是必不可少的环节，不反思的话，训练成果很难内化为自己的东西。反思的内容是解题规律与自己的易错点。在头脑中再现自己出错的思路，找出出错的原因，主要有思维性错误和知识性错误，并且分别进行记录。

以上就是我在百日冲刺时的一些操作技巧，接下来是备考与临场发挥方面的心得。

应试技巧与临场发挥

数学学科的性质具有特殊性，考前复习时回顾知识的作用不大，主要还是在解题和心态上。

一、考试前

数学的复习不用提前太长时间，考试前四五天就行。首先是浏览一下主干知识点（六大板块的），其次是回顾一下纠错本（看看自己的易错点——知识性的），然后，选取适量的题目热身即可。

二、进场前

物品准备：中性笔（至少两支）、尺子、铅笔、橡皮、相关证件。

心态调整：数学是最容易让人紧张的一科，因为数学的难度不确定性大，不易把握。而且，题目少、分值大，容易拉分，也容易发挥失常。但是，只要平时足够努力，考试也不会让你太失望。你应该这样想，题目容易的话，我只要足够细心，绝对是高分甚至是满分；题目难的话，尤其是在高考中，大家都会难以适应，超常发挥难于登天，我只要正常发挥就足以拉开与别人的差距（事实也就是这样）。事实上，高考的成功，不是一飞冲天，而是顺其自然，展示出自己的真实水平就足够了。

三、开考前

试卷发下来前，安静地坐在座位上，放松自己。可以深呼吸，但我更崇尚冥想，也就是闭上眼睛什么都不想。摒除杂念，抚平内心。让自己心静如水，自然地迎接考试。

四、考试中

拿到试卷时：这时距离开始答题还有 5 分钟左右的时间，按照考试规定，这段时间是不允许答题的。可以先浏览一遍试卷，大致看看题型有没有变化。我会看看后面的大题考什么，怎么考的。这是因为我有绝对的自信，即使发现有什么大的变化和新题型也不会慌张。如果你的心理素质不是太好，可以只是浏览，不要仔细看。或者先解决相对简单的选择题的前几题（这些通常不用动笔计算）

来稳定一下自己的情绪。

确定答题时间：浏览完卷子后，已经对卷子的难度有了较为清晰的了解，并大致确定了答题策略。无论怎样，选择跟填空的时间都不能超过 25 分钟。大题大概留 1 个小时，检查时间一般留 30 分钟。简单题目一定要“快、准、狠”，为做难题争取时间。我个人注重检查，所以会在检查上留较多的时间。

做题时：心无旁骛，全神贯注，大脑高速运转。选择题前几题要谨慎、稳妥地解出来，为后面奠定一个稳当的基调。到选择和填空靠后的题目必须做好迎难而上的准备，通常难题就分布在这里。大题前几题一般比较简单，可以适当快一些。到了压轴题就要稳步计算。

规范解答：第一，规范审题——数学题目往往有很多条件和隐含的信息，审题时要把有用的信息都采集在头脑中，同时对设问的要求、作答的方向也必须做到心中有数。规范的审题就是全面、细致、清晰地了解条件与设问。

第二，规范运算——草稿纸不要乱画，尽量把算式清晰地写出，别怕耽误时间。否则，运算不仔细，导致答案错误，就会得不偿失。此外，思路一定要清晰，回想相关的解题策略，不要慌张，按照自己的思路一步步地推导。

第三，规范作答——步骤齐全，不跳步，不缺步。关键步骤必须由关键点突出，采分点明确，书写规范，字迹工整，排列合理，答题卷上行列对照匀齐。

作图先用铅笔，确定之后再用中性笔描画。

认真检查。人在紧张的情况下难免犯错，尤其是在高考这种号称可以决定命运的考试中。所以，做完题后的检查十分必要，尤其是对于易出错的数学来说。主要是检查由运算错误导致的答案数值错误，步骤不全或者解法错误。如果检查出来也不要慌张，认真地改过来即可，不要出现情绪上的波动。检查之后还剩时间的话，再看看自己的姓名、考号是否写对，答案开头的“解”字是不是都写了。

考完即忘，不要再去回忆考试中的细节，大多数时候回忆的结果不是为自己某道题做对而高兴，而是为某个小失误而出现情绪波动，影响后面的考试。不去想，就什么事都没有了。

以上就是我关于数学学习的一些建议，希望能对仍然遭受数学折磨的广大学弟学妹们有一点启发。祝你们早日征服数学，为高考增辉加彩！

姓　　名：高赫聪
毕业学校：吉林省柳河县第一中学
高考成绩：总分642　语文128　数学127　英语127
　　　　　文综260
院　　系：北京大学法学院

文综，是一种态度

文科综合是高考科目中内容最多、最杂、分值最高的一门科目。很多老师在强调它的重要性时说“成也综合，败也综合”，这句话单从文综满分 300 分、每个选择题 4 分的分值上就得到了充分的印证。我认为，文综是一种态度。只要你具备了端正的态度并付诸行动，文综总不会在成绩上亏待你。下面我就从态度方面分学科来跟大家分享一下我的经验。

政　治

我认为，政治是文综三门课程里相对最好学的一门，背诵在政治学习中占有很大的成分。学习政治一定不要害怕麻烦，这是最关键的一种态度。首先，政治包含的内容不只是书本内容，时政也是考试的重要内容。这就需要我们在熟悉课本的同时也熟悉时政内容。如果你使用手机比较多，可以关注每天的手机报；如果你上网比较多，可以多看一些凤凰网或是网易的时评；如果你喜欢看报刊杂志，《半月谈》《中国日报》是你手边必不可少的；如果你喜欢看电视，有条件的话，可以看每天的新闻联播。如果没有这么多时间，可以关注每周的新闻周刊和世界周刊。在看这些新闻的时候，不要泛泛地了解，多想一下这些新闻可以和书本上的哪些知识点联系起来，想一下新闻中的现象或者问题用课本上的什么知识可以解释。有了这个提前了解和思考的过程，你会发现在考试过程中不知不觉就省了不少工夫。如果没有这个必要的过程，没有必要的积淀，在考试当中你即使头脑再敏捷也不可能写出所有的要点。

第二，在平时的学习中不能怕麻烦。有些同学把老师发的记录课本知识点的小册子作为真经，在平常和考试前都抱着小册子不停地背，把小册子背得滚瓜烂熟，但是在考试中却得不到一个理想的分数。很多同学对这种现象百思不得其解，其实原因很简单，就是因为平时的投机取巧让你漏掉了很多东西。尽管四本必修和一本选修书的容量比小册子要厚得多，但是五本书的准备肯定比几个小册子要靠谱得多。按照考试大纲要求的内容，去课本上找对应的区间，把这个知识点的来龙去脉全面地掌握，把相关的概念和语句熟记于心，对于解释和说明这个问题的其他内容也一并浏览作为了解，这才是全面掌握知识的一种最好办法。我在高一高二的时候，虽然在政治上很用功，但是成绩总是遭遇瓶颈。在高三时，我对课本进行了全面梳理和掌握，发现自己平时在考试时遇到的一些障碍在课本上都能找到明确的依据，只是在小册子里和复习提纲上老师作为解释说明的部分将其略掉了。我恍然大悟，又对每一个部分都用同样的办法进行了复习，发现一些以前搞不懂的答题要点也是课本上的原话。政治要想拿高分，在课本知识掌握方面一定不能怕麻烦，这样的一种复习方式看似浪费时间，但是它省去了考试中纠结和考后查书的时间，实际上是大大省出了时间。

第三，在思考上同样不能怕麻烦。对于选择题，有时候你看着几个答案都是正确的，有时又觉得没有正确答案。这就需要你在不断看课本和不断训练中对不同的答案进行仔细的甄别和筛选，进行全方位的比较，把类似的题目放在一起进行反思和吸收。通过这样的反复推敲，对哪种题目应该选择哪个答案，你会有一个相对明确的概念。在大题上，政治的答题要点绝不止一两个。对于这么多的答题要点：一是要求你在平时的学习中逐渐建立起自己的知识框架，把所有的知识要点囊括在内，使自己对知识有一个全面的把握；二是要在考试当中认真阅读材料和问题，在答题范围之内对相应的知识要点进行筛选，尽可能全面细致。如果题目的设问比较宽泛，如让你从经济生活的角度去分析一个问题的意义，你就要从个人（作为消费者和劳动者）、社会、企业、国家、社会主义市场经济由小到大的角度去进行全面剖析。在答题之前，建议你先在草稿纸上拟出一个答题框架，切勿因某一点答得过多而忽视了其他的答题要点。

地　理

在我看来，地理是这三门当中开始学最难而到考试时却是最好拿分的一门。这是一个普遍的现象。在选择题中，必修一中的自转和公转、洋流、大气环流等是出题的重点，这些题目是偏理科的内容，答题和数学题一样有相对固定的套路和突破口，只要掌握了这些内容，做对就没有太大的困难。如果大家觉得这方面有困难，可以看下《五高三模》中这一部分近年来的高考试题，多见识一下，对出题题型做一个相对全面细致的把握。在地理学习中，我特别强调的是区域地理这个内容。地理无图不成题，而每一个图往往与一个固定的地域联系在一起，所以区位判读和解读能力就显得尤为重要。对此，我希望大家都能够有一个全球的意识。我从小最喜欢做的一件事就是看中国地图和世界地图。以前在地理方面就有所积累，上了高中之后，我再看地图时就有了一个更需要注重的因素——经纬度。每当我看到一个地区的时候，先看它的经纬度。久而久之，当在试卷上看到陌生的地点时也就不再感到那么突然，更不会出现定位错误的悲剧。只要地理基本功足够扎实，看到陌生的地点也不用慌张，根据经纬度特有的地理特征，结合海陆特点，从自然、人文方面展开分析，正确率绝不至于太低。我觉得地理上最应该具备的一个态度就是用心。看地图，看经纬度，认真答题，绝对是地理考试的制胜法宝。当然，当你遇到一个陌生的区位时，千万不要忘记把答题要点整理下来，当再次遇到时，可以用同样的答题要点去解释说明。我在高三时整理了整整两本地理笔记，上面记录的是在平时练习和考试中遇到的不同区域的地理问题，每次考试前我都会翻看一遍，根据图中的有效信息再做一遍定位判断，看过五六遍之后，笔记本上的东西基本上就能熟练掌握，在考试中也能够熟练运用。这不仅是运用平时整理中学到的知识，还有在平时潜移默化地训练出的答题套路和分析方法。在地理上，一定要用心、要仔细，留心平时就是为考试抢分。尽管地理书上的内容看起来很少，也很简单，但那些只是答题的框架和问题分析的方法。要想在考试当中得到一个漂亮的分数，还是需要见多识广，在海量的区域分析中总结答题规律和方法。

历　史

历史的得分相对来说是最难的，也是我在考试时感觉最难攻克的一个科目。到了临近高考的时候，我不断总结自己在历史学习上的失误和错误，终于发现了自己存在的问题。历史很讲究学科特征，细节相对于阶段特征来说重要性相对较弱。所以，无论做选择题还是非选择题，一定要把握历史阶段性，像“发展”“较低”这类在哪个历史阶段都适用的术语一定慎用，“陷入困境”“萌芽”“科学与技术的结合度空前上升”等才是富有阶段性特征的语句，需要你在答题时熟练运用，也最有可能成为最佳答案。在历史的学习上，一定要把握住不同事件、不同时间段与众不同的点，这样会使你答案的命中率显著提高。相比较而言，历史题答案在各省考试中的答案中往往是篇幅最短的，也是最难回答出来的。当你的历史基础知识掌握到一定水平之后，多看一些这类题目和答案，比较总结一下答案是由哪些部分组成的，用了哪些词语，这些词语的来源是什么。别以为历史不需要背，历史最难得分，分析过答案，你会发现很多词语其实就来自书上，很多词语和语句都是材料中的原话，这些有可能都是你在平时做题和看书的时候忽略掉的。把这些地方抓住，你的历史成绩自然会上升一个档次。但是说起来容易做起来却不易。要想把书上的只言片语在考场上及时提取出来，至少你要背过书上相应的语句和篇章。要想在考场中利用好材料中的语句，你需要不断地读材料和问题，寻找其中有用的部分。说到这里你或许会发现，历史是比较难的，它对你的态度要求会更高。历史，要求你耐得住寂寞，耐得住性子，持续不断地努力，持续不断地总结和提升。

文综是我高中时学得最认真的科目，我在文综上的思考也是最多的。上面这些话尽管不多，但都是我在三年的学习中总结出的最精华的部分。刚学文科的时候，文综是我最拿不出手的一门课，但在高考科目中，文综是我考得相对最好的科目。文综是文科生分数的关键，一点也不夸张。但不要忘记，文综是一种态度。端正态度，付诸行动，成绩绝对不会亏待你！

姓　　名：何李霸
毕业学校：广东省深圳中学
高考成绩：总分680　语文123　数学138　英语143
理综276
院　　系：北京大学社会学系

那些年，我们一起学过的英语

高考成绩下来时，我考得最好的一科，不是平时最让我风光的数学，而是英语——143分，一个平时从来没考过的分数。但是我并不感到意外。因为我知道自己的英语一定不会让自己失望，这信心来自于平时科学的学习方法和稳定的成绩，还有不断累积的经验。特别是在英语的百日冲刺复习、提分的技术性操作、应试技巧等方面有着较丰富的经验和比较深的感触。在这里，我主要想就百日冲刺的复习、英语的分项提高以及应试技巧方面谈谈感悟。

平时学习的一些经验

这个不是本文的重点，但是很有必要说说。我平时学习英语的经验很简单，但是很有效。

1. 多读

我语法很烂，所以我选择多读的方式来弥补。我把平时考试题、历年高考题、典型模拟题里的阅读材料、范文、美文及课文都拿来读，因而形成了很好的语感。大多数语法题，我能做对，但是说不出为什么。因为那些语言现象在我的脑子里留下了深刻印象，考试时凭借这种印象和自己的推断，大多数题目就能迎刃而解。读的技巧在于用心，读的时候必须要全神贯注，力求把所读内容刻到脑子里，同时尽力联想自己在考试中常见的知识点和考题，建立两者的联系，这样考试时才更容易回忆起自己读的内容。

2. 顺藤摸瓜，举一反三

这是巩固知识的好方法。简单来说，假如考试时考到了“put up”，那你在考后总结时不仅要弄清“put up”的用法，也要顺带复习一下与“put”有关的短语，如“put out”“put on”“put in”等。平时尽力这样做，就会事半功倍地记住很多单词和短语。语法现象也是如此，考到某个语法，就可以顺带着回顾与此类似的，或是对考到的知识点进行变换，探究变换后的答案。这一招很有效，建议使用。

3. 多看书报，积累素材

与看电影和听英语歌曲相比，我偏爱看英语报刊与书籍，因为可以积累丰富素材。读报刊可以了解热点，而热点经常是考试的话题，高考也如此。平时多看，可以积累一些常用句式，也有利于自己更好地就话题进行思考、立意，而且还会对单选有帮助，因为好多单选题都是从报刊上选取的素材。读英语书籍，可以提高自己的阅读能力，对完形和阅读理解帮助很大。同时，也可以积累表达，我有一个本子，专门用来收集看书看报时碰到的典型句型与高级表达，长期积累下来，我的作文、单选和完形都受益很大。同学们不妨也试试找一个这样的本子，开始积累吧。

以上是我平时学习的几点建议，简要说说，下面才是我要讲的重点。

百日冲刺的复习策略和分项提高

到了百日冲刺的时候，要有明确的复习策略。我的策略主要是如下几点。

1. 纠错本的整理

这时，纠错本的内容已经很多，可能以前回顾过，但是此时必须从头到尾整理一遍。先重新做一遍，这次又做错的题应该格外注意，汇总在一起，着重分析再错的原因。剩下的题再按出错原因进行分类，主要是“一时大意”“知识不足”“审题错误”等几类，挑选典型题目写在一个本子上，经常翻看。这对自己是很好的提醒，尤其是在考试前。

2. 强化训练

此时，该记住的知识点差不多都记住了。接下来就是强化训练了，这是我很重视的一点。

（1）选题上：谨慎选择，精题当先。

我们会有数不尽的试卷，强化训练不是把它们一股脑做完，而是从中挑选精题，我买了《金考卷》系列卷和《45 套卷》（这个因省而异，很不错）。老师发的试卷好多并不符合我的做题节奏，所以我跟老师协商，只选择其中有价值的题做。总之，我选的题一般是历年高考题、本省历年重要模拟考试试题、各省市高信誉度的模考试题，这些都很有价值。

（2）训练量上：比以前适度加大。

此时的训练量应该稍大于一轮复习时，但是要随着高考的临近逐渐降低，训练目的应由强化到保持感觉。我百日冲刺时，大概每周做2 ~ 3套整卷，外加3 ~ 4次专项训练（主要是针对完形、阅读、书面表达），这其中有学校和老师安排的训练，我会根据他们的安排调整自己的训练量。一般是最少 3 套整卷，6 次听力练习，6 篇完形（两次做完），18 篇阅读理解（三次做完），4 篇任务型读写（两次），两篇作文（两次）。算起来还是不少的，但是随着考试的临近，我逐渐减少了量，到最后一个月时，每周的训练量加在一起也就是 3 套整卷左右。

（3）训练时间上：分布均匀，争取整块的时间。

训练不能集中在一起，连续大量的训练效果不好。因而训练时间要均匀分开，我会把英语的训练分成每周4～5次，争取每天都练一些。大致是晚自习做一套试卷加一个专项，周末做一到两套试卷加两个专项，其他时间主要是专项训练，比如完形或阅读的强化训练。整卷训练严格按照考试的要求进行，清理书桌，放下其他与考试无关的事，专心于训练，认真规范。专项训练要求同样，速度与准确率要兼顾。这两种训练，时间都应该比真正的考试要短，因为考试时做题的速度肯定比平时慢，所以平时要严格要求自己。我考英语时，一般在写作文前还会有一个小时，这样的速度跟平时的训练密不可分。平时训练时就要全神贯注，高度重视，提高自己在思维高速运转下解题的速率与准确率。我平时对自己做套卷的时间要求是：单选4分钟，完形10分钟，阅读20～25分钟，任务型读写12分钟。这个可以因人而异，但是必须比考试要求适当快一些，才能保证考试时正常发挥。

（4）训练后：重在总结

训练不是目的，通过训练扫除短板、强化能力才是目的。训练后的反思极其重要，我一般在进行英语的训练后，会及时核对答案，然后针对训练中暴露的问题进行总结反思。第一，总结答题规律，如完形做完后，有什么心得和技巧可以总结下来；第二，反思，主要是针对训练中犯的错误。比如，做单选时句子结构划分出现差错或者做完形填空时上下文没有联系起来等问题，都要反思。在头脑中重现一下自己做题时的错误思路是如何出现的，这个错误是不是经常犯，如何防止下次继续出错，等等。反思的成果要记录在案，汇总起来，在考试前拿出来看看很有帮助。

3. 分项提高

这里我主要是把考试题型分类，各个击破。

（1）听力

第一，坚持训练。力求每天都进行一次训练，让自己始终处在英语的语境中。第二，平时严格要求自己。简单说就是“障碍训练法”，我在平时训练中会有意给自己制造麻烦，比如，不看题目，直接听，听完再做题；平时训练听力，选择语速较快的或者听起来不是太清楚的，给自己制造难题。平时的这些障碍，考试中基本不会出现，如果自己在有障碍的情况下能够适应，考试时就会更加游刃有余。第三，听听力时全神贯注，才能保证考试时不遗漏重要信息，也能锻炼自己的意志力。第四，有条件的话，听听广播或是大学四六级的材料，这些听力材料肯定比高中考试的难，也是强化训练提高分数的好办法。

（2）单选

第一，回顾经典高考题和自己的错题集，重温语法的典型考法。第二，将考纲规定的知识点扫一遍，进一步加深印象。第三，做题时，一定要认真读完每一句话，不全凭感觉，认真分析句子的含义结构。不能还没读完题目，感觉和以前的某一题很像就直接去找答案，这样往往容易忽视句末的变化，失分是必然的。第四，请别人帮你组题，我当时就是把分项考查的专题卷交给同学，让他从每个专题里面选择几题给我组了很多套单选试题，同一专题的题目尽量分散。

（3）完形填空

第一，合理的训练。这一点在上面已经提到。每周进行 3 ~ 4 次的完形训练，每次 2 ~ 3 篇。第二，借鉴参考资料、老师以及他人的做题经验。完形是难点，自己摸索会很费力，高信誉度的教辅肯定会有讲解，老师会有丰富的经验，还有完形做得比较好的同学肯定有他们的绝招，认真借鉴肯定会有收获的。第三，总结自己的易错点。我为了提高完形分数，花了大力气研究，准备了一个本子，专门记录自己做完形时犯下的错误，基本上都是那几类：上挂下联没做好、词语意思不知道、没考虑语境、勾错答案或者涂错答案，等等。时刻提醒自己，接下来做题时努力避免，这样以后的错误就会越来越少了。

（4）阅读理解

大致与完形类似，只不过，阅读的训练量应该更大一些，做题速度要更快一些。我通常是先看题目后读文章，这样更有利于抓住重点。其他的操作技巧参考完形。

（5）书面表达

第一，平时多积累一些素材和生动的表达，具体如何操作，上面已经提到，主要是读英语书籍、报刊，背诵范文等。第二，适度的实践，熟练运用。每周写2~3篇文章，随即选题，然后限时完成，尽力把自己积累的东西如高级句型、短语、溏语、语法现象等用上。第三，借鉴模板。模板很好找，关键是不能照搬，对模板的结构和固定的表达要做适当的调整，避免与他人撞车。第四，养成良好的写作习惯。打草稿、认真审题、认真誊写等。

应试技巧与临场发挥

这里主要谈的是考试之前和考场上的一些注意事项。

1. 考试之前

（1）复习准备。

一般考试来临前一周，我们就要做复习准备了。一般说来，到了模考时，每次的复习内容大致是类似的。第一，回顾主干知识点，时间允许，巩固冷僻考点。第二，适当训练，英语的各项都稍微热热身。考试之前不必做太多题，这样考试答题时更有新鲜感。第三，看英语的纠错本。

快到高考时，大家应该也这样，不要刻意改变自己的习惯。保持流水线式的操作，让自己顺其自然地进入考试状态。

（2）临考试时。

这里指的是考试前一天或者进考场前。这时候，做题的重要性已经不大，心态最重要。每次考试前，我都提醒自己，顺其自然就好，平时功夫做足，考试自然水到渠成，我只要想着“perform myself”，展示出自己的水平就行。此外，我还准备了一个提示板，上面写着自己在以往考试中常犯的错误（每一科都有），比如听听力时注意力不集中导致错过关键信息，做单选时题目没读完，感觉似曾相识就直接选择答案，等等。这个提示板让我考前保持警惕，从而在考试中尽力避免重复犯错。提前准备好考试物品，中性笔、铅笔、手表等，进入考场后迅速放好并检查，以免考试时出现意外。

2. 考场发挥

第一，放平心态。开始听听力前，我一般会闭目冥想一会儿，让自己平静下来，然后再去看听力题目。

第二，拿到试卷后，简单浏览，只为了做到心中有数。高考试卷基本不会出现缺页、少页或白页的情况，所以不用仔细查看，以免浪费时间。

第三，排除杂念。什么也不想，只想着完成笔下的题目，把全部精力放在解题上。

第四，大脑高速运转，聚精会神，保证解题的速度。考场上，速度很重要。前面说过，我每次考英语，除去作文外，其他各项大概 60 分钟做完，这是为写作文、检查试卷和认真涂卡留出时间。可能同学们的做题习惯不一样，但是务必要保证检查试卷和涂卡的时间。听力听完基本不用犹豫，单选若有疑问可以做完试卷回过来推敲，完形要多读几遍，阅读必须要抓住关键词，作文的关键主要是书写、构思以及表达，答题时这几点必须牢记心中。

第五，遇到难题时，通常的做法都是先跳过。尤其英语，题目较多，更加不能在某一题上耽搁太久。通常感觉难的题，要么是思路一时堵塞，做其他的题可以暂时缓冲一下；要么是自己知识不足，这种情况再纠结也没用。

第六，全卷做完后，先认真检查一遍，把确定正确的先涂卡，剩下的题目逐个推敲，确定了就涂上。考试的每一分钟都要珍惜，可以多检查几遍。第一遍很确定的不要过多想，重在推敲那些不确定的。同时，回想自己以前的易错点，常在哪里犯错，经常怎么犯错，然后对照此次考试的过程，去找寻自己可能会出错的地方。

第七，考完之后，即刻抛之脑后。这是地球人都知道的道理，原因不多说了。

以上就是我个人关于英语学习的一些经验，重点在百日冲刺和应试。当然这是我个人在长期的学习过程中得出的经验，可能不适合所有人。而且，我认为，最好的方法和技巧往往是从自身学习实践中总结出来的，所以我希望广大学弟学妹们做个学习的有心人，学会在日常的英语学习中总结规律和经验。

最后，祝学弟学妹们早日攻下英语这座大山，在高考中取得好成绩。

姓　　名：何　南
毕业学校：安徽省舒城中学
高考成绩：总分653　语文118　数学150　英语142
　　　　　文综243
院　　系：北京大学法学院

"数学满分"是如何炼成的

众所周知，数学在高考中占据着十分重要的位置，而对于文科生来说，数学得分高低也是自己能否考入重点大学的关键之一。在2012年的高考中，我的数学得了满分，总结了一下平时学习数学的心得与体会，愿与学弟学妹们分享，希望对大家的学习有所帮助。

第一，对自己一定要有信心，坚信"天生我材必有用"，这是做好任何事情的关键。我们要学会暗示自己：我一定能够学好数学。当别人对你摇头时，不要太在意，应该鼓励自己。记得《基督山伯爵》中写道：开发人类智力的矿藏是少不了要由患难来促成的。每个人都有可能经历学习上的瓶颈期，这时更应该以平和的心态和积极的姿态去面对。记得自己在高三时，经历过几次数学考试的失败，当时自己也很沮丧，但我没有气馁，或许和自己天生乐观的性格有一定的关系吧，我默默地告诉自己不能放弃，我一定行。于是我在纸上写了"天道酬勤""一分耕耘，一分收获"贴在墙上，以此来激励自己。有时写作业时间长了，感到有些厌倦，抬头看看那几个醒目的字，顿时烦躁的心又平静了下来，接着写作业。我一直坚定地认为，只要努力地付出过，总会有回报。高三一年只要坚持下来，认真地度过每一天，最终总会有所收获。

第二，上课时要认真听讲，向课堂要效率；下课后要注意总结，对知识点查漏补缺。遇到不懂的问题，及时请教老师或同学。很多人不愿问老师，但学习过程中遇到问题在所难免，对于自己确实无能为力的题目耗太多时间不值得，这时候最好的选择就是去问老师。老师有丰富的经验，他们在帮你解答问题时，也许能发现你知识掌握得不够牢固的地方。如果你能及时地弥补，比独自埋头苦干要好得多。还有很多人碍于面子不愿问自己的同学，古语云“三人行，必有我师焉”，我们要敢于承认自己的不足，勇于学习他人的优点。同学之间从开始的互帮互助，到最后共同进步。

第三，进入高三后，学习任务很重，我们应全身心投入到学习中，找到学习的乐趣，让自己有动力去学。我总是在听课时尽量领会各个知识点的内涵，课后再通过做一些有代表性的题目来加深理解。高三时的一轮复习很重要，老师会帮助我们再次梳理书本上的知识点，并讲解一些经典题目。在这一阶段，我们上课时要紧跟老师的步伐，力求扫除学习盲区。当然，及时总结也是很重要的。我平时做作业时，做完一道题，并不急着做下一道题，而是重新整理一下自己做这道题的思路，仔细想想我是怎么把这道题做出来的，我觉得这对理解书本上相应的知识点是很有用的。

第四，一定要有自己的错题本。每次考完试后，我总会抽出专门的时间，耐心地把错题、好题抄到错题本上，认真地改正，并在关键步骤旁注明所用方法，然后在解法的后面写上评析，总结错误的原因，并再次温习一下书本上相关的知识点。有时还会再主动做一些类似的题目，这样下次遇到同类型的题目就不会感到困难了。久而久之，就养成了习惯。从高一开始，每次数学考试完，我都会抽出一定的时间来订正错题，并一直坚持到高三。高考后整理书橱时，看到 5 本厚厚的数学错题本，再次翻阅时，很有成就感，我也更深刻地理解了“做一件事并不难，关键是如何坚持下来”的道理。

第五，数学只有多练才能达到见多识广的目的。但也不能盲目地做题，要精选题目，找出自己的薄弱环节，然后各个击破，节节提高，到最后胸有成竹。我觉得历年的高考真题具有很高的参考价值，值得我们好好研究。我在高二寒假时，买了一套 2011 年的各省数学高考真题，并认真地完成了每份试卷，订正自己做错的每一道题目，感觉收获很多。高三时，我针对每一个考点，都做了大量的高考真题，不但熟悉了高考题型，还增加了不少信心。所以，希望学弟学妹们在复习数学、备战高考的过程中，不要忽视了高考真题。

第六，适当娱乐，这对缓解压力很有帮助，但首先应该学会控制自己。当自己因受挫而心情不好时，可以听听励志的歌曲，给自己继续前进的勇气；也可以出去散散步，让自己浮躁的心安静下来；还可以找老师和父母，与他们谈谈心。高三的学习非常紧张，压力大，很容易使人感到烦躁，这也很正常，我们要学会鼓励自己，并找到让自己心情平静下来的方式，这对我们的学习是有帮助的。

以上是我学习数学的一些心得，接下来我想和大家说说数学考试的小技巧。每次数学考试时，我都是先快速地浏览试卷上的所有题目，做到胸有成竹。然后开始做题，一般选择题、填空题的最后一道难度相对较大，如果一时做不出来，不必过分纠结，要敢于跳过，倘若做不出来，还冲昏了头脑，就有点得不偿失了。等我们把后面的大题做得差不多时，再来研究那些一时没有答出来的题目，说不定灵感就来了。还有就是老生常谈了，大家在考试时，一定要细心，能得到的分一定要得到，否则追悔莫及。

最后，我想说的是“每个人的潜能其实往往被过低的自我预期所压抑”，我们应该敢于梦想。希望学弟学妹们能够把握现在，好好学习，通过高考完成华丽的转变。我在美丽的燕园欢迎大家的到来！

姓　　名：金诗蕴
毕业学校：华东师范大学第二附属中学
高考成绩：总分576　语文117　数学146　英语143
　　　　　历史118　综合22　自主招生加分30
院　　系：北京大学历史系

合理规划高中三年的英语学习

我是北京大学2011级的学生金诗蕴，在考入北京大学这所我梦寐以求的大学之前，我也和很多高中生一样，有过迷茫无助、成绩遭遇瓶颈的时期，但是最后我还是克服了学习上的种种困难，稳稳地考入了北大。回顾这三年的学习时光，我有一些心得体会供学弟学妹们参考，下面主要谈谈我的优势学科——英语的学习经验。

1. 功夫用在平时

很多人都会困惑为什么自己已经很用功了，但是英语成绩还是一直上不去呢？其实我觉得这是由英语的学科特点决定的。英语和语文这样的学科，讲究的是厚积薄发，靠的是平时积累。所以在学习英语时心态是很重要的，千万不要以为你用功两三天、几个月就会有很大的改观，我们只能期待逐渐的进步，只要今天比昨天有进步，学到了一点新的东西，今天的英语学习就算是有收获了。以上认识，至少告诉我们两点：一是如果你努力了但是一时还见不到成效，那么请不要放弃，坚持下去一定会有效的。二是英语学习在刚刚进入高中的时候就要抓起，不能等到要高考了，才开始背单词、记语法，这样你就比很多人晚了一步、乃至几步了！

如果你是高一或高二的学生，那么恭喜你，你还有大把的时间改变你的英语现状，但是大把的时间不是用来浪费的。在你高一、高二时，应该还处在学习新课的阶段，每天尚没有大堆的高考模拟卷需要应对，这个时候你应该做些什么来准备高考呢？我的经验是背单词。单词是英语学习中最重要的工具，也是英语的基石。每天背诵半个小时的单词，如果你从高一开始坚持两年，那么你在高三总复习之前就足以把高考词汇手册背诵至少三遍了，即使记性再差的人，记住其中 80% 的单词也是没有困难的。天天都能接触英语很重要。不过别误会，我可不是让大家只学英语。每天 30 分钟比一周一次但一次持续 4 个小时要好得多。持续短时间但高频率地学习会帮助你的大脑永远为英语保鲜。我在中考结束之后就买了第一本高考词汇手册开始背诵，所以当我进入高中的时候，我早已经掌握了几乎所有高考的词汇和用法；当别人高三还在背高考词汇手册的时候，我已经开始看托福词汇了。这就决定了我的词汇量比一般高三学生大得多，即使模拟卷的阅读如何难，对我来说也不算什么。而我也大大获益于此，因为 2011 年上海英语高考的阅读理解 C 篇恰恰选自几年前的托福考试的阅读，事后很多同学抱怨英语阅读看不懂，但是如果你的词汇量超越了高考范围，那还怕什么呢？事实证明了扩大词汇量的重要性。

背单词不讲究方法，这也是大多数人对单词“过目即忘”的原因。背单词不比其他理科题目，你会做就算你掌握住了，背单词有很大的遗忘风险，5 分钟前背的，可能 5 分钟后就忘记了，这是非常正常的现象。那么我们应该如何解决这个问题呢？我建议你反复刺激记忆，所谓反复刺激就是单词要反复地背诵。背单词有两种方法，一是每天背诵 20 个，记住它们所有的用法，少而精；二是每天看 200 个单词，反复看。我个人实验的结果是第二种方法更有助于记忆，因为如果你要记 200 个单词，使用第一种方法你需要 10 天时间，而且到第十天时你可能早就忘记了第一天背诵的单词。但是如果使用第二种方法，那么你这 200 个单词可以在脑中过 10 遍，记性再差的人也应该记住了吧。

除了背单词，我还建议大家不要只学一套教材，如果有可能再多学一点，当然这要在你已经掌握了学校书本知识的基础上进行。学校使用的教材不管是人教版、牛津版或者全国教材，内容都是偏容易的，但高考的难度绝不仅仅是这个难度。多学一些教材是为了多背一些经典的课文，背课文是培养语感的最佳方式，而且课文应该背到熟练成诵，这样才有效果，如果每篇都只是半生不熟的程度，那么你最好还是不要浪费这个时间了，因为没有什么效果的。我在初中的时候，除了学校的牛津教材还学完了新概念 1 ~ 3 册和朗文 SBS 两套教材，其中大多数的课文我至今还能背诵。现在回想起来，初中的时候被父亲逼着背诵新概念课文，为我后来的英语学习打下了十分扎实的基础。我的语感基本形成于那个时候，而且我的英语的发音和语音语调也比大多数人标准得多，在这一点上不得不感激我父亲的深谋远虑。

2. 考前冲刺的高三学生

如果你是高三的学生，现在再要你背单词已经没有多大意义了。但是绝不是无药可救，即使离高考还有一百天，你还是可以做很多事情来改变你的英语成绩。高三的英语学习，我并不建议像大多数人说的那样听 VOA、BBC 或者看英语报纸来提高英语能力，因为那是你在高一、高二的时候应该做的事情，这需要花费大量的时间。高三的时间何其宝贵，再说你不止英语一门学科，不能为了一门而放弃其他的学科。对于即将参加高考的高三同学来说，没有什么事情比提高分数更加迫切，所以在接下来的一年或者几个月里，你的所有任务都在于如何提高你的应试技巧。凡是一场举行多年的规范化考试，一定有它成熟的命题方法和答题策略。

首先，当然还是不能放松你的基本功——单词，鉴于你在高一、高二两年没有背过高考词汇，你现在需要比其他人付出更多的时间和精力来尽量记住它们。

除了抓基本功，还要注意总结你的错题，因为人的错误会形成定式思维，你错了一次往往还会再错第二次、第三次。我在高中的时候准备过一本错题本，把我做错的题目全部整理在上面，经常翻看，这样错过一次的题目绝对不会再错第二次了。而且还有一个好处就是考前复习的时候只要看看错题本就可以了。很多人在考试的前夜往往不知如何复习，其实复习错题本就是不错的方法，因为以前你做对的表示你已经掌握了，反复复习也没多大意思，看看错题本就能避免很多错误再次发生。我一直认为高三时最会学习的人不是那些成绩最好的人，而是那些错过一次就绝不会第二次再犯同样错误的人，因为这样的人在相同的时间下有最高的学习效率，否则大量做题，然后反复做错，这样低效率的重复劳动又有什么意义呢?

第三就是注意揣摩、总结命题老师的出题思路。一般老师出题都会有套路，比如，英语听力中的短文，一般出现的数字、日期就是考试的高频考点，问题中常常会考你有没有听清楚某些数字和日期，特别是短文中出现了多个数字的时候，让你辨析到底是哪一个，这时你在做听力时就要有意识地记下所有的数字和日期，在答题时会很有用。再比如，在完形填空中，让你选出一个单词，如果你实在不知道应该选什么的时候就只能靠猜了。但是英语考试猜答案也是有技巧的，不能随便猜，一般你应该看看哪个词是考查频率最高的高考重点词汇，答案十有八九就是那个，这样的猜测才是有技术含量的。以上两个例子是告诉高三的学生在距离考试时间已经很短，你的英语能力已经不太可能有大幅度提高的时候，你应该怎么做来最大幅度地提高你的分数。当然这只是下下策，英语学习的关键还是平时注意积累。

3. 考场发挥

如果你按照上面的建议一步步地来做，相信你的英语水平或者应试技巧应该得到了提高，但是最后检验你英语水平的还是高考，高考成绩的好坏还是与临场发挥有很大关系。现场的紧张或者时间安排的不合理都会给考试带来负面影响，针对这些问题我提以下两点建议。

一是考试紧张的问题。我觉得紧张，很大程度上来自于准备的不充分，准备不充分带来了临场考试的不自信，这就是所说的考试紧张影响发挥。试想如果你准备充分了，在考场上无往不利，又怎么会紧张呢？所以解决考试紧张的问题首先还是要重视平时。其次就是多模拟考试场景，多做练习，只有经过多次练习，才能对考试的题型、考法了然于心，才能做到考试不怯场、不紧张。

二是时间安排的问题。英语考试不同于其他考试的地方在于英语考试有听力，所以英语考试会比其他的考试提前发考卷，进行听力试音的工作。千万不要小看这短短的几分钟，如果你这几分钟都是在做白日梦或者东张西望，那么你就是不会考试，浪费了宝贵的几分钟的先机。一般在拿到卷子之后，首先确认听力试音没问题，然后快速扫视一遍听力的选项答案，因为在听力考试中一般语速比较快，错过了就不能再反复听了。提前看过答案选项有助于了解提问者大概会问什么内容，在做听力的时候就能有针对性地去听，这样才能保证听力万无一失。第二是在考试之前快速划分答题区域，每个区域大概应该用多少时间答完，在考试过程中如果某个区域的用时超出预计时间，那么就提醒你接下来要提高速度了，以免不能答完试卷。至于每个区域分配多少时间来答题，这是因人而异的，一般要在平时比较薄弱、失分比较多的环节留出充裕的答题时间。具体划分在平时不断的模拟考试中可以自行摸索，不断调整，在高考时才能形成自己的考试节奏。

以上就是我在学习英语过程中的一些经验，因为想要顾及高中各个年级，所以难免有疏漏和不周到之处，请各位同学包涵。也期待我的经验之谈能抛砖引玉，各位同学能够在此基础上找到适合自己的学习方法，养成优秀的学习习惯。要知道没有绝对正确的学习方法，适合你的才是最好的。最后，祝愿未来参加高考的每一位同学都能考出理想的成绩。

姓　　名：可黎明
高考年份：2012年
毕业学校：河南省郑州一中
高考成绩：总分649　语文123　数学138　英语135
文综253
院　　系：北京大学社会学系

我的文综学习之道

作为文科生，我们做过的分值最大的一张卷子就是文综试卷。它的满分是300，单从分数上看，它对我们的总成绩，对我们的高考意味着什么是不言而喻的，所以有句话说“得文综者得高考”。而且，文综虽然卷面分值高，但是想考高分也很难，在大多数省份，260分可以说都是绝响，240分也是一个大坎。大多数文科生，不是倒在数学上，就是倒在文综上，但是每年高考考生们数学的分数时高时低，但文综貌似一直很低，成为考取高分的最大障碍。所以说补强文综，势在必行。

我的文综一直很好，因为我就是因为历史、政治好，同时对地理也有兴趣才选择文科的。在高中的几年中，我的文综成绩一贯优异，保证了总成绩的突出，也是最终能考进北大的重要砝码。对于文综学习，我有许多心得体会，在这里就精选一些我认为成效较快、具有普适性的经验，介绍给正在高中奋斗的学弟学妹，希望能对你们有些许帮助。

学好——打好知识基础，奠定成功之基

想考高分，没有扎实的基础是很难的。知识掌握牢固，才能不惧题目的千变万化，从容应对。我认为，学好政史地的知识应从两方面入手：记住，领悟。为此，要做好以下三点：

第一，课上多思考。有的同学习惯在课上边听讲边做笔记，殊不知，精神虽可嘉，但效果不一定好。在课上，我一般专注于听课并随老师讲解而同步思考，遇到重点，会拿笔记下来，记的都是关键词。一般说来，听到关键的知识点和老师对该知识点的着重讲解时，我会快速地记下关键词，然后立刻跟上老师的讲解思路，而非勉强自己努力去记住老师的每一句话。因为那样听课的效果不好，没有思考，听课的内容就难以理解深入。而如果课上的时候能跟紧老师的思路并及时思索，此时再辅以老师的讲解，往往能够加深理解，而课下的效率远不及课上，所以我建议同学们课上时要专心致志地听讲，并且积极思考，活跃自己的思维，留心老师的问题，这样才能充分利用好课上时间。我上课时总是努力在脑海里思索某个问题，十分投入，因而不经常动笔，甚至让老师感觉我在神游，因此高中时偶尔会让老师误会，但后来解释清楚了，他们也就理解了。事实上，我在注意力高度集中的时候，思考效率很高，甚至可以一心二用，在听下一个问题的讲解时，仍可以回顾上一个问题。这么做的前提是注意力必须高度集中。我上课一般如此，所以，虽然不常动笔，一节课下来，还是很辛苦的，但是这么做的效率确实很高。

第二，背诵要科学。人们常说文综之道在于背，怎么背诵大有门道，一是方法，二是时间。我根据自身的情况总结了一套自己的背诵流程：第一，背前预览，在没开始背诵之前大致浏览一下，速度要快，然后在头脑中尽可能重现一下，大致有个印象就行，简单地梳理一下。然后开始读，读的时候把内容分好条理、层次。第

二，抓住文段的关键词，通常一条知识点总结一个关键词。比如在背诵新航路开辟的意义时，我们可以把教材的那一段总结为几点，地理意义——地圆学说，经济——商业革命、价格革命，阶级——资（产阶级）升封（建地主）降，文明——打破孤立，连成一体。这样，记住这些关键词，就能记清新航路开辟的意义了。

第三，正倒序相结合。读过几遍开始回忆背诵的时候，可以先从前向后背，再从后往前背，再前后夹击。这样背的好处是通过正倒序结合可以很好地记清楚哪一点在前，哪一点在后，不致遗漏，而且顺序很清晰。其次，有规律地回顾，重复背诵。我一般在首次背诵的次日进行二次回顾，在大约一周之后再次背诵回顾，这样基本上就记得差不多了，考试前再复习一下。通过这套流程的操作，我就能把知识点记得很清楚。

第四，梳理知识体系。把相关的知识点梳理成体系，如历史上，把某一历史事件的背景、原因、过程、特点、结果、影响总结成一条主线；地理上，某一地理现象的发生发展过程、影响因素也可总结为体系。我一般在晚上回家后，把今天碰到的知识点总结好，或者在周末时，单独抽出时间，拿出笔记，认真地回顾整理。把知识点体系化这一工作虽然耗费时间，但是既有利于更好地记忆，也能加深理解。

练好——科学训练，提升解题能力

仅仅掌握知识是不够的，还要学会运用。训练是实现这一目标的必要途径，训练即做题，我个人十分重视文综的训练，在此，我想说说我在这方面的经验。第一，选题。训练所选的题有三类，一类是历年高考真题，因为它们是题中的经典，多做几遍也很有必要；一类是具有较高信誉度的高质量的模拟题（尤其是自己省内的重要模拟考试的题目）；还有一类是一些较权威的教辅机构出的预测题，比如《试题调研》。所选题目应该与自身的情况相符合，着重选择与自己未掌握好的知识点有关的题目。第二，做题。如果想扎实地提高自己的应试水平，就必须认真对待平时的训练，做题时全神贯注，就像身处考场。可以适度地让自己紧张一下，限定时间来做，尽力调节出考试时的状态。训练时应避免外界的打扰，为此，训练最好找一个整块的自习时间来进行，两个半小时或稍短。训练的目的是强化解题能力，提升解题速度与效率。训练时，应尽力联想所学的政史地知识点及文综答题技巧，努力运用到解题过程中。第三，总结。做题后应该像考试后一样，认真总结每套文综试题，训练中暴露出来的知识点不全、解题速度慢、准确率偏低、技巧不完善等问题都应该加以重视。为此，应该准备一个专门用来总结的本子，并将自己在训练中常犯的错误进行分类，仔细地分析总结，回顾自己当时的错误思路，找出犯错的思维与逻辑原因。如果是粗心大意，则应该着重强调，以后力求完善。总结可以巩固训练的成果，必须坚持执行。我个人因此获益良多，通过对文综训练的认真总结，我掌握了各类题型的一般性答题模式及特殊情况，在考试时不会出现答不出来的情况并且漏点很少。

考好——精心准备，力求正常发挥

前面的一切铺垫都是为了在考试中取得高分，因而考试技巧同样重要，我的主要经验如下。

考前回顾错题及解题模板。这能让自己想起常犯的错误，提高警惕，并且能温习一下解题方法。

总结过往积累的考试经验，浓缩在一张提示卡上。我自己制作了一张文综的考试提示卡（其他各科当然也有），主要是针对自己的情况所总结的一些考试提示，包括自我鼓励的话、答题策略、注意事项。考前看一下能增加自己的信心。

考试策略：心态上，静若止水，考前不要勉强自己去回顾知识点，保持平静最好。考试中，一样要平静，不因题目难易而情绪波动。时间分配上，先易后难，先做先得。能得的分务必先得到，不然，到最后，时间紧张时，可能本来会做的题都会做错或写错。有难度的题目，如果平时做题够多的话，应该一眼就看出能不能在短时间内做出来。感觉可以做出来的话就做，做不出就先跳过。文综的选择题尽量在 25 分钟内解决完，做完大题，力争留 10 分钟来检查。

注意事项：（1）做完选择后先涂卡，防止最后由于时间紧张而将卡涂错。（2）解大题，审题为先。文综大题，设问极其重要，它指明了作答要求、方向，有时甚至就含有答案信息。因而，要认真审题，审清题目所包含的作答要求、角度、所需知识点。（3）大题答案必须要分点，一般从作答角度分，例如回答历史原因类题目，要从政治、经济、阶级、思想文化等角度回答。答案要排列整齐，上下对齐，书写工整，给人以条理清晰之感。（4）文综答案“重广不重深”（高考改卷老师说的），因而答案的要点要尽量多，关键词突出，略加分析即可。在这里强调下，作答必有关键词，老师阅卷只看这个。言简意赅，关键词突出，自己答题省力，老师改卷轻松，自然给分高，何乐而不为呢？（5）交卷前，检查姓名、学号、考号等是否填写正确，选择题有没有涂卡错误。

对高中生而言，文综之道无外乎学好、练好、考好。只有在平时下足功夫，认真学好、练好，才能考好。当然，关于文综学习的方法很多，也因人而异，最好的方法莫过于自己经过长期的学习，总结而成。所以我建议各位学弟学妹，在平时学习中，认真总结各考点、知识点的规律，解题技巧规律，考试规律。总结好，应用好，才是真的好。我的方法只是想给大家一个指引或是提供一些思路，每个人的禀赋及习惯不一样，所以操作起来也未必要完全模仿。关键在于从别人的经验中合理吸收，形成自己的学习理论。

最后，祝愿各位学弟学妹都能在高考中勇创佳绩，金榜题名！

姓　　名：孔　嘉
毕业学校：浙江省诸暨中学
院　　系：北京大学数学科学院（保送生）

高中数学的系统化学习：对比、分类、总结

寒假期间，一次和正在备战高考的表妹聊天，无意间聊起她关于各个科目的学习情况。表妹对数学吐槽最多："如果看到答案，我有信心每一步都能弄明白。考我公式、考我定理，我也完全没有问题。但是如果只把题和解答过程给我，问我为什么要这么设未知量，为什么要这么证明，为什么要这么换元。I have no idea. 因此每次拿到题，我完全不知道如何下手。好像猜谜语一样，一旦说出了答案就变得很没意思，但是在思考解答的过程中，却完全没有思路。"

相信在数学的学习上，这绝对不是仅仅发生在表妹身上的一例特殊情况。数学自有它独特的知识结构，有不同于其他学科的解题规律，因而它要求你要有特殊的数学思维习惯，这点掌握不好，就很难解好一道题，做好一张试卷。这也是在高考的科目中，数学往往会让人头疼的原因。有些同学一看题目就有思路、有感觉，而还有一部分同学看到同样的题目，却百思不得其解，深感无从下手。这就是有没有形成数学思维、有没有数学感觉的区别，而这些思维和感觉的获得一方面依靠天赋，另一方面也需要后天的训练，很难一蹴而就。

如果你还是刚刚升入高中的新生，在数学上遇到困难，或许老师会这样鼓励你："打起精神来，不要气馁。兴趣是最好的老师，只

要你真正发现数学之美，对数学产生了兴趣，你就一定能把它学好。”然而，现在大家都已经步入了高三，正面临着最终的决战，“兴趣是最好的老师”，这话一点也不假，但是紧急关头，你已经没有时间去和数学慢慢培养感情了。那么换一种思路，用一种不带任何感情的、机械的、流水线式的方式，是不是也一样能够在考试中取得高分呢？答案是肯定的。作为考试，高考固定的形式既是它的优势，也是它的弊端，这便使得机械系统化的学习应试方法成为可能。

注意观察、领会思想、反思总结，这样的话不知道说了多少遍。但接下来我要说的，是在学习中具体需要怎么做，你不妨一看。

关于对比

1. 相似类比

记得我在高考备战期间总会看到网上或者高考报纸中缝打有关“母题”的参考资料的广告。广告描绘得出神入化：“做了母题，第一次模拟考从班级中下变成了班级第一”“做了母题以后，觉得所有的题都似曾相识，很快就能想到解法”……数学真的有母题吗？的确如此。题目千变万化，但是如果把复杂的条件一一简化，把大问题一一划分，把每部分的小问题一一转化，你就会发现，一大类题的“起源”是相同的，这个“起源”就是母题。在教参上或者课堂上，例题往往就是母题，用以启发思路。那么，母题真的有那么神奇吗？答案是否定的。例如均值不等式的应用问题可以通过数形结合的思想转化为几何的问题，如果仅仅做过母题，而不加以思考和类比的话，又怎么能够想到两个知识点的相似之处呢？因此，做完母题以后，思考和类比是非常重要的。再次遇到不会做的题，看了解答以后，也该仔细想一想：这道题的解法是不是在之前用到过？它们为什么是相似的？它们的不同点又在哪里？在做题中，注意转化和归类，利用旧知识的延展解决新问题，才是举一反三的根本所在。

2. 差异对比

虽说一类题会有一个起源，但是数学题往往是千变万化的。交换一下已知条件和所求条件，就会变成一道全新的题。而完全相同的题，稍微修改一下条件，比如扩大函数的定义域等，或许就不得不重新审视，重新考虑。你或许遇到过这样的情况，在考场上，看到一道眼熟的题目，便不假思索写出解答。最后发现，题目中小小条件的改动，竟然使得你做出的解答大部分都偏离正解，失分严重。数学是严谨的学科，不能因为条件相似就稀里糊涂地写答案。这就要求你在做题的时候认真对比差异，不仅仅是题设条件的差异，更是解题方法的差异。在对比找出条件差异以后，思考解题差异的成因才是最重要的。这种现象在排列组合的题目中出现得最多，而在函数题和解析几何题中，定义域或是动点范围的改变也使得问题的讨论情况很不一样。事实上，差异对比依赖的是你做题时的仔细程度，看清题设条件再加以相应分析，才能防止掉到“相似”的陷阱中去。

关于分类

1. 方法分类

解题的时候，方法真的是如同作文的灵感一样蹦出来的吗？其实局限在高中数学的知识内，各种性质的题目会用到的方法不外乎以下几种：

（1）代数式处理时用到的换元法和待定系数法；

（2）证明题的数学归纳法、分析法、综合法、反证法；

（3）解析几何基本上都可以用死算来求解，只是设的变量不同会影响求解式的简易程度，但最终总能归结到代数式的处理；

（4）排列组合有分类法，还有特殊情况的挡板法、插空法、捆绑法；

（5）函数性质的相关问题用的很多都是分类讨论的思想；

（6）立体几何则依赖于个人的空间想象力和找到垂线、垂面的能力。

如果把相关知识点的题目所应用的方法分门别类摆放，解题时就像查表一样找到可用的方法，再有针对性地加以尝试和应用，就算达不到看到题目就知道解题方法的程度，但至少不会在解题时出现大脑长时间空白，难以下笔计算的情况。要相信，出题者总是会留下一条正确的道路，只要你掌握方法规律，并加以试探，一定能找到它。

2. 思想分类

如果你曾仔细研究过考纲，你会发现，数学思想也是需要掌握的考点之一。虽然这么说，对它的考查却很复杂，往往是融合在题目之内。我们同样能列出需要重点掌握的数学思想及其应用情况：

（1）分类讨论思想，应用非常广泛，尤其是在函数题中；

（2）数形结合思想，在解析几何和空间几何中尤其得到体现；

（3）变换转化思想，一般应用于代数式的处理中；

（4）动静转换思想，在解析几何和空间几何的动点问题上有所运用。

思想和具体方法结合运用，就会使你的解题速度和解题水平更上一层楼。

然而正如前面所说的，数学思想的运用一方面依靠的是天赋。比如科幻小说《三体》中描写过一位杰出的数学家，他看着形状的时候，脑海中会浮现出数字，而看着数字的时候就能想象出形体。但是在高中数学的应试上，更需要的是个人在实战中对自身数学思维的培养和提升。在大量的训练以后，你也许能够看到数据的形状呢。

3. 考点分类

当然了，看到题目，最直观所见的不可能是这道题考查了什么思想或者什么方法，而是这道题考查了哪个知识点。就如同之前所讲的，方法和思想总是和所考查的内容相结合的。自然，依据考查的知识点来划分思想和方法将是最有效的。将知识点分别挑出来，找到相对应的思想和方法，并进行记忆巩固。相信这样做了以后，你就能牢牢掌握这一知识点的应用。自此，高中数学的知识点就可以系统化、条理化、专题化，就如同文科的知识分块那样。事实上，在高考前的几轮复习中，有经验的老师一定会采取专题化复习的方法。在专题复习时跟紧老师的思路，在后续复习时巩固记忆，才能保证在做综合题的时候不会顾此失彼，做到面面兼顾。

关于总结

1. 论纠错本的重要性

无论你的成绩处于哪一个档次，整理一本纠错本都是非常有利于提分的。

如果你的数学成绩在中上水平，或许你会说做纠错本太浪费时间，不但要抄题，还要从头到尾完整地写一遍解答。但是我觉得那还不够，你应该把错误点和错误原因也一并写上去，这至少比抄题重要。你做错的地方往往是你的思维薄弱点，常见的有分类时漏某个点、立体几何公式运用错误以及各种代数式的计算错误，等等。如果不加以重视，在下次遇到它们的时候，你依然会掉进陷阱里。完整地写一遍解答，有助于理清思路、加深印象、提高熟练度，甚至有可能带给你新的发现。而对于抄题麻烦这样的问题，我向来的解决方法都是：剪下来。不要在意你的试卷“开了天窗”有多难看，做对了、做熟了的题又有多大的反思价值呢？丢掉就好。

如果你的数学成绩在中下水平，请务必整理一本纠错本！理由非常简单，如果不收集、整理错题的话，进一步的反思、总结、归纳又如何展开呢？

或许前期整理时会花费很多时间，并且在整张试卷处处被剪了洞的时候会令你感到羞愧和不舒服，但这往往能带给你更清醒的自我认识。请相信，你的错误率很快会下降，用来整理一张试卷错题的时间会减少，那不仅仅意味着分数的提升，更是自信心的增加。

2. 从考点出发来总结

历史有考点，政治有考点，数学也一样有考点。老师在讲课的时候或许会进行一些课外拓展，但你在做高考复习题的时候，请一定要对照考点抓重点。如果考试大纲没有明确要求考查万能公式和三倍角公式，在分秒必争的复习中，又何必在那上面花费功夫呢？就好像政治的考试，你能够明确地判断出此题考了“运动的相对性”又或是“我国的政治制度”这样的考点，对于数学也是如此。考查圆锥曲线第二定义的题，考查排列组合插空法的题，考查函数极值问题的题……如果你曾把它们分门别类来总结的话，你会发现同一类题的解题方法大多是类似的。这将有助于你举一反三，触类旁通。

当然，数学的知识结构有它的特殊之处，掌握基础知识是重中之重，是一切考点展开的根本。

关于练习

学数学并不能完全依赖于题海战术，但习题的类型和解法也不是仅仅看书本上的例题就能简简单单地掌握的。高考试题往往具有综合性，圆锥曲线可以和函数的单调性一起考，立体几何的知识也可以结合均值不等式来出题。如果把大题分成几个小部分，或许看起来很简单，但是如果不给任何阶梯性的小题做提示，又如何一下子跳到结论呢？要知道考试只有 150 分钟的时间，等不得你慢慢地尝试。因此，善加利用平时的时间，刷习题集提升熟练度就显得非常重要。一方面，你接触的题型更多了。一张“面熟”的考卷和一张“面生”的考卷，想来考生都是面对前者的时候更有底气一些吧！另一方面，你的计算能力和数学思维都得到了提升。有谁还会在高考的考场上列竖式计算 15×157，不要再犯 $10+20+30+40+3000=4000$ 的低级计算失误了。在考场上，一定要学会比别人更好地利用 150 分钟的考试时间，这样才能提高单位时间的得分率。同样，练习时的错题也需要被加入纠错本来整理归纳。一本“开了天窗”的习题集能大幅度提高你的得分能力。

其他的一些提示

（1）跟紧老师，勤做笔记，以课堂内容为基础。

（2）参与同学讨论以加强记忆，拓宽思路。

（3）记忆小结论和小规律，加快解题速度。

（4）课外自学，反复巩固，避免前学后忘。

（5）课外思考，掌握知识结构，分析总结。

讲到这里，或许你大概明白在接下来的学习中该怎么做了。但是我想说明的是，或许这种归纳、分类、对照的一对一查表型解题应试方法能在考试中给你带来不少好处，但是它不会带给你真正的数学。而我认为，至少对大部分人来说，错过数学是一件非常可惜的事。

姓　　名：李华雨
毕业学校：中央民族大学附属中学
高考成绩：总分649　语文134　数学126　英语130
　　　　　文综239　加分20
院　　系：北京大学中国语言文学系

十年一搏燕园梦

——浅谈高中语文学习方法

高考对于每个人来说，都是一段必须经过的荆棘路。现行的教育体制又是直接以高考作为唯一评判标准的，很多人或许抨击高考制度已经变质成为应试的工具，甚至你也开始渐渐动摇。但是，我希望你首先要相信，这是目前最为公平的考试制度，而且这份小小的考卷是可以体现出一个人的知识水平和综合能力的，不要怀疑，不要抱怨。或许许多人手中都备有一本高考作文选，记住，虽然它们还仍显稚嫩，但这是你的同龄人所达到的写作水平，不要不屑一顾，因为或许你们之间真的有差距。仅仅从一张800字的作文纸中就可以看出一个人思维的广度和深度，何况整份卷子呢。

高中语文的学习渐渐被应试捆绑得失其初衷了，对一个人语文素养的考查，对汉字应用能力的考查，对阅读古书技能的考查，对现代文阅读理解的考查及对写作能力的考查，都是对一个中国人最基本的能力的考查。换句话说，我觉得高中语文涉猎的经典及培养的阅读与写作的能力并不只是三年的有效期，这些阅读和写作的能力会伴随你一生，并且让你一生受用。

语文可以说是令很多学生头痛的科目，除了一部分学生对语文有莫大的热爱，大部分学生对语文学习都处于无措状态，觉得努力了也不一定能提分，上课听讲也没有什么明显的效果，作文总处于一种无话可说或者没话找话的状态。

这些问题我想或许并不是个别现象。有的人可能觉得是自己做的题不够多，于是便又投身题海中苦苦挣扎，结果只能加深自己对语文的厌烦情绪，丧失了学习的乐趣。但我想原因并不在此。作为一门语言，一个人对它的掌握程度取决于对其输入的程度，只有胸中有物，方能下笔有神。这一点或许借用英语的学习更容易理解，我们常说要多听多读多写，给自己制造英语学习的环境，但是到了我们的母语身上，许多人却陷入了“习言不察”的怪圈，总认为汉语不就是每个人生活用到的语言，有什么好学的。

这是一个错误观念，其实语文这种能力是需要培养的，而不是因为是自己的母语就先天具备的。或许你对自己本民族的语言文化并不十分了解，而没有对古今文化经典的深入研读，你便不了解中华文化的源流脉络，不了解自身行为的出处和民族性之本所在。这里必须要指出，当下中国对语文学习的重视程度不足，甚至英语学习都被拔高到了一个超过语文学习的地位，我想这是不正常的，也是需要我们反思的。一个民族若是连自己的文化都不了解，毫无本民族文化的根基，这不是很容易就被他族文化同化侵蚀了吗？

所以我认为，高中语文的学习切忌直接以高考为最终目标，高考只是检验你前十几年文化素养积淀的形式，需要掌握一定的应试技巧而已。学习语文，第一要务便是正其心，诚其意。摆正自己对语文这一科的看法，不速成，不因高考而学，也不因高考而止，将所学内化为自己的气质，享受阅读与写作的乐趣。

重视阅读

这里先从培养阅读兴趣开始，这一部分比较适合高一高二的同学来做，我不太建议高一高二时将语文学习的重心放在苦战题海上，而且做题也并非一个学习语文的很好的方法。

“兴趣是最好的老师。”我想此话不假，回想你自己的学习状况，大抵亦是如此吧，自己喜爱的科目便愿意投入更多的时间和精力，并且享受由此带来的快乐与进步。或许许多人并不是十分喜欢读书，尤其是男生，他们会觉得文学都是无病呻吟。但我觉得，阅读方向决定于你的性格，选择什么样的书也会反过来影响你的性格，不要觉得所有的书都不合你的胃口，中华文化浩如烟海，总有一些人写你所想，抒你所感。

首先要从阅读一些简短的、有趣的书开始。这里不推荐网络小说，网络小说虽然也会有一些精品，但是毕竟没有经过时间沉淀。开始时，可以看一些易于激发兴趣的故事性或随笔性的文字，如金庸、古龙等的武侠小说，张爱玲、老舍等的小说，或者是毕淑敏、席慕容、龙应台等的随笔，或是科幻类的《三体》，或是阿加莎、东野圭吾等的推理小说。或许文章字数不是很长，但是可以起到激发兴趣的作用。

建立起基本的兴趣，也有了学习的感悟以后，便可以开始下一步深入的阅读了。首先我觉得一些通史类的读物是每个人必备的，这类书籍可以培养一个人对基本历史脉络的把握能力。我推荐《全球通史》和《中华上下五千年》，通史类的读物一定要在每天或每周都看一点，因其篇幅很长，容易使人懈怠，所以不建议一次看太多。而后如果对哪方面有兴趣，还可以继续深入读一些断代史或人物传记等。

儒家和道家的思想经典影响了中国人的传统价值观，其中有很多值得玩味思考的地方。故我觉得《论语》《孟子》《道德经》也是要尽量涉猎的篇目。高考作文中很多人喜欢引用儒家道家的一些名句，但都缺乏深入的剖析，只是浅浅地罗列，故自己亲身读过方能有真正的体悟。

许多人对诗词有着浓厚的兴趣，化用诗词，以诗词点缀文章着实会使文章添彩不少。故背诵并掌握一些名家名篇确实很有必要，这也是体会古典文化韵味的好方式。同时不要认为诗词里都是一些绵软之语，其实壮志凌云、豪情满怀之篇亦不在少数。这里推荐《唐诗素描》和《宋词鉴赏辞典》，一些诗话词话也值得一读。读诗词一定要关注名家的赏析解读，这能使你增长知识，更加了解诗词的内涵。

对现代诗和戏剧等感兴趣的同学也可以挖掘自己喜爱的阅读书目。

高三阶段建议阅读一些对考试帮助较大的简短的文章，同时一定要养成关注新闻的习惯。《文化苦旅》等一些大家散文比较适合高三的同学，切记，高三一定不要破坏阅读的习惯，只有保持输入才可以输出自如，而且阅读也是一种比较有益的放松方式。

说了这么多，许多人可能会认为看的都是闲书，对成绩提高没有丝毫的作用。但是我想有了一定的阅读量，直接提高的便是写作和阅读能力。

高效备考

下面我针对考试谈一些自己的看法。

针对第一部分的基础题型，我建议高三开始时便着手背一些字词成语，并每天给自己留出 15 分钟的时间背一篇古文或一首诗词。学习语文是个循序渐进的过程，不可一蹴而就，或者把希望寄于考前突击。高三开始时可以准备一本基础题的教辅资料，每天做五六道题，一是培养手感，二是查漏补缺。

第二部分的文言文和诗词鉴赏，我想有了之前的阅读积累，理解大意应该是没有问题的，剩下的便是如何将自己的理解和得分点结合起来。首先答题是有规范可循的，也就是套路，但套路是建立在内容基础上的，并不是悬空的空壳子。可以从网上找一些答题模板，看一下答题的顺序规范，但永远以理解文本内容为主，辅之以规范的框架。

有人觉得现代文阅读总是提分艰难，要考查的点总是答不全，我认为一个很好的方法便是归纳段意，如果实在想不出答案的话就从每段的段意中搜寻适合于题目的信息。对一些表明态度的词要在阅读时勾画出来，以提醒自己。同时注意总结做过的题型的一些套路，许多题型之间是有联系的，可以借鉴参考。

不要苦扎题海，做多不如做精，每次考试后针对自己的问题多加思考，总结类型题的特点和自己的弱项，并反复思考和复习，效果会比"贪多嚼不烂"好得多。

突破作文

最后谈谈作文，作文应该说是很多人的障碍。首先要保证写作的时间，至少留一个小时写作文，这就需要在做前面的基础题部分时注意把握时间。自己可以做一个时间计划，并不断提高速度以达到要求。

首先我认为要在高一高二的时候或者高三的早期形成自己的写作风格，就是自己乐于写并且有物可写。练习时可以借鉴得分较高的那些作文的风格，这些风格一般分为细腻感悟型和大气雄辩型，每种风格要鲜明，不要囿于排比开头、故事加论证、呼告式结尾这种大众式的思路。有人说高考作文是另一种文体，我想这确实是一种讽刺，许多人认为高考作文就应该如此写，风险低，但我想真正的好文章是有尊严的，跳出千百人的陈旧的框架，用自己的学识和视野来征服老师，不是更好吗？故不要落入窠臼，要使作文真正成为一篇有价值的文章。

广泛的阅读积累在这里就体现出了作用。比如说竞争,《红楼梦》里的人物错综关系算不算竞争，竞争还分大侠之争和小人之争，儒家道家对竞争的看法又是什么，历史上哪些战争、哪些政治事件体现了竞争，现实中商家的恶性竞争带来了什么，历史上的军备竞争带来了哪些后果，等等，这些都是思路。还有,《红楼梦》里有没有对时光的感叹，有没有折射出对家国兴衰的看法，有没有人性的剖析刻画，有没有黑白之道，有没有公正，有没有道德。不要再说写不出东西来，只是你没有一个很好的输入输出转化的过程。平时可以对照一些作文题目将自己看过的书、了解的新闻联系起来，再写具体的文章就显得简单多了。记住，将一个题目、一篇文章写精写活比一天写一篇空洞的作文要有效得多。

这里特别要指出，目前高考的趋势是希望学生有一种担当感和济世救民、悲天悯人的情怀。这需要着眼于社会现实，提出一些看法和解决措施，思路既要广，又要深，不只是泛泛而谈，要对一个事件有足够深入的探索，宁精不多。

成功本无模式可循，也许重要的只是我们把大家知道而没有坚持下来的“成功准则”坚持了下来，面对大家没有勇气做的事情迈出了勇敢的一步。希望大家可以正确对待这些经验，取其所长，不盲从，找到可以令你热血沸腾的动力，探索适合自己的道路并坚持走下去，这也许就是意义所在。

或许并不是每个人都可以实现自己的理想，人生或多或少都会有些遗憾，但我相信健全的人格，广泛的阅读涉猎，吃苦耐劳的精神和较高的综合素质会伴随人的一生。“书犹药也，读之可以医愚”，衷心希望大家能在学习中找到快乐，找到为之奋斗的兴奋点，找到值得用热血浇灌的青春！

姓　　名：李圣晓
毕业学校：山东省莱芜市第一中学
高考成绩：总分667（市状元）　语文128　数学126
　　　　　英语140　文综200　基本能力53
　　　　　省优秀学生加分20
院　　系：北京大学政府管理学院

把眼光放长远，为成功奠基

——英语学习经验

英语是我在高中学得最轻松，也是考试得分率最高的一门科目。我的客观题部分拿到了满分，主观题部分扣了 10 分。在临近高考的时候，我也是带着满满的信心走上英语考场的。但是正如我所料，进入北大，我的英语成绩是排在中下位置的。我深知高中时自己所在的小城市教育资源有限，同时相信通过自己的努力和拼搏在大学阶段也能拿到不错的英语成绩。在大学一年半的时间里，我都是以班里前几名的成绩通过英语考试的。下面，我就英语听、读、写几个方面给大家提供一点学习的经验和考试的技巧。

首先来说听力。听力是英语试卷中出现的第一个分值较大的部分，也是很多学习成绩比较好的同学栽跟头的地方。不要以为你在听不出答案的时候可以通过选项来判断，所有这些技巧都是建立在一定听力基础之上的，平时要做的就是多听。不要管什么资源，只要能保证高效率地听就达到了训练的目的。在高中的时候，我们学校在英语教学上比较成功的一点就是在早上和晚上各放一套英语听力材料，让同学们集中精力做题，高效率地训练听的能力。单看高考题的难度，每天一个小时的听力训练，保证耳朵对英文不生疏足够了。在速度上，不必太快，每分钟120词较为正常。如果觉得英语高考难度略小，想要尝试一些更为高级的英语内容，可以去听慢速的VOA。

要记住，学习英语是一个长远的活，一定要用发展的眼光去看，不要局限于高考这个狭窄的时间范围内，而要想到英语在你未来的施展空间。只要你有时间和精力，就尽量把自己的训练难度向上提升和拔高，在高考阶段把自己的听力水平提高到四级听力的水准上是较为合适的。我现在就为自己在高中时放松了对听力的要求而后悔，导致在暑假里很难将自己的英语稳定在较高的水平上，大学的分级考试中没有发挥出很好的水平。

对于听力技巧，我相信老师已经强调过各种方法，你在各种辅导书上肯定也接触过各种排除错误答案的方法，在这里我就不再赘述了。但是我要再强调两点：第一，一定要做到磨刀不误砍柴工，在听力开始之前读一遍题目，及时预测出听力语段的大体内容，给自己的耳朵充分的准备；第二，对于细节，一定要做好笔记。通过你平时的练习和总结，归纳出自己的一套速记方法，把原文中出现的各种具体信息都大体记录下来，听完之后即使不能留出足够的时间答题，也能通过自己的笔记选出正确的答案。这种方法对于提高听力测试的准确度有很大的好处。

再说一下阅读。阅读是英语里很实用的一部分，你的阅读能力很大程度是由你的英文词汇量决定的。所以，在这里我首先强调词汇。高中阶段是记忆的好时期，不要给自己太多安逸的时光，要留出时间做更多有意义的事情。高中课本的词汇有的很简单，有的很难，不在同一个难度梯度上。无论是哪个难度梯度，你学到的都是不全面的。尽管你觉得高中学到了很多词汇，但或许在大学时你才发现你连四级的单词都有一大堆不认识。所以，在这里我建议大家在高中阶段首先掌握四级的所有单词，这样的一番努力会使你在阅读中扫清大部分的障碍。阅读英文原文是你要做的另一个重要工作。在英文文章里，有许多常用的词汇，只要你掌握了这一部分常用单词，对英文文章的阅读就没有大问题。我在高三的时候坚持每天读两到三篇英文文章，并且把其中的生词挑出来整理，每次考试之前都要翻阅一次，以丰富自己的单词库。经过一年的努力，每当作阅读的时候我都会觉得顺畅，几乎没有读不懂的文章。只要按这样的方法努力做一年，你会发现长难句、语义理解、词义辨析等对你来说都不是问题。阅读的问题就集中到了选项的筛选上，完形的阅读难度也会感觉一下子降低了，错误率也会有一个明显的下降。

有些同学总说一个题目会不止一个答案，觉得两个甚至三个选项都是正确的。有些老师会极力告诉你那些选项不正确的理由，你也许会觉得他们的解释牵强附会。我想说你的猜测是正确的，两三个答案对于这个题日来说就是正确的，只是有时候有的题日必须选一个选项而已。在这里给大家举个例子，比如说有一道推断题，问你哪个是正确的，原文中已经表示有个老人活到了一百零五岁，选项中提出这位老人活到了一百岁以上。对于一个高中生来说，这样很简单的题目并不算什么逻辑推断，这样的答案并不算正确，因为它不符合推理的要求。再举一个例子，选最佳答案的题大家可能会觉得比较难做，因为总是纠结选哪个好，其实在大量的练习之后，大家会发现答案选择的差异在文体。如果文章是一篇新闻或是说明文，答案应该简洁明确，直接点明文章的大意和主旨；如果文章是一篇记叙文或散文，答案就应该含蓄有深意，或可能是文中反复出现的一个事物载体，比如我们曾经学过的课文标题“背影”“三颗枸杞豆”等。

最后说说写作。写作在英语考试中的地位相对来说不是太重要，很多老师也就不怎么强调。在这里我想特别强调这一部分，因为英文写作在大学里的重要性格外突出。想写好作文，你必须要有一定的词汇量。很多作文写得像小学生的水平，并不是因为句法不行，而是词汇量不够。所以扩充词汇量是你英文写作的第一步，也是我在阅读部分中格外强调的，至于阅读来源还是我强调的四六级词汇和平时的篇章阅读。其次，语法同样重要。别想着一篇漏洞百出的不通顺的文章能够得到一个很漂亮的分数，那种根据字迹得分的时代也早已经过去了。你所依靠的大部分是你的实力。语法实际上比词汇更加基础，因为语法是一篇文章的基本骨架。骨架不稳固，别期待血肉丰满能够弥补。语法是英语的基本功，在单项选择里也会进行特意的考查。再来说结构问题。英语作文同样讲究结构，结构的完整性尤为重要。比如一篇文章会给你几句话的简单要求，对于这些要求，一定要看仔细，看全面，全部写在你的文章里。整篇文章写完后，再做一次认真的检查，确保万无一失。每一个部分的残缺都会导致你文章档次的下降，因此一定要格外重视这个问题。在保证文章结构完整的基础上，要尽可能合理地安排文章的各个部分，让精彩的语段在合适的位置出现。

英语相对其他科目来说比较特殊。在高考几科中，英语是你在大学期间仍然不能摆脱的极其重要的一科。所以，你要用极其认真的态度和极其努力的状态去对待这样一门关乎你未来的科目。对待英语，就是要拿出百倍的热情和不懈的努力去征服。

下面我给大家介绍一些平常英语学习常用的资源：在听力方面，普特英语、新东方听力网、沪江英语都是可以利用的资源，只要学有余力，可以在上面找 VOA、BBC 等资源来进行扩展和提升；在阅读方面，如果是为了提高分数，可以找一本习题册坚持每天做两篇，分析错题的成因、总结阅读中出现的生词；如果你有一定的课余时间，可以阅读英语杂志或是报纸，China Daily 是很多北大的学长学姐推荐的有助于高中生提高英语成绩的一份英文报纸。如果自己缺乏足够的自制力，参加新东方的辅导班是个不错的选择；如果以后想在英语方面有所突破，想尽快融入英语国家的节奏中，华尔街英语、美联英语、英孚英语是值得你在假期或闲暇时间考虑的几个英语教育机构。

总之，英语是影响人长远发展的一门学科。对英语，一定要多下功夫，做长远打算。学习英语就是学习一种文化，学习一种不同于中文的交际方式和生活方式，它不但会让你有一个全新的看问题的视角，也会让你用一种更加开放、更加现代的眼光去看待你生活的世界。所以，多学一点英语永远不是什么坏事。

姓　　名：李思凡
毕业学校：四川省达州市第一中学
高考成绩：总分617　加分20
院　　系：北京大学经济学院

纸上得来终觉浅，绝知此事要躬行

——数学学习经验

数学对于许多文科生来说一直都是一道难以跨越的障碍，似乎是因为数学的逻辑思维方式与文科生习惯的直接的、感性的、习得再运用的思维方式格格不入。其实不然，只要换个角度思考，你就会发现数学其实很简单，文科生也能找到一套独特的数学学习方法。

数学作为一切科学的科学，不得不承认它的灵活性、多变性、巧妙性，这恰恰是困扰文科生的难点所在。可是，放在高中时代来看，高中时我们接触、学习的数学属于初等数学的范畴，算是数学学科领域当中比较简单的部分；再看平常做的练习、考题，不难发现题目总是逃不出那几种类型——概率事件、三角函数、立体几何、解析几何、数列、二次函数，也就是说，我们学习数学时其实并不是“丈二和尚——摸不着头脑”，而是有捷径可走的。

我认为，文科生一贯的学习模式是“听课—背书—做题”，其实这个方法对数学是同样适用的。

首先是“听课”。听课十分重要，我一直认为课上十分钟能抵过课下一小时，所以认真听课是学好一切的前提。相比之下，数学课程比较枯燥，就更需要集中精力认真听课。首先是要理解每一条定理，这就像教小孩走路，首先得告诉他怎么走，从理论层面上来告诉他走路的方法；其次就是要认真咀嚼消化例题，不管是老师授课或者是课本、辅导资料上，都会出现不少例题，而弄懂例题是学好数学最关键的第一步。看懂例题就像是学走路的小孩迈出的第一条腿，平平稳稳完成之后，自己能做出例题就相当于成功地迈出了第二条腿，至此也就完成了这关键的第一步。第一步虽然不大，却是十分重要，因为你之后的步子，或快或慢，或跑或跳，都是对第一步的模仿、尝试和运用。也就是说只有理解了理论、消化了例题，你才可以举一反三，去解决更多的难题。

然后是“背书”。背书可谓是文科生的强项，不过很多人想不到数学也是需要背的，其实数学里的公理、定理、算法、规律、公式，都是需要背的。虽然这些东西似乎看一遍之后就已经留在了脑海里，但是如果“三天打鱼，两天晒网”，很容易记混、记错，等到要运用时更是感觉模棱两可。所以这些都属于需要背的范畴，只有通过多看、多写、多理解加深印象，运用时才能做到得心应手。比如说三角函数的特殊值和公式，几何学里的各种定理，二次函数的图形和性质等等，这些都是需要熟练掌握的。

最后是“做题”。做题的重要性是显而易见的，如果不做题、不练习，即使对理论知识烂熟于心也只是纸上谈兵，到实战中也会摔跟头。做题应该有方向、有针对地选择题型来练习，而且做题的目的并不是单纯地得出结果，而是要体会做题过程中理论方法的具体应用，找出哪些是不变的，哪些是在具体情况下有变化的，举一反三。你会发现，通过做题，一来可以练习在具体情况中如何运用所学知识解答问题，形成一定的题感，这样在考试时，看到题目就可以很快地想出解题方法，提高做题效率，节省答题时间；二来可以锻炼运算能力，减少出错率。数学考试中最怕出现的情况就是题目会做，但是结果算错了，这是相当令人懊恼的。而运算恰恰是“三天不练手生”，只有通过多做题，才能保持熟练、不易错的状态。

这就是我学习数学的基本套路。对我来说，用这样的方法来应对高中阶段的数学，可以说是绰绰有余了，当然这算比较“笨”的方法。这个方法概括地说，正是本文题目里那句“纸上得来终觉浅，绝知此事要躬行”，学习数学不仅要从“纸上得来”，还要在反复咀嚼之后发现“深浅”，然后再脚踏实地地“躬行”于题海中。对文科生来说，相比于培养逻辑思维能力，采用题海战术学习数学、提高数学成绩要可行得多，因此这个方法虽然“笨”，却是实用有效的。

除了学习方法，答题技巧也不失为一个提分的窍门。数学考试中也蕴含不少答题的妙招，下面我根据高考题型来分析一些实用的答题技巧。

选择题在整张试卷中占 60 分，比重相当大，而答选择题最重要的技巧就是要会“猜”。我说的“猜”当然不是碰运气、盲目胡乱地瞎猜，而是找出题干的规律，用排除法缩小选择范围，从而帮助我们找到正确答案。下面我以 2011 年四川卷文科数学选择题中某两题的题干为例，说明到底应该怎样去“猜”。第一道题的所求为某一个点的坐标，而四个选项依次为：A(–2，–9)，B(0，–5)，C(2，–9)，D(1，–6)。可以看出，A、C 所代表的两点是关于 Y 轴对称的，有相同的纵坐标，而 B、D 两点则显得无关，因此可以猜测，答案应该出自 A、C 之中，而正确答案就是 A。第二道题的所求为某个角的取值范围，四个选项依次为：A(0，π / 6]，B[7π / 6，π)，C(0，π / 3]，D[π / 3，π)。乍一看答案分布得似乎很有规律，难以排除错误选项，其实仔细观察可以发现，对于取值 π / 6，选项 A、B、C 包括的范围都可以取到，唯独 D 不能取到，因此先排除 D 项，而对于取值 7π / 3，唯独 A 项不能取到，同理可以排除 A 项，我们猜测答案应该是 B、C 中的一个，而正确答案正是 C 项。

有人可能会说，这种方法太冒险、太投机取巧了。确实，这样不能保证答案百分百的正确，我也并不是建议大家通过“猜”来做选择题。我认为，这种方法仅仅是在下面两种情况下比较适用：一是当你在某几个答案中摇摆不定的时候，用这个方法也许可以帮你排除一个错误选项；二是当你做题的时间不够时，通过这种方法可以很快得出一个答案，虽然不能保证完全正确，但至少会比盲目猜测得出的答案正确率更高。

接下来是四道填空题，填空题的做题技巧就是一定不要留空，也就是说，就算你不会做这道题，也要猜一个结果写上去，猜的时候既要注意根据题干信息来猜，不要随便写一个风马牛不相及的结果。也要注意填空题的答案一定是很简洁明了的，这是由填空题这种题型决定的。既然我们发现了填空题的这种规律，所以，如果当你自己算出的答案是一个很复杂的表述的话，十有八九是算错了，这时不妨再验算一下。最后一道填空题一般是让你选出所给命题中正确的或是不正确的，这道题比较难，因为给出的四五条命题都需要你去判断，多选、错选是不得分的，但少选可以得一半的分。因此，除非你有很有把握的答案，一些模棱两可的判断最好不要写上去，宜少不宜多。

最后就是最让人头疼的解答题。我认为最难的应该是证明题，好在现在已经越来越少考到证明题了，而一般的解答题都不算特别难。就算你不会做，至少也能写出一两步简单的运算步骤或者是思路。可不要小看这一两步，只要是与题目相关且没有运算错误的话，就能得到一点步骤分，高考对于每个人来说都是“分秒必争”的，所以步骤分也千万不能放过。后面的解答题中，概率题一般都很简单，只是题干比较长，给出的信息需要仔细梳理，才能做到既不弄错也不遗漏，而考点一般是求某个事件的概率。我的建议是答题时最好不要只写光秃秃的算式，加上一点文字叙述，让阅卷老师看清你的思路和条理性会更好。三角函数的题也不算太难，至少第一个小题是比较简单的，就算你整道大题都不会做，至少也可以将题干中的三角函数的化简写出来。立体几何的题也比较容易得分，解题的关键一般是辅助线的画法，而如何画出正确的、有用的辅助线，需要的则是一定的空间想象能力。大家千万别认为空间想象能力是个很虚无、抓不到的东西，其实它是可以实实在在地通过培养、锻炼而提高的，具体方法是平常做立体几何题时，给出的图形都是平面的透视图，你要先学会在自己的脑海中形成一个立体的、三维的图，然后再去观察辅助线的画法，去体会画辅助线之前和之后整个图形有什么变化，这样就能积累出一定的辅助线画法的经验，在考试时也比较容易灵光一现。数列的知识比较难，但做题时却是万变不离其宗。毕竟我们所学的数列的知识有限，所以解题的方法必定与所学的通项公式和前 n 项和公式有关，不妨从这两个公式中寻找思路。函数题对于很多人来说应该比较难，不管是二次函数还是代数函数，解题可能都需要一些技巧。不少人望而却步，只留下一片空白，而我认为你至少可以写出一些简单的步骤，比如求一下二次曲线的顶点或者是代数函数的导数，这样不仅可以拿到一点步骤分，或许还可以在演算的过程中产生解题的灵感。

其实，学好数学并没有那么困难，只要你先在心态上战胜它，那么它对于你来说不过就是只外强中干的“纸老虎”。数学并不是只有有天赋的人才能学好，对于大部分普普通通的文科生来说，只要掌握了方法技巧，勤学苦练，一样可以攻克这个难题。加油吧！

姓　　名：李玉珍
毕业学校：广西桂林市临桂中学
高考成绩：总分644　语文129　数学130　英语137
　　　　　文综248
院　　系：北京大学法学院

在文综的世界里

说到文科，文综是永远也避不开的话题。尤其到了高三，文综三科合卷考查的方式让无数文科生伤透了脑筋。在文综的世界里，浮浮沉沉便是我们的常态。经过高考之后，回头看看自己在文综的世界里的挣扎，总结出了一些东西，仅供大家参考。

由于在我们这一届，我们区还在使用旧教材，学习的内容可能和大多数同学的不一样，故在此稍稍介绍一下我们的大纲内容。首先是政治，我们只学经济常识、哲学常识和政治常识，没有新教材中的文化生活的知识以及选修的内容。而历史学的知识，与新教材完全不同，我们的教材就是按照时间顺序编排内容的，具体知识有中国古代史、近现代史以及世界近现代史。而据我所知，新教材是按照专题的形式编排的，还有选修内容。至于地理，我们也没有选修的内容，就是高中地理的自然地理和人文地理部分，以及初中的区域地理部分，包括中国地理和世界地理。

首先说一下政治，有人觉得这是一门纯记忆型的科目，但我觉得不是这样的，任何记忆性的知识都是以理解为基础，把该记的东西记下来之后，运用时还是需要根据题意和自己的理解进行发挥性作答。对于背课本，我是很强调这一点的，对自己的要求也特别严格。所以，每学完一小节的内容后，我都会拿出课本在教室旁边的走廊上大声地读，把课本读得滚瓜烂熟。然后根据老师讲课时的提纲以及强调的重点知识，进行强化记忆，争取把它们全背下来。背完之后，还会再根据脑子里构建的知识体系复述一遍，把这些知识点梳理清楚。当然一次记忆是不可能完全记住永久不忘的，所以，自从文理科分班以来，我养成了每天早上起来背文综的习惯，总是把前一天学过的知识复习一遍。反复地记忆，不断地重复，最终知识就会变成自己的了。然后是做题，这是对自己记忆成果的一次极好的检测。说说各类知识的作答方式吧，主要是大题。首先在对材料的解析上，要分清主体，在经济常识里有政府、企业以及个体，在哲学里这一点不明显。在政治常识里有国家、政治组织（一般是政党）和公民，如果是国际关系的话，则涉及本国政府、外国政府以及联合国等国际组织。还有这些主体做了哪些事，与课本上哪些知识有关。例如，经济常识中的政府行为一般会与宏观调控有关，从而联想到宏观调控的手段、目标等，再联系其他方面的内容，从材料中联想到更多的课本知识，进而在答题中加以运用。关于哲学常识的审题，找关键词很有必要，例如一看到“结构”二字，便立即联想到整体与部分的关系中的“当各部分以合理的结构构成整体时，整体就会具有全新的功能”。当然，一些重要哲学知识点的得出，也主要还是根据材料的叙述，而非全部是找关键词就能应付的。在审题阶段找出各种需要的知识点之后，就可以开始答题了，答题时一般都是按照“观点 + 材料”的模式，把观点写在前面，能够方便老师阅卷，因而会给老师留下思路清晰的好印象。材料的论述就是围绕你的观点再结合材料的内容展开论述，简明扼要即可，最好能把材料归纳概括一下。还要注意分点作答，理清层次，书写整洁，分数就不会很低。

然后是历史，一门更让人理解为死记硬背的科目。同样，上述的记忆方法也适用于历史，但是，历史知识的记忆也有与众不同的一面。正如此前所说的新旧教材内容编排的不同，历史知识的记忆也可以有两种方式，记史实可以按照历史发展顺序来记忆，还可以按照专题来记忆。我认为，最好是先按照时间来记史实，把古今历史事件全部记下，以至于可以在脑海里把这些年的历史一点一滴地浮现出来。然后再按照专题的方式进行强化。例如经济这个专题，可以把中国古代、近现代的经济进行对比，看出经济是如何发展的，也可以把近现代中国和世界的经济进行比照，找出差距。这样的对比，可以加强记忆，也可以增强学习的兴趣。同样的知识竟然可以以完全不同的形式展示在自己面前，这是一件多么有趣的事。因此，在这方面又觉得我们的教材还是不错的，我们可以按照历史发展顺序把史实记过一遍之后，再按照专题进行归纳，通过自己的努力，把知识重组一遍，这样非常有利于自己的学习与记忆，毕竟对自己总结出来的东西更有感情，想要记住它的欲望更强。对于做题，历史选择题让人比较头疼，在此说一下自己不是很成熟的观点。当然，选择题也是很注重审题的，审时间、审人物，在不同的时代、不同的环境下会产生不同的观点或现象，这也是历史唯物主义的表现。尤其要审最后一句话，这句话一般就是问题的指向，而且历史题经常会出现由同一段材料得出不同的结论的现象，原因就是最后一句话问的问题不同。所以，即使遇到见过的材料，也不要粗心大意，要好好审题，不要被原来脑子里的印象牵着走，以致误入陷阱。可以用排除法对选项进行排除，有一些选项从史实角度看本就是错误的，有些则是结论与论述完全矛盾，或者与材料的观点矛盾，等等。在这些小技巧都使用之后，再根据你的理解排除，一般都会选对，但是这些技巧不是通用的，仅供参考。对于大题，仍要把好审题这一关，这可以让你获取很多有利于答题的信息。答题时也要注意分点作答，历史的答题更注重简要作答，只需要简短地概括内容即可，不必展开宏篇大论。正如我们老师所说的“答题要广度不要深度”，应该从多方面思考问题，你的答案才会更全面，才会更符合考查者的要求。

接下来就是地理了，很多人认为它是“文科中的理科”，我认为这种说法不完全正确。地理包括自然地理、人文地理和区域地理（或者后两者可以合二为一），在自然地理部分，尤其是地球运动这部分，需要计算的特别多，但是人文地理和区域地理还是以记忆和理解为主。在计算这一部分，听课的时候也会觉得难以听懂，但是我想说的是努力去听吧，多听几遍就会好的。第一次学的时候你也许是处于懵懂状态，但是到后面的一轮、二轮甚至三轮复习的时候，重复的次数多了，你就会慢慢明白，然后又有数不清的试题让你练习，最终你会掌握这些知识。从这一点看，地理就特别像理科的内容。平时遇到不会的题目，必须多请教老师或者同学。或许你会觉得这是老生常谈，但是，我觉得对于这种自己根本不会做的题，你唯一的出路就是询问别人，在请教的过程中学会他人的解题思路并为自己所用，这就足够了。说到人文地理和区域地理，不可避免的词语就是“区位”二字了，从农业区位到工业区位，从交通区位到旅游区位，各种区位让你眼花缭乱。我的对策是把平时上课、写作业或者考试遇到的有关这方面的区位因素累积在一起，然后整理出来，根据自己的理解梳理成能够让自己记下来的东西，接着按照这一思路把它记下来就行了。复习的时候，可以先拿一张白纸自己默写一下，查漏补缺。还可以在平时和同学互相提问，你问我答，这样不仅使学习更加有趣，还能检验自己对知识的掌握程度，一举两得。关于区域地理，还是要重视地图的作用。所以，在刚开始复习区域地理的时候，老师就建议我们要多看地图，最好是能自己画出大概轮廓，标注出经纬线和重要的地理事物，真正做到心中有图。毕竟我们平时考试给的图都只是那么一小块，只有经纬线和湖泊、河流等地理事物，这时候需要用你心中的地图进行定位，也只有正确定位才能做对下面的题目，毕竟不同地区的地理环境不可能是一样的。答题的时候，可以直接运用区位因素进行分点作答，多方面思考问题，但还要注意结合该区域的地理环境特点，不能把完全不符合该区域特点的区位因素也放到这里来答。当然，答区位类题目还有一个好处，就是区位因素本来就在你的脑海中。

如果遇到一个不是很确定的区域，可以模糊作答，就把放之四海皆准的区位因素全部写上去，让老师找点给分。但前提是你的列点必须清晰有条理，不要混作一团，老师是没有耐心在一大段文字中找得分点的。这种做法只是在你实在没有把握的情况下才用的。

最后再说说文综试卷的答题吧，广西高考试卷的考查方式是35道选择题，其中11道地理题，12道政治和历史题，然后就是三科各一道大题，最后再加一道三科综合的大题。做题时首先一定要稳住选择题，认认真真地做下来，不急不躁，把该拿的分都拿到。对于后面的大题，根据自己对各科的熟悉程度重新定一个顺序去答，所以在发下试卷的时候，一定要好好看一下这几道大题的难易程度，从而确定自己的答题顺序。不过，在做完三科独立的大题之后，最好还是先做三科综合的大题，这一题一般是比较基础的题目，很容易拿分。如果按照顺序作答的话，速度太慢的同学就很可能没时间做这道综合题，会丢失很多分。具体每一科的答题技巧，前面已经说过，不再赘述。

其实，文综三科的学习是一件非常有趣的事，地理的区位分析让你更好地了解社会各种事物的存在；历史则让你更清楚你的国家乃至全世界的过去和现在；政治帮助你理解经济生活和政治生活中的各种现象，让你学会从哲学的角度去看问题。所以，在文综的世界里，你的学习或许会很苦很累，但是你的收获还是很大的，没有理由不去学好它。

姓　　名：漆袁曼
毕业学校：浙江省长兴中学
高考成绩：总分690　语文121　数学146　英语141
　　　　　文综234　自选模块48
院　　系：北京大学历史系

让数学从平凡到不凡

我是北京大学2011级的本科生漆袁曼，很幸运能够考入北大这样一所高等学府，也很希望自己学习方面的一些经验教训能够给即将面临高考的学弟学妹们一些启发。

在高中的诸多学科中，让刚刚升入高三的我感到最头痛的还是数学，但是在后来的高考中我的数学发挥得很稳定，甚至还不错。如果你的数学成绩并不突出，但是想在高三的时候实现数学成绩的大突破，那么或许我的一些建议会对你有所帮助。

首先心态是很重要的，摆正你心里的想法是我们开始高三复习的第一步。你要问自己一个问题：你要参加什么考试？答案是高考。这个问题很重要，因为你参加的是高考而不是其他数学竞赛。高考作为一种体系成熟的全国范围的考试，有其固定的考试范围和题型，每年的命题，老师会兼顾大多数人的水平，所以出现偏题、怪题的可能性很小。在某种程度上，高考考查的是你对题目的熟练程度、做题的仔细程度，而不是你的数学水平或者解题技巧。这就告诉我们两件事：第一，我们在复习时不要刻意追求会解复杂、花哨的习题（尤其是偏题、怪题），我们的复习应该是围绕着高考大纲、历年考题展开的对所有考点的地毯式排查。第二，不要被某些考试打击到信心，其实在高三阶段，学校出的某些模拟卷有偏难、偏怪的嫌疑，可能你身边的某些数学才子答这样的卷子得心应手，你却极难动笔，千万不要被这样的考试打击到！你要相信，高考时只要你够细心，其实可以比数学水平优于你的人考得更好，这是完全可以实现的！

树立了内心强大的信念，就不怕在这长长的一年复习时间里遇见瓶颈期。即使在瓶颈期里，知道应该怎么做，继续朝着这个方向努力下去就可以了。其次是学习数学需要具备的几个好习惯。第一个好习惯就是预习和复习。虽然听来有些老生常谈，但是我觉得这是在数学学习中帮助你实现事半功倍的好办法。我强调的预习和复习跟你平时听到的可能有些不同，预习除了要看过书上的所有概念、习题，更重要的是理清书本的逻辑结构，形成所谓的知识体系，这样你在答题的时候就能一眼识破出题老师到底在考查什么知识点，应当如何作答。比如今天学习了解析几何中的椭圆，那么粗略地预习一遍课本后，你就大概明白书上讲了椭圆的概念、椭圆的解析式、椭圆的几种变换形式等。这么做的另一个好处就是在复习或者考试之前也可以由这些问题高屋建瓴地引领复习，你可以提问自己这几块有哪些知识点、各种不同题型有哪些解法，这样做既无遗漏，也能保证高效率。所谓复习，在学习新知识的时候是复习课本，在高三的总复习阶段就是复习每天做过尤其是那些做错的或者没有弄懂的题目。而且复习的时间点很重要，我的习惯是在每天开始做作业之前先复习，这样有助于你弄清楚自己没搞懂的部分，在做习题的时候既能节约时间也能提高正确率，最重要的是让你再次温习做错的题目，这样有助于你避免下次犯同样的错误。

第二个习惯就是提问的习惯。我觉得没有问题的学生不是好学生，我们在高中三年中不可能每道题目都会做，但是大多数同学遇到问题会选择回避、无视，或者最多问问成绩比较好的同学。我觉得虽然问同学好过不发问，但是问老师才是最好的选择。大多数同学不愿问老师或许都出于一种害怕的心理：怕自己提出的问题太幼稚会让老师看不起等。其实，只要你不会的问题就可以提问，要有一种“打破砂锅问到底”的“厚脸皮”精神。其实我也经常会问一些粗浅的问题，明白之后哈哈一笑化解尴尬，然后向老师道声“谢谢”，比起我可能会花费大量的时间弄清楚它们，问老师的成本其实是很低的。在请教问题上，我主张向老师提问，因为老师的知识体系比同学更加全面，有时甚至会借着为你解答一道题目的时间，顺便介绍一系列相类似的题目，让你一下子有种豁然开朗的感觉。

第三个习惯是总结的习惯，要总结的东西包括最近做错或者不会做的题目、最近学习的内容及它们的逻辑联系（参照预习时采用的方法），尤其是老师推导出的一些公式结论。对于老师在课上推导出的一些公式和结论，我建议课上先抄下来，课后不管你是不是听懂都应该再推导一遍。有些内容认为自己课上听懂了，就忽视了对重要结论的记忆，这样在下次考试用到这些结论时就很有可能不记得或者记错。记错比不记得更加可怕，因为不记得公式起码还能重新推导一遍，而一旦记错就无法挽救了，但是考试的时候重新推导公式是一种很浪费时间的行为。

养成了以上几个好习惯之后，我觉得学习数学的关键其实还是多做题。在学习数学的时候，看得懂和会做永远是两个概念。大多数情况下我们在看例题的时候都会感到下面的解答没错，但是如果让我们不参考解答自己做一遍的时候，或者想不起来应该怎么做，或者在做的时候错误百出，或者在自己做的过程中突然灵光一闪地发现另一种做法好像也可以，等等。所以说自己动笔做一遍有助于我们想清楚一道题目处理的细节、比较两种解法的异同等。除了书上的例题需要亲自计算，其实我们每次学习新的知识点都应该辅以一定数量的习题，具体做多少还是因人而异的，在我看来题目数量还是多多益善的。但决不能满足于老师布置的那些题目，因为老师布置的作业是针对全班同学的，即使你全部都掌握，恐怕也只能达到中上的水平，想要脱颖而出，恐怕没有大量的练习还是不行的。你可能听过很多天才的故事，其实配得上“天才”称号的那些人都是在背后比常人付出更多汗水而已，没有一种学习方法可以让你不用做题就能取得很优异的成绩。

我在刚上高三的时候，面对突如其来的综合题型和全然陌生的模拟卷，我还是选择了做题这种老土却实用的方法。我对自己的要求是每天除了完成老师布置的作业，再做一张高考模拟卷。开始的时候，我做模拟卷很吃力，有很多题目都不会做，我就圈出不会的题目第二天问老师，由于我自己着手做模拟卷的时间远远早于老师，所以后来老师复习时给我们做的很多题目，我早已经掌握了。这样高三的时候我也就越学越轻松，越学越简单。随着我练习次数的增加，每次彻底搞懂一张模拟卷之后，下一次再完成一张模拟卷花费的时间也会越来越少。直到高考之前我做过的模拟卷已经摞成厚厚一沓，两个小时的高考数学卷子，我在一个半小时之内肯定能够答完。这也全是多做题后熟练的功效。

最后，我觉得克服高三学习的瓶颈期是很关键的。刚开始复习的时候，因为不懂的东西比较多，所以进步就显得比较快。但是随着高三复习的深入，你会感觉到再取得进步显得越来越困难，这样的情况一般会出现在高二三的 12 月到来年的 3、4 月的时候，这个时候又恰好是高三的中间阶段，人比较容易失去信心，体力也比较容易出现透支。总之，瓶颈期的诸多问题会集中表现出来，比如为什么明明很努力了成绩还是徘徊不定，或者感觉很累，会有想放弃的念头。这个时候适当的放松也是必须的，可以看看电影或小说，出去玩玩，稍稍娱乐一下。我觉得这个时候父母的关怀很重要，我在高三的时候每天跟爸爸妈妈聊聊天心里就感觉没那么烦躁了。重新投入复习时，心中应该有比较坚定的信念：这么做是没错的，只要坚持下去，不放弃，迟早会得到好的结果。

我身边那些考上北大、清华等高等学府的高中同学，无一不是人前风光、人后流汗的，即使考上大学之后依然如此。高考考查的绝不仅仅是你的智商，更重要的是你的信心、耐力、毅力以及在艰难的时候绝不放弃的决心。无限风光在险滩，只有那些走到最后的人才能看到绝壁上的风景。学弟学妹们加油，我在北大等你。

姓　　名：申玉哲

毕业学校：新疆农二师华山中学

高考成绩：总分666　语文122　数学133　英语144

　　　　　理综267

院　　系：北京大学生命科学学院

无畏青春

——请自命不凡的你大声喊出“我不怕失败”

奋笔疾书的每一个夜晚，朗声背诵的每一个清晨，汗流浃背的每一个午后，一路陪我走过的时光，安静或彷徨，美丽或忧伤，全都要离我远去。我和每一个普普通通却又自命不凡的高三学子一样，穿过地狱般的黑暗看到黎明的曙光。但我喜欢这份黑暗，喜欢这闪耀着星星之火的黑暗，历练了我的意志的黑暗。

没有人知道我是多么喜欢高三的日子，不可思议，非常喜欢。尽管那时每一天都缺少睡眠，尽管那时每天都要面对来势汹汹的试卷，尽管那时每天都前途未卜，人心惶惶。高三是“马拉松”的最后阶段。那些日子，残酷而温暖，充实而紧张，那是一种为梦想而向前的姿态，那是一种在剑拔弩张中改变命运的传奇。

曾经洒下的汗水，流过的泪水，真实地流淌在我的血液中，刻在骨子里。我会一直记得，高三到底教会了我什么：那是一种精神，一种无畏的勇气。所以请为梦想奋斗的你，每一个自命不凡的你，以青春的名义大声喊出：“我不怕失败！”

受用一生的高三精神

最终选了理科，进了尖子班，也是从那时起我开始真正努力学习。我的母校是当地的著名中学，刚考进去的时候由于各种原因只进了平行班（平行班、提高班、实验班按成绩来分）。但是高二上学期我就被调入了实验班。一年时间，一切皆有可能。也许你初入高中时成绩不是最好的，但是请一定要相信，你拥有无限的潜力，每一个人都可以自命不凡，但是你要用努力来证明自己。我依然记得高三刚开始时我对自己许下的诺言：燕园，魂牵梦绕的学府。然后在笔记本上写下那句话：夸得下海口，就要吞得下咸涩的海水。

以前我对数学的态度总是不温不火，自从学了解析几何之后，我对数学的兴趣猛增，两次考试均坐“第一把交椅”。那时我对数学有一种近乎痴狂的喜爱，每一道题，每一个椭圆和双曲线，每一次紧皱眉头的思考，每一次成功解出的兴奋，成了我对数学最美好的记忆。所以，学习不是苦苦修行，而是一种热爱。真心地去热爱每一种知识吧，那时你会发现，克服难题是一件充满挑战而又美妙无比的事情。我开始真正理解华罗庚的话“天才出自勤奋”。学习也是这么一种公平而又残酷的交易：你学，不一定学得好；你不学，一定学不好。但我相信天道酬勤，只要你真心付出，便问心无愧，青春无悔，人生无畏，志在必得！

高三一年，对我人生影响最大的不是考取一所重点大学的愿望，而是永远铭记在心的高三精神：不抛弃，不放弃。即使通往名校的路依然如千军万马过独木桥，我并不在乎。我在乎的是认真对待，热血拼搏，无愧于心的过程。我会大声喊出：我不怕失败！我的青春我做主，用真心付出，年轻不怕失败！

找到最适合自己的学习方法

相信大家一定都知道学习方法的重要性，但是永远没有最好的学习方法，只有最适合自己的学习方法。高中三年，每个人都会摸索出一套适合自己的学习方法，这样才能在最后的冲刺阶段游刃有余，全力以赴。现在我介绍一些自己的方法，不一定适用于每一个人，但是希望对大家有所帮助。

关于错题。很多老师和同学都说要建立错题本，但更有意义的是另外建立一个属于自己的“错点本”。这样可以看到每一道题出错的原因，从而达到“根治”的效果。如果这道题做错是因为知识有欠缺，就把相应的基础知识写在错点本上，而不是原来的笔记本上。因为笔记本上知识太多，而你犯过错误的知识点应当特殊对待，避免下次再犯。同时，我也会把一些考试技巧和注意事项写在错点本上，在每次大考小考之前，都拿出来看一遍，这样既可以避免自己在同一个地方跌倒两次，丢冤枉分，又能够稳定心态，增强信心，快速进入考试状态。错点本可以按照章节顺序，也可以有一部分是随机堆砌，因为上课时可能会有一些要点随时出现；也可以把相同的问题归类，进行比较，找出共性和特性。重要的不是这个本子，而是创造的整个过程。经过这些整理和归类比较的过程，这些知识点和考试技巧已经深深地刻在了脑海里，到时自然会得心应手，从容不迫。

关于练习试卷。高三复习阶段，除了学校统一配发的练习册和试卷，同学们一定还会有其他练习题。在这方面，一定要坚持“从优选择”而不是“从量选择”，即练习题贵在品质而不是数量。对于处在高三阶段的学生来说，每个人都会经历题海战术，但是“被题海淹没”还是“在题海中冲浪”取决于你对待试题的态度。试题的目的是为了查漏补缺，因此不要为一次考试的失利或者一道题没有做出来而失落。记住：发现错题永远不晚，高考之前绝不轻言放弃。

关于英语。我平时的英语成绩还不错，高考最后分数是144，只错了一道单项选择，其余分丢在作文上。在这里提醒大家，把作文的字写好很重要，我当时就是因为写字太快导致文章版面不美观，结果写完作文还有很长时间。

英语是一门语言，一定要注重听说读写全面发展。高三时，更要注重答题技巧。我在高三时学习英语的技巧主要有下面几点。

朗读。每天早上起床后朗读英语短文10分钟。短文主要来自平时练习和考试试卷中的阅读理解和完形填空。

背单词。背单词不仅是要把小册子上的3000词记住，更要准备一个本子把平时在阅读和完形中遇到的生词、短语记下来，尤其是短语。这在高考中遇到生词时就会见效，平时积累的越多，到时就越发得心应手，越是没有阅读障碍，因为高频词汇是经常考的。

听力。每天保持一定的听力时间，听过的英语歌曲也是很有帮助的。尤其注意一定要抓取信息点，记住重要的信息而不是全部。其实，我们当年听力不计入高考总分，但我还是答完了所有听力题，因为听力是培养语感的重要工具。对于英语来说，“语感”很重要，而培养语感的方法就是多读、多听。

作文。作文有几点要注意。第一，基本词汇和语法不要出错，这会让你的作文有“硬伤”，分数不会高，所以即使换一个词也不要写自己没把握的词。第二，模板很重要，作文类型其实相对比较固定，大家只要把几篇范文模板背下来，到时写起来自然会很轻松。但是一定要灵活运用，要找到适合自己的常用短语和表达方式。比如我常用的就是“be crazy about”“it’ s time to do”等，这些精彩的句型十分重要。而且不要千篇一律，要在长期的写作中找到最适合自己、用起来最顺手的表达方式。

最后说一下我的一些小技巧。完形可以先自己填一个词，然后在答案中找到最接近这个词的选项，就是答案了。我平时一直用这个方法，基本没有问题，高考时完形也全部正确。当然自己填不出来时就要仔细分析对比选项了。

阅读第一遍一定要读懂，不能想着先浏览一遍做题时再仔细读。因为你不知道这道题对应考查文章的哪一段，而重读容易导致慌乱、不仔细等问题。所以一定要在第一次读时就读懂，个别句子可以多读几遍。而且要注意总结每段的段意，一般是找中心句，这个句子一般都在开头，这样把握整体结构就不会出错了。

留心单选、阅读、完形的一些好的短语句子，也许会在写作文时对你有帮助。

注意分配考试时间。英语一般时间比较充足，要调整好自己的节奏，不要过快也不要过慢，留出一定的时间检查。

细心。这一点很重要，因为英语中很多题目都是考查细节，在细节上一定不能丢分。

学弟学妹们，学习就像是攀登一座高峰。登山的过程何其艰辛，想必大家都体验过，中途想放弃时，想想山顶无限风光吧。其实学习充满了乐趣，不信你找找看。无限风光在顶峰，俯瞰众山的感觉，非常非常惬意！

珍惜青春时光，少年终会老去，即使前途未卜，我始终都知道我自己的方向。一段新的征程，我是传奇，永不止步。

壮志凌云霄，正是出征时。

铸铁为流水，流水当奔腾。

姓　　名：王公博

毕业学校：山东省胶州市实验中学

高考成绩：总分653　语文132　数学135　英语139

文综193　基本能力54

院　　系：北京大学政府管理学院

柳暗花明又一村

语文在很多人看来是最难提高分数的一门科目，在我看来也是如此。但是，在高考中我的语文发挥得很出色。总结其中的奥秘，我只能说语文需要持续不断的努力。只要你在语文上付出了足够的努力，并且以适当的方法去努力，它就会持续不断地给你正能量，为你的成绩贡献新鲜的血液。

你肯定不止听一个语文老师说过，语文需要日积月累。你肯定也自己实践过，也许你会感觉语文成绩与你的付出不成正比，每次在语文试卷上你都能发现自己不会的内容。我也有同样的经历。在高一高二的时候，由于语文是阶段性考试，我的考试成绩都还不错，但是到了高三进入综合复习阶段，语文成了我的短板，成绩总在 110 分左右徘徊，最低的时候甚至考过 108 分。我对自己这样的状态十分着急，语文老师也不断帮我分析语文学习中存在的问题，不断调整我在语文学习上的状态。不可否认，语文这门课的确是付出就有回报的，终于在高考二模时我考出了 135 分的成绩，从此语文成绩便在 130 分左右徘徊。“山重水复疑无路，柳暗花明又一村”，我终于找到了语文学习和做题的好方法。带着这样一种状态考试，语文成了我发挥最稳定的科目之一。高考考出 132 分的高分，也完全在情理之中。

语文这门课不存在难易，你会就是会，不会就是积累不够。只要积累的功夫足，在语文科目上发挥失常是一个小概率事件。下面我就语文各个题型的学习给大家支几招，希望大家在今后的语文学习和考试上能够上一个新台阶。

首先说一下字音字形。字音字形无疑是语文考试里最简单的部分，但是很多同学往往出师不利，在前两个题上丢分。究其原因，就是积累不够，这一点我是在高三时才发觉。我准备了一个厚厚的本子，按照音序把本子分成了二十几个部分，在考试和平常的练习中发现了新的生字词就将其统计在册，作为自己的学习资源，每次考试之前浏览一遍。当然，整理生字词是一个慢功夫。看到一个字，如果是多音字，就要把它不同的读音和意思都写出来。查字典时也可以留意一下该字上下的字。如果觉得周围的字你经常读错或者有你平常没有注意到的用法，也可以将它们顺便整理下来，放入你的资源库当中。这个过程可能有一些复杂和繁琐，整理的过程也许有些费时间，但是当你的字音字形本充实起来后，你会发现，每当考试到来的时候你只要翻上几遍笔记就会心里有底。随着你整理的东西的增多，你会发现试卷上的盲点越来越少，即使有不认识的字词，你也可以通过排除法轻松地排除错误的选项。但是，这个过程也是长时间的，只有达到一定的积累量才会显示出其强大的功效。所以，你平常需要做的并不是抱怨和害怕，而是持续不断的努力。

成语、病句也是同样的道理。对成语来说，你所要做的并不是要熟悉一个成语在句子中的使用是犯了什么样的错误，而是要准确全面地了解一个成语的意思。万变不离其宗，只要了解了每一个成语的准确含义，你就能判断每个成语使用的正误。我在高中的时候对成语的学习和字音字形是一样的，也是根据音序对成语做详细的梳理。在整理每一个成语的时候，将它的读音、意思和例句都详细地整理下来，有时候还根据课上老师的讲解将它的易混词写在旁边。这样的功课比整理字音字形做起来更加繁琐，但是对成语的掌握更加牢固。这样一轮整理过后，你基本上能够熟悉一个成语的意思。尽管看到选项时你不能背出它的具体含义，但你至少能根据例句判断其正误。病句的整理相对容易。高中阶段考查的病句错因主要有句式杂糅、搭配不当、歧义等六种，老师上课的讲解和答案上的解答往往会指出详细的错因。将你不容易判断的、错因相同的句子放在一个板块中整理出来，把错误的地方用红笔画出来，在考试前重点复习一下，考试的时候基本上就没有什么太大的问题。

接下来再说阅读。阅读是占语文试卷很大分值的一块，包括科技文阅读、文言文阅读和现代文阅读三个部分。对于这三个部分的学习，持续不断的阅读和反思总结是最有效的方法。科技文阅读相对简单，最重要的是考查你“找”和“比”的能力。“找”就是找到题目中题干和选项中句子在原文中所对应的区间，“比”就是比较原文和题目的不同之处。“找”较为简单，关键是速度；“比”是一个慢功夫，需要有一定的语言感知能力。这种能力是我在高三上学期不断训练中锻炼出来的。高三上学期，我大概用了一个月的时间做了五十篇左右的科技文阅读，水平稳定在较高的层次上。在什么地方容易出题、原文与题目的表述到底有什么差别，你在不断训练中、在看答案解析的过程中会越来越明确，在考试中也会越来越从容。文言文则需要实实在在的积累。这些工作可以提前做，对十八个虚词和课本中的重点实词的所有意思有一个大体的把握，这样在做题的时候就可以直接调动大脑中的储存。文言文和英语有些相似，英语考试中你的词汇量大不一定能考好，因为读懂文章需要思考和筛选。文言文阅读也一样，你懂得意思之后，还需要揣摩整体和细节，还要熟练翻译某些句子的意思，这就需要在大量的文言文阅读训练中得到提升。很多老师推荐同学读史书，如果有时间的话这当然是最好的办法。我高三没那么多时间，就根据自己做过的文言文练习来扩充阅读量，对于每一篇文章我都精读，根据译文来解决自己不会的问题。有些常用的字词根据古汉语字典上的解释做一个全面的掌握，有必要的时候把相关的例句也记录下来。如果是在一篇文章中的特殊意思就略过，只要不影响大意的理解就好。最后再说一下现代文阅读。现代文阅读是语文试卷上所占分值最高的阅读题，这一篇文章难度不会太大，在我看来关键是总结套路，揣摩思路。如让你理解某个题目的好处，如果平时做题够多就会总结出来：先回答这个题目中关键字词的好处在什么地方；对这个题目做一番解释，看看在语义上有什么妙处，是否双关；点出有没有用修辞手法；在文章结构上是否是画龙点睛。有时候你也许会发现现代文阅读的答案变化多端，但是实际上每一种题型都有相对固定的答题套路，只要你掌握了其中的奥秘，就会发现其实每道题目都是对这些套路的筛选和提取。究竟要怎么提取，要看你对文章的把握和理解。现代文阅读中最后一道题是题目的一个分水岭，是文章和发挥相结合的题目。对于这道题，千万不要以为是畅所欲言，一定要掌握好它的套路。它是对文章内容、语言、技巧、结构、内涵和外延的一个全面考查。当你答这道题目时，不要忽视这个大的答题框架。有些同学洋洋洒洒觉得自己答得很好，但是得分并不理想，其实就是针对一点说的太多，没有得到其他要点的分数。总的来说，对于现代文阅读，你需要做的就是在阅读和比较中找出答案筛选的技巧和方法，以及在你广泛地阅读和吸收答案的过程中总结答题的套路和规律。

诗歌鉴赏是语文考试中难度相当大的一部分，得分相对较难，但并不是没有提分的余地。对于这道题目，不是你做不好，而是你知道的太少。这就需要你什么类型的诗歌都要接触一点，甚至要做一些研究。如果作文中恰当地使用诗歌内容，也能够提升作文的档次和水准。在这里，推荐大家准备一本分类的《诗歌鉴赏辞典》。在阅读辞典的过程中，先从诗歌的题材、技巧、结构、修辞、语言等几个方面试着去分析，再与辞典上的分析做一个对照。坚持两个月的时间，你在这个题目上就会有很大进步。这个过程与你自己改诗歌鉴赏的满分卷效果是相同的。经过一段时间，你将会发现诗歌解读的能力有了质的提高。

最后说一下作文。我在这篇文章里强调的是积累，对于作文多写多练我就不加以赘述了，我从一个新的角度来解读一下作文。你阅读了上面的经验会发现，我十分强调语文答题的套路，作文我也会强调套路这个问题。作文，说到底，就是语文试卷上最大的一道主观题，你不能天马行空地写文章，写作文的过程是你规规矩矩地答题的过程。尽管你看到一些满分作文的语言很出彩，但那些只不过是在一个部分较为华丽的表达。也就是说，你在背满分作文或是写作文时一定不要过分地纠结于事例或是语言、情节而忘了结构。开头怎么开、结尾怎么结、起承转合怎么办，都要根据自己的理解对每篇文章做一个深入的分析，不要忽略了其中任何一个结构和部分，否则会让经验丰富的语文老师看着很不舒服。

对于语文的学习，我就强调这么多。总之，好记性不如烂笔头，语文学习一定要注重积累，注重总结和提高。柳暗花明又一村，虽然学语文是一个十分漫长的过程，但是在经历了一段时间之后这句诗一定会成为你最为直接、最难以忘怀的感受。

姓　　名：杨　彤
毕业学校：中央民族大学附属中学
高考成绩：总分626　语文135　　数学133　英语129
　　　　　文综229
院　　系：北京大学外国语学院西葡语系

数学学习之道

数学可能对于许多文科生来说都是较难的科目，我一开始也是这么认为。可是后来在老师和同学的帮助下，我渐渐摸索到了一点学数学的门道。刚开始的时候，似乎是无头苍蝇，总是不知道力气往哪使。但是，提升是一个积累的过程，当你不计得失地做好每一次作业，解决好每一个问题，才会有质变和突然间的豁然开朗。心态是学数学过程中一个很重要的方面，要懂得收获需要付出。付出不是简单地刷题，更关键的是做完一类题，要归纳总结，转化成自己的认识。这一点对学数学很重要，一定不能吝啬自己的脑细胞。

一、日常学习方法

每个人其实都有适合自己的学习方法，下面我所介绍的方法大家可以尝试一下，根据自身特点取舍。

1. 看目录和考纲

从目录里可以大概浏览知识的架构。我曾经忽略了知识架构的作用，但是做题往往需要联想，如果知识架构不够清晰，就很难把知识调动起来。

考纲是更精练的目录，它可以让你知道轻重之分，是考试的助手。

2. 联想

联想是一种模式识别，简单的题在于它的表述能直接让你定位知识点，从而快速解题。看到难题你会想“到底要用什么方法呢”，这时一定要根据题目的条件和问题联想到不同的知识点，弄清它想考的是什么。每一道题都有它的考点，而且往往是多个考点，目的在于考查你的综合能力。

有时一道题可以用三角函数，也可以用解析几何，也可以用均值不等式来解，平时多联想多尝试，了解各种方法的特点（如数的特点、题目表述的特点），到考试时就会得心应手了。

3. 笔记本

要有笔记本，但不要为了做笔记而做笔记。笔记要做到简洁，必须自己思考各种方法，再归纳总结。如果不亲自解题试验，抄得再多，也没有意义。

整理题目时，要从母题到变式题（变式题的条件与母题有不同）。整理解题方法时，要从一般解法到特殊解法。因为一般解法往往是考试时最先想到的，而特殊解法可能只出现在一定的条件下。这样思路会比较清晰。

4. 学会问问题

多与同学交流，这是一个非常有效的学习方法。记得有一次我解一道题解了很久，都没有找到有效方法，问了一位同学，很快就有了答案，而且简洁明了。更重要的是这个方法给我启示很大，让我在解决类似的问题时多了一个思考方向，并在一次考试中帮了我很大的忙。况且不同的人对同一道题总会有各种想法，这些想法都很有价值，在交流后整理一下，你会逐渐归纳出解类似题的方法，在考试中就不会手忙脚乱。

平时遇到问题就记下来，有空就问同学或老师，对自己也是很有帮助的。疑问一点一点解决后，你会发现曾经觉得很难的题突然迎刃而解了，学习的进步就是量变到质变的过程，千万不能忽视任何一个小疑问的解决。

5. 粗心

“唉，我又粗心解错了，本来我能做对的！”我曾认为自己考不好都是粗心的错，但我发现数学很好的同学总是能保持较平稳的分数。后来老师跟我说，粗心其实是基础不扎实的表现，如果平时基础不牢，不细心，在考场上如此紧张的时间内，很容易出差错。

那时，我平时练习不太用心，不注意解题速度，认为到考场上多注意一些就好了。结果一到考场，突然不适应快节奏的解题，错误百出，分数自然不理想。后来，在老师的帮助下，我努力弥补基础上的漏洞，提高自己的解题速度，培养良好的解题习惯，争取做到一遍解对。一段时间过后，我发现考试时基本上答每道题都能得出肯定的答案，不再像以前那样对答案十分没信心了。而且由于解题速度提高了，一道题可以检查一到两遍，正确率也提高不少。

6. 课堂效率

我曾经不乐意听老师的课，总觉得自己找题做就能学得好。其实不然，老师上课讲的都是重点，他能告诉我们需要特别注意的地方，这样就大大提高了我们的学习效率。如果不听课，盲目钻研，就是力气没有用对地方，不但不利于提高，可能还会退步。

为了提高课堂效率，一定要保证充足的睡眠，这十分重要。我高中没有休息好的时候，数学课就变成了催眠曲，结果很悲剧，老师很忧伤。同学们一定要保证睡眠，这是高考复习的黄金宝典啊！上课要跟着老师的思路走，不要觉得讲的知识点不重要就不听。因为解题过程是连续的，单独来看都是简单的知识点，但难的是其中的思路，怎么由上一步联想到下一步是听课的重点，千万不要走神。

7. 解题策略

毕竟高考生面对的是考试，没有正确的解题策略，即使学得再好，也可能在考试中因为没有把握好而捡了芝麻丢了西瓜。

基础题一定要保证全对，这是高分的基石，如果为了争取难题的高分而马马虎虎做完基础题，很容易丢分，从而与其他人拉开差距。觉得基础题太简单就不重视，往往得不偿失。

基础题之后就是有梯度的题，这是为了拉开学生档次而设的。在平时的练习中，一定要尽力做好每道题，无论难题易题，都可以提升自己的能力。在考试中，保证会做的题全部做正确，不会做的尽力而为，能做多少做多少。总而言之，就是要少丢分，不丢冤枉分，这样才能拿高分。

除此之外，还要提升考场心理素质，不在一棵树上吊死，解不出的难题可以先跳过，或许回头再解这道题时就有灵感了。实在解不出就把时间花到检查上，用少丢分来弥补难题的损失。

数学其实蛮有趣的，你可以享受成功解题的成就感，当这种成功习以为常，你就不会再害怕数学了。

8. 考前冲刺一百天

这一百天我觉得要先摆正心态，关键是查漏补缺。这时，老师一般会让做大量的习题，这些题都是经过精心挑选的，一定要仔细推敲认真完成。平时要注意老师在课上提到的关于高考的方向，根据这个来选题。老师也会根据大部分人的共同点来选择需要查漏补缺的地方，大家一定要多留意。这个阶段，要回顾自己做错的题，整理出其中的薄弱环节，尽快补上来。

有人可能想先抓紧时间玩，到冲刺阶段再发力，但缺乏扎实的基础就很难有质的飞跃。千万不能把打基础、练能力这种事情放到这一阶段来做，这些最基本的东西必须在前几个阶段逐步掌握，这样才能在冲刺阶段更好地查漏补缺和提高能力。

二、高考来了

很多人可能会焦虑，觉得自己好像还没准备好。这个时候，一定不要让自己想太多，踏踏实实地做自己该做的事。要尽量调整好状态，做好最后的应考准备。在高考前几天，不适宜大量攻克难题，这样会增加自己的心理负担。要有这样的心态：题目是永远做不完的，只要掌握了原理和方法，万变不离其宗，长期培养出来的逻辑思维会帮助我们找到答案。最好是把自己错得较多的典型题目看一看，找找感觉，但也不能不做题，要适当地做题来保持手感，保持解题速度。还有，最后的这个阶段要坚持早睡，调整好生物钟，保证考试时精力充沛。

三、走进高考考场

在进考场前，千万不要想“万一我不会怎么办？”“啊，之前那道题好像不记得怎么做了！”……这些都是消极暗示，会影响考试状态。高考考试正常发挥就是超常发挥，抱着平常心态就好，不需要祈祷超常发挥。

考试的时候，按平时的节奏一步步把题做好，争取一步到位，把数算准（这个要靠平时多练），遇到不会的题一定不能慌。如果超出平时做题时间就先做下一题，解完再回头做上一题，事实证明这样能提高做题效率。千万不要死磕一道题而忽略其他题，也不要让暂时未解出的那道题干扰了自己。

考场上的未知因素很多，只有做好准备才能从容应对。考场上的两小时要靠平时一点一点打磨才能有出色发挥，做好了准备自然就能打赢高考这一仗。

四、结语

学习需要兴趣，而兴趣需要成功感的支持。在学数学的过程中，不要总是太依赖他人或参考书，努力让自己成功地解题，获取那种成功感。逐渐地，你会发现爱上了数学，并享受解“谜语”的过程，数学成绩自然会有很大提高。

每个人都是一支潜力股，不断努力，你总会成为高考中的绩优股！

姓　　名：杨紫涵
毕业学校：中央民族大学附属中学
高考成绩：总分663　语文136　数学131　英语146
　　　　　文综250
院　　系：北京大学经济学院

语文的基石

引言：在语文的学习中，我们经常发现，成绩好的同学有时候并不是平时花时间最多的。其实不然，那些语文成绩好又花时间相对少的同学，往往都是因为兴趣读了比较多的书，有了相当的积累。这种积累往往都是由点点滴滴积聚而来的。因而，到了高中，积累相对薄弱的同学会发现提高语文成绩比较吃力。的确，我们重新开始通过一点一滴的积累来提高语文成绩，这显得时间很不够。但是，我们可以找准方法、有目的地去积累，在高中三年内会达到一个比较好的效果。

奠基之时——平时的时间安排

语文，顾名思义，强调语言的艺术，要想将自己的语言修养体现在一张张卷子中，那必须要有长久的积淀。因而，这需要准备一个积累本，帮助你记住平时与语文相关的点滴。这个积累本的内容从何而来呢？

首先，做个学习中的有心人。要利用好课本、练习、试卷以及老师授课的语文基础。这些基础你可以直接获得，不需要再做额外的练习来总结，因而花费的时间也比较少，得到的内容也比较精。但是一定要保证实时完成这些积累，这样才不会把任务堆在一起，造成很大的负担。因而，正如我的老师所言：“不在同一个地方跌倒两次，保证会而做对，那么你的成绩便会提高。”学习的技巧有很多，但是并不全部适合每一个人。在我看来，学习的要义在于不断总结、不断改正、优化自己，达到自己潜力的最高点。这应该是每一个学子奋斗的目标。

其次，要做到熟能生巧。在高一的时候，由于基础上的差异，大家的语文成绩可能会与平时的付出不成正比。比如语文基础、语文阅读都考查学生平时的积累。因而，要养成每天至少做一篇语文阅读的习惯。做阅读时，要思考三个问题：第一，将题目读懂。要知道出题人问的是什么，然后通过每天的阅读训练，总结出题人对同一问题的不同提问方式。之后再在文章中找出对应的段落。了解出题人的出题套路后，你就可以节省更多的时间。第二，扩充知识库。在答题过程中，如果并不知道一些诸如表达技巧的专业词汇，可以适当地翻阅已有的教参或者上网搜索。扩充知识库可以在学有余力的情况下进行，这可以帮助你在高一高二的时候提高考试成绩。第三，整理答题思路。将题目读懂并了解了出题人的套路后，你就需要思考如何将自己的知识转化为答题点。此外，很多阅读材料都是大家的名作，你可以换个角度，由做题者变为真正的鉴赏者，将其中优美的句子和深刻的哲理记录下来，作为自己的积累。

最后，要扩展视野。在高一高二时，最重要的是提高自己的语文素养。因而，我们平时应该多读一些自己感兴趣的书籍，培养自己的文学细胞，这有利于我们在高三时形成自己的语言风格。但是，我们不能仅仅一扫而过，应该将优美的句子记载在自己的积累本上。在作文练习中，我们可以有意去模仿作者的文风。由于现在高考越来越强调学生自己的思想，因此我们可以多看一些有哲理的书，记下自己有共鸣的观点，再看看作者是怎么去论述的，这样不仅可以提高文章的可读性，而且可以提高思想的深度。

磨砺之日——高考总复习时

高一高二时，我的语文成绩并不是很好。总结起来，还是因为自己不用心，没有花太多的时间在语文上。因而，进入高三之后，我越发地感到在语文学习上吃力。但是通过高三一年的复习，我的语文成绩提高了差不多15分。高考复习，最重要的是知识的整合，但是对于没有打好基础的我来说，高考复习还需要去提升积累才能提高复习效率。

总复习时，老师会将各种语文基础进行总结。但是因为这些知识点教参上都有，很多同学可能会忽视课堂上老师的讲授。其实在学习这些知识时，最重要的并不是枯燥地背，而是要理解，思考这些知识点之间的联系以及怎么去应用。老师的课堂则是我们提高这些能力最好的平台。课后，我习惯于用活页本将老师讲授的知识点分类整理并且不断地补充，构成自己的思维树状图，以便在做题时系统地调出相应的知识点。

高二时，尽管我已经感觉到了自己知识的薄弱，但是没有足够的时间来一步步地积累。因此，我采取了"对症下药"的方法来积累。

首先，每天两篇阅读的训练量。之后，我将高考模式简单化，将所有的答题都分解成三个方面：读题、知识点、将知识点转变为得分点。然后再准备一个随身携带的小本，用于每次考试之后的总结，将这次考试出错的原因细化到读题、知识点掌握或者答题方法上。如果是读题错误或者答题方法错误，我就选择将去年的模拟题看一遍，首先将考查主旨或者修辞类题目的问法总结出来，然后比较考查同一知识点的问法的差异性，之后再找它们对应答案的区别。如果是知识点掌握的问题，那么不需要去死记硬背，将相应的知识点和例子再反复看一遍，再回想一下当初做题时的思维模式，总结出需要注意的地方，记录在总复习的那个活页本上。了解自己的错误，才可以尽可能地避免再一次犯错。

由于高三时间比较紧，我也没有大块的时间用来提升阅读量。因此，我选择一些短文，利用下课或者午休的时间来阅读。高三时期，没有太多的时间来抄写优美的段落。因此，我携带两本自己最喜欢的书，将感兴趣的地方画出来，并经常翻看，不再购买更多的书籍。同时，我还与周围同学交换书本，看看他人画的好词好句以及做的评论。这样可以减少在总结上花的时间，更加节省自己的精力。

作文是我的一个大软肋，我经常写跑题，得分很低。特别是在近模拟考时，这个问题愈发严重，那时我特别焦虑，不知道如何去避免这个问题。我便拿着试卷去找语文老师分析，在老师帮我总结出问题后，不是等到下次考试再去规避这个问题，而是及时写出一篇文章，再去找老师分析。就这样，反反复复地改正，直到能将一篇作文写到较满意的程度。虽然这样做在短时间来看会花费很多的时间，但是对症下药、集中精力去解决一个问题，见效也很快。我将几次大考中的作文题按这个方法练习几次，基本上总揽了高考常考的几个题材，在这之后，跑题问题得到了很大的改善。在高考中，作文也得到了一个较为满意的成绩。

琢磨之力——高考前的练习

高考前，我的复习重点便集中在自己的两个知识点总结本、一个考试总结本和各套试题上面了。

我首先翻看了语文基础，然后将自己还不会的地方用彩色笔突出，以减少每次翻看知识点总结本的时间。整套的试题则被我用于回顾每次考试最容易出现问题的地方。考试总结本上记载我每次考试前后的心态以及考试后的总结，在每次考试前，我便翻看这个总结本，不仅写下自己的心态，还翻看之前的内容。看看在什么心态下，我的考试状态最好，便将心态调整到那个状态。

高考是心态和知识的较量。因而，在考试前，我们不仅要查漏补缺，而且需要不断调整自己的心态，以便在高考时发挥出自己的最优水平。

试金之石——高考之时

考试时，最重要的一个字是“稳”。坚信“人难我难，人易我易”。在做题过程中，不能大喜大悲。

高考前，我将自己置于这样一种心态。此时，我高考已经失误，是由于粗心等原因导致的，然后十分懊恼。但是这时如果还有重来的机会，那么我就应该规避这些问题，保证心态平稳，等等。利用这种心态，我常常能够冷静下来，以良好的心态去面对考试。

每年的高考都会在题型上有所创新。这时我们平常总结的题型和答题方式就要发挥作用了。首先我们将这些题型对应到做过的题目上；如果对应不上，便将这些题目对应到老师总结的知识点上；如果并不是考相应的知识点，我们便需要在这些题目中体现出自己的思想，而不是执意去对接高考某个知识点，真正将自己的思想体现在试卷上。

语文的确是需要积累的，而积累需要用心和技巧。做一个有心之人，熟能生巧、精益求精，通过平时的打磨，我相信各位同学都可以充分发挥自己的潜能。祝各位学弟学妹取得一个好成绩，实现自己的梦想。我在美丽的燕园等待你们！

姓　　名：义灿曼
毕业学校：中央民族大学附属中学
高考成绩：总分630　语文123　数学135　英语130
文综242
院　　系：北京大学法学院

因为喜爱

就如题目所说，英语是我最喜欢的一门科目。因为喜爱，所以专注；因为专注，所以精通。虽然用“精通”这个词显得有些大言不惭，因为跟很多优秀的同学相比，我的英语水平只是一般。但是相比我的其他几个科目，在英语方面我的确称得上“精通”。

一、日常生活中注意积累

平时，我很喜欢看电影、听歌，其中有不少都是英文的。这应该是学生中一个很普遍的爱好，但是有多少人能真正利用好这个爱好呢？在我看来，很多学生看英文电影，电影的情节是最重要的，是不是英文的无所谓，反正有字幕。听英文歌，只是听听音调而已，至于歌词在说什么也是毫不重要的。这本无可非议，但是对于英语学习者来说，电影与歌曲是一个无穷无尽的宝库，为身处中国的我们提供了直接接触西方文化的机会，而且不像直接阅读英文书籍那样艰深难懂，长的如电影不过两个小时，短的如歌曲，时间仅数分钟，娱乐性十足，信息量密集。

所以我看英文电影时，一般会在手边备一支笔和一个笔记本，看到或优美或生动的表达时，随时按下暂停键，进行记录。对于喜欢的英文歌曲，我会去查找它的歌词，学着自己唱。久而久之，就积累了很多地道的表达，不仅对写作有好处，还可以帮助理解阅读、完形，甚至对单选都有一定用处。我清晰地记得，在歌曲《Drift Away》中有两句歌词："So, my headphones were my constant companions. Around my neck they were constantly hanging." 这两句歌词不仅告诉我"好朋友""长久的伴侣"可以用"constant companion"来表述，还告诉我"耳机挂在脖子上"可以用"hang around the neck"来表示。如果在单选中考了这个介词，也不至于错选。

其实一开始，我看电影做笔记、听歌记歌词只是无意识的行为，看到表达得生动地道的语句就会情不自禁地想记下来欣赏。而且不只是看电影、记歌词，坐地铁时看见门上的"请勿倚靠"就会控制不住地想看看英文是怎么说的，看见商品上标着"NET"也会不由自主地翻字典查看是什么意思。如果同学们对英语并不是很喜爱，甚至是厌恶，不能自然地养成这个习惯，那可以"故意地"去做这件事。在生活中体验英语的趣味，不仅能丰富积累，提高英语的实际应用能力，还能培养你对英语的兴趣。

二、学习生活中把握方法

刚刚说了日常生活中如何加强积累，培养兴趣，现在就来说说学习生活中我是如何做的。

语法方面，虽然它很枯燥，但是非常重要，不仅体现在单项选择上，还能保证你在作文中写的句子不出错误，对完形、阅读也有一定的作用。每学完一课，一定要自己列一个框架，把每一个细小的知识点都串联起来，不至于遗忘。但我是一个很懒的人，不喜欢枯燥的东西，不愿意让这些无趣的事情削弱我对英语的喜爱，所以我基本上是三分靠语感，七分靠记忆。而语感这种看似虚无缥缈的东西又是从何而来的呢？一方面我是靠上文所说的日常中的积累，看电影或听歌。另一方面我会好好利用课文，因为英语课本中的每个 Unit 都是设计好的，突出体现一种语法，所以背诵课文中的经典句子，能够帮助你记忆、理解。考试时若实在记不住那些条条框框的东西，来一个典型的句子可能比什么都管用。另外，对于你做错的单选题，一定要重视。做题时出现错误肯定是有原因的，把典型的错题搜集起来，整理分类，在考试前翻一翻，便捷有效。

单词、短语方面，其重要性在完形、阅读与作文方面体现得特别突出。词汇量不够大，完形和阅读可能看不懂，写作文的时候会表达单一、贫乏。单词、短语，重在积累，但从何处积累，又怎样积累呢？

对我来说，单词、短语有三个主要的来源。

第一个来源是课文。课文中优美经典的句子很多，而且老师很熟悉。如果同学们在写作中能够化用课文的好句子，使用其中生动的短语，会被判卷老师第一眼发现，觉得你能举一反三，增加印象分。

第二个来源是试卷。而且必须是比较经典的试卷，如各省市高考试题、北京各区的模考题、期中期末题。这些经典卷子的题目肯定是经过千挑万选的，想必同学们做过不止一遍，老师也讲解过不止一次。所以对于这些经典卷子上重复出现的、有关键性作用的词汇语句必须予以重视，踏踏实实地积累下来。这些词汇语句不仅对理解完形、阅读有极大帮助，若在作文中灵活运用，也能达到跟运用课文好句子相同的效果。

同学们须注意，课文、经典试卷中出现的很多单词、短语都不止一个意思，但是应用在作文中时，我们最好只使用原文中的那个意思。记得有一次，我们在课堂上学习了 account for 这个短语，它在课文中是“解释、说明”的意思。但我查了下字典，发现还有很多其他意思，其中有一个是“（数量上、比例上）占”。于是，我在一次图表作文中美滋滋地用来描述图表的分布“……which accounts for 20% of the students”，但是大概因为老师长期以来接触的 account for 都是“解释、说明”的意思，所以一下子没反应过来，觉得我用错了，因此给了一个大红叉。我们运用这些好词好句的目的是为作文增添亮色，可不要弄巧成拙了。

第三个来源就是上文提到的日常生活中的积累。这些语句的词汇非常生动，具有生活气息，可以帮助你更好地理解西方文化。有的时候我们看不懂某篇阅读，觉得莫名其妙，不是因为我们词汇量不够大，而是因为对西方文化理解不够。但是一些日常积累下来的，特别是一些美剧、大片中的词汇、语句太口语化了，我们最好不要用到书面作文中去。

解决了从何处积累的问题，接下来就是如何积累。相信很多同学都有一个疑问，平时自己也积累了很多单词、短语，厚厚的本子记满了好几本，但一到考试就什么都想不起来了。积累这么多，有用吗？出于实用主义观点，要解决这个问题，同学们一定要带着目的去积累单词、短语和句子，在积累之前就想好将来该如何用它。我一般分两个类型来积累：一种是明白意思即可的；另外一种是须熟练运用的。

对于明白意思即可的单词、短语，我们的目的是在完形、阅读或者听力中遇见时能看懂其意思，扫除理解障碍。为了达到这个目的，每个单词、短语的多个意思我们要尽量记全，但每个意思该如何运用、例句是什么之类的都不用考虑。这些明白意思即可的单词、短语的特征是，在完形、阅读中出现的频率不是特别高。但出现一次就足以造成理解障碍，且在作文中用到的可能性比较小。例如形容词 square，我们通常知道的意思是“打平的，平局的”，但它还有“两清的，结清账的”等很多意思，作文中基本用不到，但是有时会出现在阅读中，若不认识的话，就会造成理解障碍。

对于须熟练运用的单词、短语，我们只须重点记忆最常用的那一种意思，并配合例句进行积累，而其他的意思可以适当忽略。而且如上文所说，我们必须带着目的去积累，事先就想好应该怎样运用。如，我看到一个词组，“保守的思维模式”，即“a conservative mindset”，瞬间就想到这可能在以“创新”为主题的开放性作文中用到，于是马上记了下来。后来，在老师布置我们写 2011 年北京高考的开放性作文时，果然用到了这个词。

在词汇积累方面，我还必须提醒同学们要用好一本工具书——词典。很多同学的英语词典高中三年下来还是崭新的，因为他们一直把它束之高阁，几乎没怎么用过。而我的词典，高一时买的，高二的时候就已经破旧不堪了。因为只要是学习英语，我去哪都带着它，随时翻阅。特别是词典上提供的例句，大多都非常优美，让我非常着迷，闲的时候我都会又看又记。

总之，在词汇、短语的积累方面，有这么几个要素：三个来源、两种类型、一本词典。如果同学们能利用好，英语水平定能有大的提高。

三、考试时善用技巧

想要在考试中取得理想的分数，扎扎实实的功底是最主要的，但临场发挥也有不小的影响。若是能善用考试技巧，争取好的临场发挥，便能在原基础上更上一层楼。

考试前 3 个小时，我一般只重点复习两个本子：一个是上文提到过的单选错题本，另一个就是词句积累本。翻翻错题本，把自己经常做错的题目重点看看，提醒自己不要再犯错。看看词句积累本，加深对好词好句的印象，争取在作文中用上几个。

考试前 5 分钟，监考老师会开始发卷子。这个时候，大多数同学都会先花 20 秒时间通览全卷，看看作文题目是什么，之后便开始阅读听力部分的题目。而我通读完卷子后，不会急着看听力题，而是马上开始做单选，一直做到听力正式开始，我才开始看题，一般这个时候，我的单选已经做了将近 10 道了。而听力刚开始时，读题会花很长时间，足够我将第一大题看完。到第二大题时，题目比较简单而且会重复两遍，在保证听力正确率的情况下，我会利用空余时间填卡、做单选。所以 20 分钟的听力结束后，我的单选也完成了，而且答题卡都涂好了。

之后便是完形填空。完形填空主要考的是对文章整体内容的理解，所以我会先快速把文章通读一遍，尽量不做题，只把最简单的几个空填上。于是，读完第一遍后，大致掌握了全文的意思，做了三四道题。然后再开始细致地读第二遍，边读边做题，将有中等难度的题做上，那些高难度题思考一下，发现有困难时，先跳过。读完第二遍后，大概会剩下三四个空没填。然后再根据这三四个空的具体位置细致分析，实在不会的就连蒙带猜。这种两遍半的阅读法既节省时间，又能提高正确率，屡试不爽。

最后是作文部分。像之前所说的，作文时，要尽量运用自己积累下来的好词好句。但是，若到了考场上由于紧张都忘了，怎么办？不用着急，眼前不就有大把的好词好句吗？是的，每篇卷子都会有完形填空、阅读理解，要是大脑实在一片空白，就把卷子往前翻，现学现卖，把完形、阅读中的词句化用在作文中，也是一个行之有效的急救方法。

说了这么多方法，看似有些教条，但是因为我心中充满了对英语的喜爱，所以每发现一个生词心中便会觉得惊喜万分，每积累一个句子心里也会为了它的优美而陶醉。学习，原本就不是一件痛苦的事情。因为喜爱，所以觉得一切付出都是值得的；也因为喜爱，所以就算高考英语有些失利也并没给我带来多大伤害。所以，我特别希望同学们能够真正培养起对英语的兴趣。毕竟，兴趣才是最好的老师。

姓　　名：张佳欣
毕业学校：陕西省西安市西北大学附属中学
高考成绩：总分647　语文126　数学142　英语144
文综235
院　　系：北京大学外国语学院

我的成长我的梦

——记学习文综的心得体会

刚上高中时我承受了很大的心理落差，也经历了很多次失败。不能说甘之如饴，但我想我的心态得到了很大改善，学习方法也改善不少，最终取得了满意的成绩，可以算是一只蜗牛。虽然没有鹰的羽翼，也一样看到了金字塔顶端的风景。对于高中三年的学习，我有以下心得，相信无论对学弟学妹还是将来的自己，都会有一定的借鉴意义。

首先，正确地自我定位。即清楚自己的强项和弱项，清楚自己学习的能力和水平。正确定位不仅可以帮助我们在文理分科时做出正确选择，而且可以有的放矢地提高成绩和综合水平，将自己的精力和时间都最大化地利用起来。比如说，物理是我的弱项，同时我很清楚自己的逻辑思维明显不如形象思维，加之我的数学底子不错，所以文理分科时毫不犹豫地选择了文科。再比如分科之后我明显感觉到地理是自己学习中的薄弱环节，因此投入大量的精力和时间在地理学习上，预习提高自信，复习巩固基础，做大量习题熟练考试技巧，坚持了一个月，使地理从此变成了我的强项。

其次，树立自信。我个人觉得这一点非常重要。我遇到过很多同学经常把“我不行”“我不是学习的料”挂在嘴边。其实无形之中给自己带来了非常糟糕的心理暗示。如果你认为自己不可能优秀，试问，你如何优秀？自信是一个人对自我的积极肯定，是作为一个个体立足社会的基石。自信源于成功的历练，成功的历练源于不断尝试。尝试更多，付诸更多行动，成功的概率才会不断加大，自信心便自然地树立起来，就连困难面前的自己也会强大不少。

除了这两点，还要克服惰性，持之以恒。读过高中的人恐怕都有这样的经历：翻开习题册，没有做的欲望，不知不觉陷入呆滞状态，十分钟甚至是两个小时，习题册还在同一页，目光也停留在之前的几行字。这种情况再正常不过，惰性，人皆有之。为此，我的建议是让自己彻底抛开课本十分钟，或听歌或聊天，用任何一种可以让自己放松的方式来使自己的精神重新振奋。因为学习效率是很重要的，不想学习的时候勉强自己学只会增添厌学情绪。当然，不可以太频繁，要知道，这个世界上千千万万本励志书概括起来只有一句话，那就是：“只要努力，就能成功”。努力学习是一件颇枯燥的事，我们必须掌握驾驭枯燥的本领，在学习中找到油然而生的乐趣，这样才能持之以恒地走下去，给崭新的每一天一个大大的拥抱。

有一句话叫做“经得起诱惑，耐得住寂寞”。这一点是我在高三一年最大的感悟。这个世界如此纷繁多彩！我上高中的时候，世界杯赛场上的帅气球星在召唤我，开心农场希望我每天都来“偷菜”，彩印杂志上的模特穿着当下最潮的服饰向我微笑。要知道，这一切都和我们无关，因为我们要学习。学习是一件神圣的事，只有心无旁骛地进入状态，才能真正地领悟到知识海洋的无边魅力。没有人不断地和自己发短信打电话，辛苦时也只能偶尔翻翻《读者》和《培根文选》，深夜时自习室只剩下我一个人还在奋笔疾书。寂寞吗？一点也不。如果心里不浮躁，我不会觉得孤单，只会更加坚定想要走好脚下的路，因为我知道自己最想要的是什么。

最后一点，从容淡定，心态端正。老实说，高一时我除了英语成绩拿得出手，其他成绩简直一塌糊涂。我有些焦躁也有些自卑，但一直坚持常常看一些笑话作为努力一天的奖励。我以未分班时倒数的成绩进了文科班。文科班的环境轻松很多，高二时我基本维持在前十名。我没有给自己太大的压力，但高二结束的暑假，一种危机感突然席卷而来。我没有害怕，只是默默地走进没有空调的自习室一天天地做习题。从高三的第一次模拟考试到高考，从偶尔得第一名到稳定在第一名再到后来拉开第二名很多分数，我的心态一直很端正。我不觉得第一就是尽头了，即便高考也一样不是尽头，只有不断地提升自己让自己更加优秀才是所谓的尽头，而“更加优秀”是没有止境的。所以高一考倒数和高三考第一对我来说都一样，我需要的都是坚持不懈，认真听好每一堂课，做好每一次笔记，认真对待每一道习题。

很多人都在批评中国的教育制度。但在我眼里，我很感谢高考制度。我们国家有这么庞大的人口数量，很多孩子可能都像我一样家庭条件不优越，缺乏所谓的背景和关系网，还有许多渴望走出大山的农村孩子。对于我们来说，高考再公平不过。高考考查的不只是做了多少习题、懂了多少知识，更重要的是考验了我们的毅力和心志，考验我们是否具备直面现实的勇气和内心对梦想渴望的纯度。我从小就渴望有一天可以背起行囊赶赴京城。在未名湖畔看书写字，这个画面一直在激励我要勇敢，无论多么辛苦多么难以坚持都要咬咬牙挺过去；无论离“革命成功”还有多远的距离，都要走一步，再走一步；无论面对的是失意还是奖励都要不卑不亢，勇敢地走下去。因为学习是我的信仰，考上最棒的大学是我的理想，信仰与理想是不容许我在困难、寂寞和诱惑面前低头的。我相信你们一定懂，当信念无比强大时，一定会少走很多弯路，脚下踩出的路一定会是一条通往彼岸的华美直线。

下面，我介绍一下各科学习的具体经验。

作为一名文科生，分值 300 分的文科综合卷自然是重头戏。

高二以后遇到的第一个障碍是地理。六位任课老师中只有地理老师是我不熟悉的，所以有些紧张。第一次地理课堂测验，全班有20多个同学是85分以上，而我是84分，心里当然有些失落，但是并不明显，因为觉得这只是一次小测验而已。然而，一下课，我就被老师叫到了办公室。我战战兢兢地站在地理老师面前，不知道该怎么解释。她问我的第一句话让我深感意外："听说，你每天9点半就睡了？"我一边急速地在大脑中搜索着会是谁这么介绍我，一边怯怯地回答说高二开始已经推迟到10点睡了。出乎我意料的是，老师并没有帮我分析试卷或者问我为什么没考好，而是安慰我说"不要紧"之类，还要我给她提意见，让我很是摸不着头脑。还好，后来的几次测验和考试中，我的地理成绩一直在提升，同时对地理的兴趣也越来越浓厚，每天都会在固定的时间捧着地图册看15分钟。当然后来有一段时间对人文地理不怎么感冒，选择题老是摸不清出题者的意图，以至于每次选择题都会错很多，到了高三第二学期才有了改观。

政治的学习和考试的挂钩程度并不高。有人说，一个好的政治老师可以让你在课堂上跟着老师的思维遨游，课下再看课本时所有的问题都能迎刃而解。高中政治课学习的内容其实并不难，关键是要有兴趣才不会觉得枯燥，才能够坚持下来。关于政治、法律、文化生活这些模块，只要扎扎实实地听讲、做作业，有额外精力的话再找一些题目来做，都不会有太大的问题。哲学模块难度比较大，在记忆的同时还需要有更深刻的思考和理解。有时候刚刚接触一个概念，理解起来难度很大，这就需要反复咀嚼，用潜意识去思考，不断地想，利用走路、吃饭和一些零碎的时间来思考，回过头来再看真的会容易很多。

历史是一门难度很大的学科。也许是在学习过程中有些"轻敌"，高考时历史选择题错了很多，总体成绩拉低了不少。历史这门学科对自身的积淀要求比较高。我本身因为历史知识并不深厚，只是偶尔读一些短小的历史故事，很多时候做历史题我也就当作是读故事一样来做，也为学习历史增添了不少乐趣。阅读那些古人说过的话和现代人对过去的描摹，着实是一件享受的事情。不过经常做错选择题或大题答不到点上的时候，就不觉得享受了。这时候可以多多“参考”参考答案，从答案中寻找出题人的套路。题见多了，自然也就将出题人的思路摸索得很清楚。而对于一些知识性的细节题目，大多数会在选择题里出现，一方面是要多积累，如果没有时间，多积累一些错题也是好的，有时间的话，可以发扬钉子精神，去刨根问底，一个小细节有时候也可以带出更多更深的问题。历史学习就是这样一个循序渐进的过程。

地理、政治、历史三门学科也许并不难，但是在两个半小时之内完成一份 300 分分值的试卷确实不容易。首先题量就是一个大问题。练习速度的方法有二：第一，模拟训练，每天根据自己的情况给自己规定一个时间去完成一份模拟试卷，并不断加快训练频率缩短训练时间；第二，根据课堂笔记和错题归纳自己的笔记本和错题本，把书本上的知识反复咀嚼变成自己的知识并加强记忆。我相信，只要坚持，一定会有事半功倍的效果。

我们的一生要经历很多，痛苦、悲伤、失意、幸福、快乐、喜从天降，机会、挑战、选择、成功、失败。命运是一支握在自己手里的股票，涨停板和跌破发行价都不算什么，重要的是你持有自己的命运就必须爱自己，无论发生什么都要对自己负责，不抛弃，不放弃。一百年前鲁迅先生写道：什么是路？就是从没路的地方践踏出来的，从只有荆棘的地方开辟出来的。父母也从小教育我，生命的意义在于奋斗。每个人都会死，但不是每个人都真正活过。我相信知识无论如何都是有用的，知识给我们的不仅是武装还有力量，踏平前路的力量。

大学时光已经过去一年多，穿越到那些年的高中，依旧有很多感慨。我始终认为自己是幸运的，因为努力过，所以没有遗憾。上了大学以后会很想念那些简单而快乐的时光，也很羡慕那时候单纯而用功的自己，因为有理想，有梦，连烦恼都是幸福的。其实并不是所有的付出都会有回报，但是对于高中的学习，对于高考，我想一定是有付出就有回报。要自信，每天都给自己一个大大的微笑，每天都好好加油，一定会有一个满意的答案和美好的未来。

姓　　名：张文杰
高考年份：2011年
毕业学校：湖北省仙桃市仙桃中学
高考成绩：总分671　语文131　数学134　英语129　理综277
院　　系：北京大学医学院

再插高考之柳

高考可谓是年少时期的波澜壮阔，然而即便是经历一场惊涛骇浪，终躲不过时间熨平一切的手掌，在岁余之后回首那些年的斗志昂扬，也不过是潇洒走一回，难得只剩下风平浪静。作为一个已经大三的学生，谈起高考已不再是感慨万千，太多的细节已滤过记忆的筛子，那些剩下的斑斑记忆大概可以称得上经历之后的冷静了。虽然已走出高考的战场，俨然局外人的视角，却非冷眼旁观，闭目凝神，细细念想，仍不能忘记当年的意气风发，在岁月里留下的坚定而厚实的脚步仍能打动如今的自己。

对每一个经历过高考的人而言，或多或少都有一些遗憾的意味，只能是全力以赴而不能说淋漓尽致。作为理科生的我，遗憾的是理综与英语，无憾的是语文。在此与大家分享一下我对语文学习的感悟和体会，愿插柳以成荫，对大家有所裨益。

语文并非我的强项，但在各个科目中算是最有体会的一门。而且对于理科生来说，语文可以算是拉大分数差距的必杀技。同数理化等科目比较，理科科目重在练，且做题方法和解题思路往往有套路可循，因此题海战术相当有效且效果显著。语文则不同，语文重在积累和体会，积累不仅在于量更要有时间，因此在短期内想要有很明显的提高相对困难。所以，想要在语文上取得突破就要注重平常一点一滴的积累，当然，这种积累也是有方法和技巧可循的。下面就基础知识、诗词鉴赏、阅读理解、作文等几大板块进行详细的介绍。

由于已与高中的学习模式脱轨两年多，对于细节性和知识性的东西不多叙述，相信大家比我更加了解，因此主要做方法上的介绍。

1. 基础知识

基础知识主要包括字音、字形、标点符号、病句等。

这些是最容易拿分也最容易失分的板块。容易在于这些知识点都是比较死的，知道就是知道，即便不知道也可以通过排除法来进行选择判断。而困难之处则在于知识点的繁杂，复习起来难以面面俱到，且人的记忆能力有限，难以做到完全掌握。

因此这就要求我们善于积累，即有目的性有方向性的积累。

（1）分类整理：字音、字形分别作为一大类。字音中对于生僻字、易错字、一字多音（如辟 bì / pì）等再进行分类整理。类似的字形中对于生僻字、易错字、同义不同形的词（如老羞成怒和恼羞成怒）、读音相似意思相近的词（如粗具规模和初具规模、势不两立和誓不两立）等再进行分类整理。当然这只是我个人的整理方式，大家也可以按照自己的方法进行整理，只要最终达到积累的效果都是好的。

（2）规律把握：久经考场，大家会逐渐发现一些字音字形的曝光率相当高。因此，对于一些常考字词要做到烂熟于心。这对提高做题速度和准确度以及排除法的运用都有相当的作用。这些可以通过平常的考试以及做题有一个初步的把握。一些学习资料中也有这方面的总结，大家也可以进行参考。我个人建议将资料中的内容整合到自己所整理的内容中，这样不仅方便记忆而且在整合的过程中也可以强化记忆。

（3）知识转化：整理只是一个将知识系统归类打包的过程，最重要的还是将这些转化为自己的东西，才能在考场上做到胸有成竹临考不乱。

字音方面重在读，经常读会形成语感（其实就是猜字音的能力）。对于不正确的读音，读来会觉得很拗口，对于一些不认识的字，有时可以根据字形与发音的关系猜出读音。

字形方面重在看，当然主要看正确的写法，这样会产生视觉印象。有时候一些词你可能无法写出它的正确写法，但是你可以判断错误的写法。

标点符号和病句相比字音、字形更具规律性。掌握一些标点符号的主要用法和一些主要的病句类型即可，这在许多学习资料中都有专题整理。

2. 诗词鉴赏与阅读理解

诗词鉴赏中最常出现的题型主要是意境的分析、手法的运用和情感的表达。

可以对所有的表达方式、表现手法做一个总结，到时候对号入座即可。如抒情方式有借景抒情、寄情于景、借古讽今、托物言志等；表现手法有渲染、烘托、白描、虚实结合等；修辞手法有对偶、比喻、拟人、借代、夸张、排比、对比、反复、设问等；表达的感情有忧国忧民、建功报国、思乡怀人、生活杂感等方面。这里只做简单的举例，具体的手法等在一些资料中都有总结。此外，对一些诗人词人的诗词风格要有一个大致的了解。

阅读理解方面，答题时要注意联系上下文进行分析，特别是句子含义的理解。对于文风和表达方式也可以做相应的总结。

3. 作文

对于一部分同学来说，作文可能是一个比较头痛的板块。一愁无事可写无话可说；二愁考试结束在即却尚未结尾；三愁跑题偏题白费笔墨。

考试中，作文完全空白的可能性比较小，对于一个话题或多或少有一些观点和看法。但考场作文写不完或仓促结尾的情况则不罕见。因此保证做题速度为作文留下足够时间是非常重要的。一般需要留一个小时的时间进行写作，最少不能短于45分钟。在考试中，我一般在试卷发下来后就立即看作文题，然后再答前面的题，这样在答题的过程中有时会有一些写作灵感。不过这种方式可能对前面的答题有干扰，大家可以结合自己的情况进行试验。对于时间不够而无法完成作文的情况，一定要注意及时结尾，也许内容不够充实但至少已经是完整的文章。

作文内容方面，由于考试时间的限制，我们不可能做到字斟句酌，字字锤炼，但又要提高作文质量和丰富文学内涵，这就需要我们平时注意积累。除了素材和句段的积累，还要灵活运用所积累的东西。

（1）素材积累：除了一些经典素材，更应该注重时事材料的积累。那些经典的事例已经被用过太多次，很难吸引人或让人对文章本身产生好感，因此及时摄入新鲜素材是非常必要的。素材可以从一些书刊中获得，例如《读者》《青年文摘》等，此外还有一些对素材进行专门整理分类的读物也可以借鉴。素材积累方面，不需要完全按照原文进行背诵记忆，只需要对整体的事件有一个大致了解，然后用自己的语言进行复述并写下来。此外，还可以对同一个素材进行多角度的分析从而达到一个素材适用多个话题的效果。这样在写作时就能够做到信手拈来，发挥自如了。

（2）句段运用：平常阅读书刊以及听歌都能够发现一些意境描写非常优美或者情感表达相当贴切的句段，可以摘抄下来在作文中加以运用，有些句子可以直接在作文中使用，有些则可以经过修改之后再运用。这里，我以自己曾经修改的一个段落为例。

原文：我们是宁为玉碎的少年，走失在这个相约瓦全的世界。青春是一座哥特式建筑，胎死腹中的理想和咄咄逼人的现实做尖顶；凶猛为横空出世的飞扶壁；沉默和绝望构成了十字形教堂；爱情是绚丽而遥远的玫瑰窗，看上去很美，实际上它很冰冷。它建得如此之高是便于堕落得更加彻底。

这是一段有关青春的文字，辞藻可谓十分华丽，但却多少带有一种消极的色彩。但这并不影响我们对它的运用，只需对文字稍作修改即可。

修改后：我们是宁为玉碎的少年，为着我们的理想徜徉于这相约瓦全的世界，秀着我们亮丽的青春。青春是一座哥特式建筑，无论是横空出世的飞扶壁还是绚丽的玫瑰窗，无不渗透着华贵与壮阔。金色的琉璃和绚丽的灯盏使得我们的青春在一切试图掩盖的悬浮尘埃中越发熠熠生辉。而那精美的浮雕、梦幻的壁画和那深邃悠长的乐音则是它价值的直接体现。

修改之后的文字主体仍为原文中的内容，只是对一些修饰词进行了改动，所表达的情感就不同了。

（3）引用：想要文章出彩有亮点，语言十分关键。除了前面所说的句段的运用，还有名人名言以及诗词的引用。以一句恰到好处的名人名言作为题记或在开篇结尾点明主题都是加分点。此外，表达同样的感情或者对于情景的描写，用名言或诗词代替自己的表述也有助于增加文章的文学内涵。

引用方面，你可以选择“散”，也可以选择“专”。

所谓“散”，即广泛地积累吸收。对各方面的名言以及诗句都进行整理背诵并在适当的地方加以运用，这应该是大多数人所采用的方式，也是最实用的方式。

所谓“专”，则是限于一两本书的引用。一本书的信息含量往往是非常丰富的，将一本书看懂看透，你会发现，在作文中不论是素材还是句段都可以加以引用。《红楼梦》就是一个很好的例子，其中的诗词多且精，对于人物性格的表现以及思想的传达都有很高的借鉴价值。

这种方法相对前一种要简单，但对于灵活运用的能力要求更高。

对于高中语文的印象大概就这么多了，这应该是各个科目中残留的记忆最多的一门了吧。语文虽然是一门灵活性很强的科目，但无论是内容还是答题技巧方面仍是有规律可循的，关键就在于积累和运用。除此之外还有一些 little tips：

工整的字迹是吸引老师眼球的第一步，即便不能做到写字有体，但至少要做到工整；答题注意关键词，尤其在文言文翻译和表达方式、表现手法等题目中；注意关注时事，尤其是 3 月份前后的新闻，很有可能是出题的热点。

时间虽然可以让人丢失很多，但也可以让人积累很多。今天的你也许看不到昨天所做的积累的价值，但顺利答完考卷自信满满地走出考场的你会感叹你所做的一切努力！“仰天大笑出门去，我辈岂是蓬蒿人！”为了明天可以如此自信的你，fighting！

高考是一场没有硝烟的战争，多少人为了自己的梦想历尽艰辛，挑灯夜战，寒窗十余载，只求一跃龙门，寻得一方培育自己更为远大的理想的沃土。但高考终究只是通往成功的万千道路中的一条，不管结果如何，只求问心无愧。不染沙场风尘，终究只能轻飘飘地走这一遭；不在波澜中挣扎一番，又怎会感叹岁月的静好。单历一场风平浪静，回首只剩空旷；愿闯青春洪流，惊鸿一瞥，愕然之余，更多的该是无憾了。

既然选择了远方，便只顾风雨兼程！

姓　　名：张雪健
毕业学校：安徽省明光中学
高考成绩：总分635　英语150
院　　系：北京大学历史系

“英语满分”是怎样得来的

高中的英语学习是人一生中英语学习最重要的阶段之一，英语也是高考的关键科目，无论是老师、家长还是我们学生自己都给予了足够的重视。如何学好英语，如何攻克高考英语，我的经验是各个击破。

各个击破，顾名思义，就是把英语试卷分解为几个部分，化整为零，分别解决。要有良好的学习效果，第一步“分解”十分关键。大家都知道，英语考试试题基本上分为如下几个部分：听力、单项选择、完形填空、阅读理解和作文。这是试题显示出来的表象，隐藏在背后的几个关键知识点便是语法、词汇的运用。我们必须找到薄弱点，稳定擅长点，解决危险点。以下就是我对各个部分的经验和总结。

一、听力

听力是一个要求长期努力的部分，很难在短时间内一蹴而就。因此我建议对英语听力做长期准备，在日常学习和生活中注意点滴积累。我的经验就是如此。从初中起，我便每天坚持起床之后立刻打开新概念英语，在洗漱和吃早餐的时候新概念的课文就一直萦绕在耳边。长此以往，我发现听到一句便能自然地顺出下一句。这对于语感的培养十分关键，也让我受益至今。其实我们要做的并不是心无旁骛地听录音里的人说了什么，有什么高深的用法，只需要在不经意间接收一些英语的词章。潜移默化的力量是无穷的，我们应当加以应用。

除了日常生活中的潜移默化，适度的针对性训练也是攻克听力所必须的。关于这一点，我认为利用好高考真题和模拟题中的听力部分就已经足够。专门的听力训练并没有必要，因为现在市场上所见的大部分听力训练教程都是有体系、由浅至深的系统练习，与高考应试的模式有很大不同。另外，许多同学在利用高考真题和模拟卷时往往放弃听力部分不做，也造成了极大的浪费。其实只要认真做完高考真题和一部分模拟卷，听力水平就会有很大的提高。

二、单项选择

单选题是英语考试中最经典的题型之一，对于英语能力考查的重点也很明确，即语法。语法是攻克单选题必过的难关，包括词法、句法和习惯搭配，都是我们必须掌握的内容。单选题的正确率和我们的语法能力息息相关，而短期提高正确率在一定意义上是可能的。以我的经验，大量的针对性练习便是短期内提高单选正确率的不二法门。

高一时我遭遇过单选题上的“高原现象”，正确率长期徘徊在60%左右。为此我找到一本专门的高考语法训练册，逐页练习，在半个月内做完整本书，再下手做单选题，立刻感觉有了明显的变化，无论是自信心还是正确率都有了极大的提升。“题海战术”在大多数情况下都是不被提倡的，但在攻克单选题上还是值得尝试的。

三、完形填空

单选题之后便是完形填空。完形填空是一个综合性很强的考查部分，涉及语法、用法、交际、理解等各方面内容。同时，完形填空又是相对容易的一个部分，尽管被抠去了接近一半的内容，完形填空中的文章大意我们还是能在看第一遍时读懂的。当看到完形填空时，第一步要做的便是通览全篇文章，弄清大意和主旨，同时找到有把握的几个小题，先做选择，为自己垫一个底。接下来要做的便是结合上下文，专心攻克剩下的疑难点，这就要求我们进行第二遍阅读。一般来说，第二遍阅读之后我们就能攻克四分之三以上的小题，基本上能够拿到应得的分数。为了更加完美，我们一般会进行第三次阅读。这一遍是攻坚战，遗留下来的小题必定是我们无法把握的重难点，这时我们应当凭借语感，选定最有把握的答案。这些小题的正确与否并不十分重要，进行第三次阅读的真正目的在于通过一次从头到尾的阅读来检查之前选定的答案，看填空完毕的文章前后是否通顺。

四、阅读理解

阅读理解是高考试卷中所占比例最大的考查项目，也是老师在高考复习中着重讲解的内容。攻克阅读理解，我们需要两项基本技能：能力和技巧。

阅读能力的培养是一个长期的过程，非一朝一夕之功。我们应当把生活和学习中所见的一切英文材料都当作阅读理解。其中尤为关键的便是我们学习过程中最常见的英语课文。很多同学在学完新课后就没有看过英语课文，这是十分可惜的。英语课文集结了最经典的句型、用法和语法知识点，是高考考查内容的绝佳展现。阅读英语课文，我们能够收获最纯正的阅读体验，为考试中的阅读理解做充分的准备。

阅读技巧在考试中十分关键。考试是一项短时间内的竞技比赛，只有拥有良好的技巧才能在比赛中获胜。阅读理解部分是英语考试中耗时最多的部分，因此良好的阅读技巧首先要求我们养成速读的习惯。看到阅读理解试题后，我们首先要做的便是通览全文，对文章内容有个大概的了解；之后便应当从文章后面的试题入手，阅读题干的内容，迅速找到文章中的对应部分，再联系上下文，做出选择。

五、作文

作文是语文和英语考试共有的部分，但二者有很大不同，我们必须明确二者的区别。语文考试中的作文考查的是考生对汉语词章的把握和综合运用能力，无疑要求较高。英语考试的作文则不同，它更偏向于应用性质，对词章基本不做要求，至少要求很低。英语作文考查的是对英语这门语言的基本运用，语句通顺、逻辑清楚、没有重大语法错误即可。

明确了英语作文的特点，我们就要着手做有针对性的准备。首先，我们应当克服对英语作文的畏惧感和厌恶情绪。要知道英语考试中的作文部分是最容易得分的，即使文章不够好，也能得到一个及格以上的分数。其次，我们应当在平时多加练习，认真完成高考真题和模拟题中的作文，写完后请老师或同学批改，再利用好高考试题的标准答案，对照作文范文，学习其中的精妙之处，弥补自己的不足。再次，为了应试的需要，我推荐大家背诵一些经典的表达句型和用法，学习一些常见的文章结构，在考试中尽量运用，写出出彩的作文。

六、单词

词汇量不是高考英语成绩的决定性因素，却是十分关键的能力维度，多记单词终归不是坏事。识记单词是一件耗费精力的事，我们要做的就是坚持坚持再坚持。许多同学抱怨不能坚持背单词，总是半途而废，最后唯一能记住的单词便是“abandon（放弃）”。为了解决这一问题，我的建议是打破常规的记忆模式，通过乱序记忆和分组记忆战胜懒惰。具体应用上，我的经验便是从一本单词书的中间开始背，先向后背两章，再向前背两章，之后随意选择，把整本书背透。分组记忆上，我习惯以 20 个单词为一组，分而背之。与一次性背诵上百个单词相比，这样的背诵方法显然更加高效。

七、时间分配、临场技巧及其他

英语学习占了我们高中学习时间很大的一部分，做好时间的分配才能获得最高的效率。我认为，大块时间和小块时间的合理分配十分重要。大块时间指的是一小时以上的自习时间和业余在家的时间；小块时间指的是课间、课后的零散时间。大块时间适合做完整的模拟卷或真题，小块时间则适合背单词或做练习题。这些时间如果能够有效地利用，英语学习就会事半功倍。

临场技巧方面，我认为最重要的是考试心态。心态正确，则心平气和，游刃有余；心态不稳，则事倍功半，功亏一篑。为了稳定心态，我习惯于开考之前做几次深呼吸，拿到试卷后则习惯于先通览全卷，了解基本内容，稳定自己的紧张情绪。考试过程中我习惯先做有把握的题，再攻克难度较大的题。考试时间也很重要，手表是分配考试时间的好帮手。另外，考试结束后的心态问题也不容小视。我不喜欢和同学对答案，那样只会徒增不安。我喜欢考完一门就彻底放下，心无旁骛地准备下一场，或者是做一些自己喜欢的事。考试并不是我们生活的全部，也不是我们的唯一目标，这个态度必须端正。

我的座右铭是“敬、谨、静”。“敬”指的是尊重知识、尊敬师长，以敬天爱人之心为学；“谨”指的是严谨有度，认真不苟；“静”指的是生活平和、谦卑有礼。这三个字指引我度过了平静而有收获的三年，与君共勉。

姓　　名：司雨萌
毕业学校：宁夏贺兰县逸辉基金回民中学
高考成绩：总分611　文综245
院　　系：北京大学外国语学院法语系

文综不仅仅是背诵

不知不觉在北大已经度过了一年多的时光，这所古老的园子，虽然不完美，但是那湖、那塔、那些人都让人珍惜。

高三，有过迷惘，有过付出，也有最终考场上的超常发挥。无论如何，走进这里都是我的幸运。所以，在这里我想将自己的一些经验与学弟学妹们分享。如果我的经验能够让你们得到启发，有朝一日走进这所园了，一同畅游在知识的海洋中，那该多好！

因为一直以来我的学习自主性比较强，所以我的高三主要是在自学之中度过的，很多时间都是在家里自习，花在学习上的时间没有在学校上课的同学长。但是，我觉得自己的计划性使得所做的每一件事每一道题都有价值。重视效率不搞疲劳战术是我的目标，我也做到了，而大部分的同学都不会有这么长的自学时间，所以接下来我的方法可以看作是提高效率的建议。

说起高三的备考，我最想说的就是文综，因为这一门课程是我付出最多，收获也最多的。接下来我就从三个方面来说一说最高效的备考：考纲、习题和临场发挥。

首先是考纲。在高三开始时我买了两本书，分别是《通往北大的捷径》和《揭秘高考黑匣子——从北京四中到北大清华》。前者重点讲述了考纲在备考中的重要性，看完之后我就着手利用考纲。

对于文综这个科目而言，考纲的使用方法非常明确：所有需要背诵的知识点都以大纲的形式列出来。到了高三上半学期，几乎所有的课程都开始进入一轮复习，我们需要做的就是整理出必考的知识点，然后将它们背熟，这样其实就已经掌握了绝大部分的考试内容。那么具体如何使用考纲呢？我的使用方法是这样的。

一、通读考纲

熟悉考纲的内容，也检查一下自己有多少没有掌握的知识点。第一遍看的时候应该是大部分都忘记了，但不要担心。

二、整理

考纲上的知识点大部分都能在书上找到对应的内容，可是有的需要在课外书上寻找，老师有时也会进行某些内容的补充。如果仅仅对着书本背诵既不够高效又需要到处翻资料，这样的高三岂不是很没有条理吗？所以我们需要对考纲进行整理：1. 买一本（每一科）自己喜欢的本子，要稍微厚一些，足够整理三四本书。2. 准备三种不同颜色的笔。建议黑笔用来整理正文部分，蓝笔用来写目录和小标题（也就是考纲上面列出来的项目），注意点和易错点用红笔或其他自己喜欢的颜色来标注。3. 开始整理。对照考纲，以书为重点找对应的内容，用不同的项目序号进行标注，使层次条理清晰。4. 将做题中遇到的重点不断添加到整理本中。整理是一项非常耗费时间的工作，但是因为仅仅需要抄写不需要思考所以什么时候都可以做。之前说过我主要是在家自学，所以有足够的时间做这项工作。那么在学校的同学怎么办呢？我上课的时候都是一边翻开老师正在讲的习题或者书，一边将书上的内容对照着考纲进行整理，既可以听课，又可以整理出真正需要背诵的内容。

三、背诵

这是一个简单枯燥的过程，但也是文科生的基本功，所以只要花时间用心记就好了。最后需要达到什么样的程度呢？高考前应该在脑海里面形成目录列表一样的东西：第一级是书的名称；第二级是每本书各章节的名称；第三级是每章节考纲列出的项目；第四级是每一项具体对应的内容。最好能够不用任何提醒就可以从头到尾地将所有内容说出来。将考纲烂熟于心，高考便没有什么可担心的了。

四、习题

我喜欢做题，但并不是什么题都做。学校发的练习册并不都适合我，所以对于作业我只是有选择性地完成，选择题在文综试卷中最能拉分，只要有题目我都练习，而普通练习册中的大题本身的答案就不完善。我做的时候基本上都是看一下题，将自己能够想到的知识点用几个字简写罗列上去，然后翻答案，看一下有没有未想到的点，用红笔补充。如果觉得题日的角度比较新或者对自己的意义比较大那就进行整理或者总结。对我来说每一道题需要花费的时间非常短，一是因为做过的题比较多，二是因为我认为能够让题目发挥更大作用的过程是重复练习。当 10 道题里面错过的 4 道题都做了 3 遍以上，记住对应的答案时见到相应的题就不用再思考，那么做题的速度就大大提高了。不过在这些题上面花费的时间不宜过多，重点还是接下来要说到的最有价值的题。

高考真题和当年的真模拟题。为什么都强调一个“真”字？因为这些都是学校的老师用来检测学生复习程度的，而这之外的练习册上面的题没有针对性。所以如果要自己买习题的话就尽量买真题和模拟题。时间多的同学可以买三到五年的高考真题，时间少的同学至少也要买一年的。而模拟题，一定要是真正被用作学校考试的，根据自己时间的多少来购买。然后就是最重要的，是这些题目的使用方法。

做真题。先做最近几年的高考题，最新一年的尽量留到高考前一个月用来自我检测，因为最新最有真实感。如果时间不多的话怎么做呢？很简单，选择题前后其实没有什么连贯性，所以说就算是有一分钟的零散时间也可以拿出试卷做两道；大题并不要求将自己所想到的全部内容一字不差地写上去，尽量像我之前说的用一些精练的语言罗列上去。我自己的经验是，一开始我做一整张文综试卷花费 1 个小时 10 分钟，自己用的纸大概写三面，大概能够拿到 200 分；经过一段时间的练习和订正总结，做一张文综卷子的时间减少到了 50 分钟，用纸一面半，而得分变成了 230 分左右（我本身做题速度比较快，大部分同学的练习目标是 1 个小时 30 分钟就好）。做上至少 20 套真题试卷之后基本上就知道高考题的难度并且基本能够找到做题的感觉，这个时候就可以进入下一个阶段。

整理。纯粹地做题找出自己不会的地方并没有多大意义，所以说进行整理是使题目发挥真正作用的方法。我当时是这样利用高考题目的：用一个整理本（单独整理题目的），将做错的高考题按年份和省份进行分类整理。其中，地理的细节知识点比较多，选择题里出现的就一句一句地分条整理，大题里面的就整体记忆；历史几乎都是自己记忆的问题，所以整理的时候注重那些常考但是自己记忆不清的时间点和事件就行，部分典型大题的答题套路也是记忆重点；政治大题几乎没有什么区分度，重要的是审清题目要求，用题目所给的知识点范围来答题，而选择题常出现一些平时不引人注意的容易混淆视线的知识点。比如说“公有制是社会主义市场经济的重要组成部分”，这个知识点中“市场”两个字常常被去掉，乍一看是没有问题的，但是做过整理并且记忆了之后再做含有这句话的题目时就可以在一瞬间发现陷阱之所在。文综的真题整理是为了熟悉参考答案的风格和范围，并且进行相关的记忆以使用更少的时间来做出更多的题目，得到更高的分数。

模拟题。做了一定数量的真题并且进行了扎实的背诵之后，就可以做大量的习题来提高做题的速度和对不同类型的题目进行了解了。一定要尽可能地快，时间主要省在大题的具体陈述上，可以的话理清逻辑就够了，在 1 小时 30 分钟以内（或者更短，结合个人情况）做完试卷，然后结合答案进行修改，找到自己的知识漏洞。如果有觉得比较值得借鉴的知识点就进行整理，如果只是自己记忆的问题就翻书重新进行相关知识点的复习。这个过程重复得越多，自己的知识点漏洞就越少，当终于减少到做完整张试卷非常顺畅的时候，就可以进行下一步了。

真题检测。这个阶段开始时，可能距离高考只剩下一个月或者更少时间了，这个时候心态比复习程度可能还要重要。我自己的经验是不论模拟考试成绩怎么样，是进步还是退步，都要在心底清楚自己的水平。成绩好了问一下自己是不是有运气的因素，成绩差了则要坚信自己的努力使自己掌握了更多的知识，自己还是有进步的。这个时候要开始用最近一年的高考题目来进行自我检测。虽然有一部分题目在平时的练习中都见过，但是也需要经常抽出整块的时间来进行像真正考试一样的检测（对于自己订正出的分数可以不用太在意），然后熟悉一下考试的状态和时间分配。当然，不断地背诵也是不可忽视的。尽量做到至少一周正式检测一次，并且对照参考答案认真订正，这样高考时就会更加放松。

五、临场发挥

我的文综考了 245 分，几乎接近平时练习中 80 多份卷子里的最高分，而且试卷的难度还高了不少。这样的成绩与实力和运气有关，也和心态有关。真正到了高考的时候，答题就不能像之前那样随便了，所以说时间的分配肯定不如平时从容。我建议：选择题分值大并且容易拉开差距，所以审题速度一定要放慢，一边做题一边回忆自己练习时遇到的类似题目或者是练习那个科目的题时的答题要点。有不确定的题目先凭第一感觉和相关知识做出选择，然后做出标记，先放在一边。大题在答之前也是要仔细审题，看用的是哪一部分的相关知识点，不论时间充足与否都要尽量先在纸上或者脑海里面理清要写出来的知识点的逻辑关系，分点表达。如果遇到了不会的知识点，处理方法和选择题差不多，如果实在没有任何印象就先放一下，说不定绕开一会儿就会有思路了。所有的题目以这样的方法做完之后（做题之前要对自己的时间进行预算，至少要留出半个小时进行最后的收尾），就可以从头看试卷了。选择题如果没有确切的把握不要改动，往往第一感觉更加准确，当然如果想起来刚才被自己忘记的知识点也可以做出修改；大题则将自己会背诵的所有相关的知识点以尽量美观的形式写到试卷上，没有背诵过的知识点就根据平时做的多份试卷的答题感觉，用自己的语言组织出和标准答案风格相像的话语。总之，尽量让卷面没有空白的地方，但是又不显得乱和拥挤（用序号和空格体现）。经过之前的训练，在考场上写得越多命中得分点的概率就越大。如果时间不够用，则先把自己觉得接近正确答案的知识写到卷面上。最重要的一点：相信自己，这么久的努力不会白费，题目简单或难，大家都是一样的，只需要做好自己。

我在文综上面花费了最多的时间，但是也收获了最多的成果，所以我将自己的具体方法写出来，希望能对正在备考中的学弟学妹有所帮助。

姓　　名：谭东方

毕业学校：湖北省恩施州巴东县第一高级中学

高考成绩：总分643　语文114　数学143　英语137

文综239　少数民族加分10

院　　系：北京大学新闻与传播学院

蛮干加巧干

——学习文综的法宝

相信很多高中都流传着一句话——“得文综者得天下”，描述的就是文综这门课程对一个文科高考生的重要性。

湖北地区的文综占300分，相当于语文和数学加起来的总和，这是从理论上来说。而实际上，在高考所涉及的六门科目中，6-1=0，即失去任何一门学科就等于失去了整个阵地。在当今的高考体制之下，从来没有哪一个严重偏科的人能走到“独木桥”的另一头。所以，本文在专门探讨一些学习文综的方法的同时，也在原则上提倡平衡学科，不偏不倚。

长时间以来，很多学生乃至家长对学习文综的印象都是“死记硬背”，认为这是一门不需要动脑筋、不需要思考，只需要把书本上的内容全部记住就完全可以应对考试的学科，其实不然。真正从高考走过来的文科学生都知道，文综的确和书本高度相关，但是文综试卷的难度却是高于书本的。那么怎样去读书，怎样记忆，就是一个问题。由于政治、历史、地理在这方面有很大的区别，我们就分别论述一下。

政治，在我的印象里面是最容易应对的。但是记忆方面要下苦功夫，因为很多时候考试就是需要直接把书本上的内容写上去。需要注意的一点就是要整理好脉络和思路，把握好知识的结构。受政治老师的影响，我在复习政治的时候，往往对着目录或者自己画出来的树状结构图，每记一点就看一下这个知识点是哪个板块哪个章节之下的。宏观和微观相结合的记忆方法，不仅有助于记忆的长久，而且有助于答题时的重建重构，对学习政治这样一门变动性大、知识体系复杂的学科来说真的很有效。如果对四大板块的知识了然于胸，细微的内容也都清清楚楚，无论题目怎样变动都能应对。

历史的记忆，总体来说是一个比较简单的过程。上了高中，已经很少有试卷直接问某事件发生的地点和时间了，即使考到，也会换一个说法和方式。那么读历史书究竟要读什么呢？我认为，尤其要注重的是书本上面的思想性。在已经对事件、时间、人物、地点这些基础信息熟悉了之后，书本中间流露出来的思想性是尤其宝贵的。新课改以来，湖北地区的文综是省自主命题，历史一向“很难”，也有人说“变态”。要应对这样的考题，就要有自己的思考，自己的主观意识。对一个历史事件乃至人物的评价是什么，有哪些不同的说法和立场，都应该多了解。据笔者观察，近年来一些少壮派史学家的观点很有新意，也是在考卷中常常遇到的，高考生可以多涉猎。记忆历史的另一个重要的方面是比较。我们都知道，历史在时间范畴上是一个发展的过程，在空间范畴上也有很多事件发生于同一个时期，比较它们的异同点，是历史的一个重要出题思路，实际上也是一个重要题型。对于资料书中出现的比较的表格和老师提到的比较的思路，尤其要注意。另外，记忆也是一个点到线、线到面、面到体的过程，历史对记忆的要求虽然没有政治那样明显，记忆的系统也是不可遗弃的。

至于地理的记忆，笔者认为，这是一个很复杂的问题。地理偏重理科，很多时候是要求理解和思考的。有很多文科生都在地理这门课上吃亏。看地理书要看什么？最基本的概念和规律是最重要的，因为它们是做题的基础。很多概念很绕，记起来很难，这就要求自己想办法。比如说全球温度带划分的那一节，就很复杂。要把温度带和形成原因对应，再把风向对上，再把夏季冬季的变化加进去，听上去就觉得很难记住。这时候就要求我们熟悉地图和温度带形成的过程，记住那张图就可以完全记住与这个内容相关的所有知识。当然，这只是举了一个例子，还有很多记忆的技巧和方法，可以向老师同学请教。简而言之，我们要做的就是想尽一切办法把该记的都记住，不至于到考场上想不起来知识点而瞎猜，或者为推导某一个结果而耽搁大量的时间。这一点对于人文地理、自然地理或者区域地理都一样适用。

对书本内容足够熟悉，意味着答题时可以选取足够的材料，但是时间是有限的，文综题目对考生的要求也不仅是大量材料的堆砌。也就是说，答题的逻辑性、规范性、重组性以及更高要求上面的思想性和记忆知识是两码事。那么这些东西怎样才能拥有呢？在我读高中的时候，我一直坚持的信念，就是做题。而事实证明，我的坚持是对的。熟能生巧，这话真的不错。我们身边的老师、同学乃至学长学姐都能给我们提供很多的建议和技巧。其实，这些东西都是很简单的，甚至不一定需要我们去专门学习，只要自己做得足够多，就可以自然而然拥有了。有些人会很好奇，足够多是多少？我只能这样回答，因人而异。因为不同人的“觉悟力”是不同的，有些人在文综上有一点就通的能力和天赋，那么就决定了他们的学习效率高；有些人却迟迟不开窍，那么就要多做练习了。其实，我的这个说法并不是否定个人努力的重要性，相反是肯定努力的重要性。人的学习能力是有差异的，那么一个人想要学好，就必须努力。因为如果努力练习，就有可能学好，不管可能性有多大。但是如果不努力，可能性就完全降为零了。答题技巧的获得来自大量的练习。我所在的高中从高三下学期才开始考一整套文综试卷，而在此之前我已经做完了36套整卷，这些积淀成为后来学习的一大优势。

另一方面，做题也是有一定技巧的。我们都知道，高考的备考是十分紧张的，我们需要在很短的时间里面完成很多的事情。那么大量的文综卷子怎样做呢？笔者认为可以采用做和看相结合的方式。时间有限，如果总要把所有的题目认真地答一遍，不仅会耗费很多时间，而且效果不一定好。这时候，我们可以列下自己的答题思路和提纲，想想如果考试中出现这样的题目，我们会怎样答，再把自己的思路和答案对照看看，寻找自己的不足，尤其注重答案中间提到的而自己没有想到的思路。长此以往，思维的严谨性可以提高很多。但是笔者看过一些批评这种学习方法的书籍，也听老师们说到过，因为只看不做会有一个很大的缺点——眼高手低。这当然会有一些影响，看和做的区别也体现于此。笔者认为，只要注意，这是可以很好地避免的，就是在看了一些之后做一些，做累的时候看一些，注意平衡就可以了。至于平衡的尺度和标准，就在于个人的把握了，如果觉得有些手生了，可能就需要多做一点了，如果觉得时间不够但对知识点足够熟悉，就可以采用看题的方式。平时训练的时候，还可以专门训练选择题，规定自己在多长的时间里面做完一套选择题（题量和高考的题量一样），然后对照答案，给自己打分。这种做法可以很好地加强时间概念，还可以提高选择题的准确性，是一个很好的方法。

前文已经说过，湖北省的文综采用省自主命题的方式，湖北省文综卷子的一个很重要的特点就是“做不完”，题量大，材料长，阅读量大，答题点多……在刚开始训练乃至最后高考，有很多文科生都面临着做不完的大难题。到底怎样提高速度呢？其实，决定文综答题速度的因素很多，如写字速度、思维速度、对题目套路的熟悉程度等。到了高三，有些是已经不能改变的了，能改变的只有思维和熟悉程度，即还是需要大量的习题训练。我第一次考文综试卷的时候，班主任就告诉我们：“如果你一开始就告诉自己，无论如何也要做完，那就有可能做完；如果你一开始就说，慢慢来吧，尽力做完，那就真的做不完了。”这话对我的启发很大，后来每一次我都告诉自己，一定要做完，即使写的字很烂也要做完。在这样的信念之下，我几乎每次都能完成题目。另外，尤其要注意两点：一是安排好答题时间，选择题要在多长时间内做完？已经超过了预定的时间是不是撞运气选几个？二是如果碰见没有思路的大题目就要果断，要么跳过留在最后，要么把自己想到的都写上去，争取手上的笔不要停下来。我写字的速度不算快，有时候写到最后的论述题的时候手已经开始颤抖，但我还是告诉自己要坚持。

最后，我想说说自己的一段经历。我们学校有一个思维很好的文综高手。无论做什么题目，我们老师都会把他的答案念给我们听，每次都让我感觉到巨大的差距。这种差距不是在技巧和思维，而是到了素养的深度。他的想法和语言表达确实让众人自愧不如，这就是所谓的真正学习的内化，但是这不是谁都能达到的，也不是通过练习能达到的，而是长期的积淀和涵养。我自认为至今也没有这样的水平，如果你身边也有这样的高手，不要忘记借他的试卷看看，模仿也是很有帮助的。

最后，我很相信的一句话是：我们都是梦想家，却不一定是实践者。而成功的人，不是靠看介绍方法的书籍，不是靠听介绍技巧的讲座，更不是靠把这些东西记住，而是把听到的、看到的东西付诸实践。希望看完这篇文章的人能找到适合自己的方法并付诸行动，这样成功不远矣。

姓　　名：张　瑶
毕业学校：安徽省黄山市歙县中学
高考成绩：总分635（安徽省第九，黄山市第一）
语文115　数学135　英语140　文综245
院　　系：北京大学经济学院

查漏补缺，各个击破

——文综学习经验

对于文综这门科目，可以说是“要说爱你不容易”。它300分的重要性，平时需要背诵的大段内容、一篇篇的知识点，以及考试时写到手腕抽筋的密密麻麻的答案，无不让广大文科生感到头疼。有时选择题做下来感觉不错，结果却莫名其妙地错了许多；有时简答题写出来感觉答得头头是道，却只得了很低的分数。想要提高文综分数，于是更加拼命地背书，可是成效却是微乎其微。怎么办？我的方法就是——查漏补缺，各个击破。

文综作为政、史、地三科的大综合，我们对付它时，不妨将它拆分开来，化整为零，一个科目一个科目地攻破。下面我就分别谈一下应对政、史、地这三科的学习经验。

政治是最让我头疼的一个科目，或许是因为我对政治不太感冒，或许是因为政治对我来说难以捉摸，很长一段时间我的政治分数都是低空飞过。经济常识部分比较复杂，哲学常识部分有些深奥，国家政治部分内容繁杂，有段时间我甚至对政治课产生了抗拒的情绪。我自知越是讨厌就越是学不好，所以，我拯救政治的第一步就是克服对待政治课的消极情绪。我对自己说，如果你继续这样固执下去，只会造成偏科的局面。而一旦偏科，不管其他的科目学得多么优秀，总成绩也不会太出彩，根据木桶原理来看，只要有一块短板，整个桶的容量都会被那块短板所限制，这也印证了哲学部分讲到的整体与局部的关系。所以，就算不喜欢某一门学科，也要尽力学好它、战胜它。

纠正了自己的错误想法后，我开始思考具体的提高办法。选择题相对来说比较客观，因此提分也比较容易，所以我决定从选择题入手。为此，我开始疯狂地做选择题，也就是“刷题”。我在两个星期的时间内，做完了三本选择题集。所谓的“刷题”，并不单单是大量做题，也要采用正确的、合适的方法，才能做到真正有效。首先，我将要做的题按经济、哲学、政治部分划分，然后一个部分一个部分地去做，这样比较容易发现哪个部分是“短板中的短板”，是最需要下功夫的。其次，我将错题标注出来，刷完一遍题目之后，再将错题从中筛出来做第二遍。如此反复，直到解决所有错题为止。长此以往，做选择题的正确率也就提高了不少。

说到这里，我想介绍一下我处理错题的方法。相信不少刻苦学习的同学都有自己的错题集、错题本，而我比较懒，觉得把错题誊写一遍太麻烦，于是我想了一个较为巧妙的办法。平常我们在核对答案时，往往习惯将正确答案直接写在错题旁边，可是这样在回顾错题时，一下就看到了答案，也就无法考查自己是否真正掌握了错题。所以我改为在题目旁边标注出错题，再将错题答案写在题目所在那一页的页眉上，回顾错题的时候将页眉遮住，只能看到原本错题而看不见答案。这样既能检验自己是否消化了错题，核对答案时又很方便，省时省力且有效。这样，对我来说，做过的习题都变成了我的错题本，复习时也十分方便、快捷，事半功倍。这个方法对每个科目都非常实用。

选择题解决了，主观题还占很大的部分，那么如何应对主观题呢？回想一下，有时考试时面对一道题目，我们的大脑一片空白，不知如何作答。可是在平常的作业中，遇到这种情况，只要一翻书，心里就有底了。所以，考试时不会答题归根到底是因为对答题需要用的原理掌握得不牢固。如果我们的脑袋里装着一本课本，那么答题时要用什么原理、怎么答，就都信手拈来了。脑袋里装书不现实，我们也不可能把整本书都背下来，所以我们要做的就是将书上的原理梳理顺畅之后，按照逻辑框架记下来。这样面对题目时，就可以像搜索引擎一样，对题目关键字在脑海中进行搜索，找出可以用于答题的原理，这样不仅使得答案逻辑分明，也不容易漏答、错答。

政治说完了，说说历史吧。历史是最需要死记硬背的一门课，毕竟只有在掌握史实的基础上，才能形成属于个人的历史观，才能对一些问题和现象进行分析。一般来说，选择题考查的就是你对史实的掌握情况，你要能记住各种历史事件的知识点，但不能记得太死板，要能应对一些较为灵活的题型。所以，在背书时，书呆子似的一页一页死记硬背的方法是不可取的。历史就像是一张网，纵向是时间，横向是社会的各个方面，包括政治、经济、文化、军事、民族、对外关系等。历史的本来面目不是每个历史事件的简单拼凑，而是纵横交错的一张大网。所以，我们在记忆时，既要按照时间顺序记住史实，还要对这些史实进行梳理，弄清楚纵横交错的每一个节点。从我个人的背书经验来说，先是按朝代顺序记住各个时期的知识点，记完之后很容易发现虽然内容不同，但是归纳起来不外乎上面提到的几个方面。于是第二遍背书时，我就以某一个方面为脉络，一个时期一个时期地纵向比较，发现其沿袭的路径，找出历史发展的规律，从而形成全面的历史观，在答主观题时，也更容易产生自己的想法。我认为，这样才算得上是灵活地、真正地掌握了历史，然后通过一定的练习，从练习中查漏补缺、寻找不足并加以改正，历史这一科就没有多大问题了。

地理被称为“文科中的理科”，让不少文科生感到很头疼，却是我个人最喜欢的一门科目。学习地理，既可以从自然地理中探索地球运动和气候变换的奥秘，又可以从人文地理中感受不同文化要素对地理形态的塑造，体验各种各样的文化景观的魅力。

自然地理部分比较难，因为涉及不少数学知识，尤其是地球运动部分。但是也正是因为地球运动比较难，所以考题一般都中规中矩，没有太多灵活的变化，以降低难度。因此，如果你实在缺乏空间想象能力，难以在脑海中模拟出地球运动的情况，那么，通过做题积累经验，掌握基本的运算思路，也能解决大部分地球运动的考题。

虽然自然地理部分可以单独存在，可是人文地理却是万万不能与自然地理脱离联系的，毕竟文化就是人作用于自然而造成的影响。学好地理最关键的一点就是熟悉地图，如果你不了解地图，而只是记住了一些知识点，就像是一个满腹经纶的盲人，只能泛泛而谈，却难以迈出更远的一步。千万别小看一张地图，小小的一张地图可谓包罗万千，从地图中你可以读出一个地区的地形、气候、植被、土壤，也可以了解一个地区的人口、语言、宗教、农业，数张地图叠加在一起，展现在你眼前的就是一个地区的文化底蕴、风土人情。读图，首先在心里要有基本的格局，也就是要记图。比如，告诉你经纬度或某个特殊的地形轮廓，你要大概知道是在哪个区域，学会定位，这是基础。其次，你要对定位的地区有所了解，可是世界那么大，作为一个高中生，不可能对全世界每一个角落都了如指掌，所以你要学会发现哪些地区是重点，哪些地区常常作为考点。我发现，一些地形、气候特殊（比如大陆西岸的地中海气候区、地形破碎的热带雨林岛屿区）和文化因素复杂（比如巴尔干地区、中东地区）的区域往往被作为考试重点。另外，区位选址也常常作为考点出现，这就需要在平时记住一些具体的案例，记住选址时要注意的因素。

总的来说，我认为地理比政治、历史稍微灵活一些，更注重考查一些应用型而非分析型的问题。但是三者的基础都是一样的，那就是熟练掌握基础知识，形成一套属于自己的完整的思考体系，这样答题时才能得心应手。

文综考试时间非常紧迫，一是因为300分的题量比较大，二是因为答主观题时要写的内容多，比较费时间。对此，我的建议是：第一，答题时尽量简略，陈列出答题所用原理之后，结合题目进行简单阐释即可，最好避免赘述；第二，答主观题时，可以按学科作答，答完一科的全部主观题再转向另一科，这样做主要是为了避免中途转换思路而影响思考和做题的时间，但这应当视个人情况而定；第三，答题时尽量将字迹写工整，并且注意分点答题，使答案呈现得更有逻辑性；第四，如果临近考试结束还有题目没有答完，可以先将答题所用原理一一列出，如还有剩余时间再补上具体分析和阐释，这样有助于得分。

在政治课中我们学过分析和综合的思维方式，对待文综这种方式恰好适用。出现问题时将整体拆分成部分各个击破，问题解决后再将部分合并为整体查漏补缺，这样一分一合，不知不觉你的文综就“更上一层楼”了。

姓　　名：袁　双
毕业学校：广西师范大学附属外国语学校
高考成绩：总分660
院　　系：北京大学经济学院

世上无难事，只怕有心人

——英语学习经验

在高中学习中，英语这门科目算是比较容易攻破的。因为它没有公式，也不需要推理，只是需要投入时间和记忆力，且投入越多，见效也越明显。下面，我与大家分享一些我的学习经验和方法。

经历中考，进入高中，有人认为这是一种单调循环，也有人认为这是一个新的开始，而我认为从初中到高中的过渡就像是DNA分子双螺旋结构一样，是一个旋转上升的过程：既有量的重复，又有质的提高。也就是说，就算你初中时基础并没有打得很好，到了高中也有再提高的机会；另一方面，即便你之前的课程都学得很好，如果骄傲自满，也很容易被别人拉开差距。英语学习也正是这个道理。

现在的我回首高中学习英语的经历，也有了很多新的理解。我发现，不仅仅是英语，其实各个学科，要学好它最关键和最简单的步骤就是跟着老师走。这一步看似简单，却蕴藏玄机。老师上课时讲什么，你就听什么记什么；老师课后要求你做什么，你就认认真真完成每一项要求，这样你的英语成绩不好都不行。诚然，有时我们可能会遇到一些我们不喜欢或是不信任的老师，但是我认为，面对每一位老师，我们都应该怀着一颗尊敬的心，千万不要轻易怀疑或不信任，那样的话吃亏的只能是自己，毕竟不是每一个人都有自学的天才，能够无师自通。《师说》有云："古之学者必有师。师者，所以传道受业解惑也。人非生而知之者，孰能无惑？惑而不从师，其为惑也，终不解矣。"

回想一下，当老师要求大家背单词时，你是不是从来没有按时背下那些单词？当老师布置作业让大家认真完成时，你会不会觉得厌烦，只是 ABCD 胡乱填上去应付老师？当老师让大家熟读课文、背诵课文时，你有没有认真执行，还是当下记住随后就抛到了九霄云外？认真想一下，大多数人都是初中开始接触英语，接受着水平差不多的教育，为什么有的人可以学得很好，而有些人却学得不好？我发现，大多数英语成绩不好的同学其实找不到一个可以解释的原因，只是做题时感觉选择题好像每个答案都像是对的，阅读题读一遍不知道文章在讲什么，写作题咬断笔杆也不知道如何下笔。

我想，也许就是因为这些同学在平时根本没有按照老师的要求完成课上和课下的任务。所以，我想只要在平常稍微多下一点功夫，背背单词，记记短语，做做阅读，写写作文，这样在考试的时候一定会有相当显著的提高和进步。

在构建了学习的大框架之后，我们还有很多细节需要完善。语言的基础就是词汇，记单词是学习一门外语相当重要的环节，也是让不少人感到头疼的地方。其实在记单词方面也有不少的窍门，现在也有很多相关的辅导资料和理论方法，其中让我感觉最受益的就是"联想记忆法"。所谓联想记忆，就是通过联想的方式来记住一个单词，它的好处不仅在于可以通过联想加深单词的印象，还可以缓解记单词过程的枯燥。那么如何通过联想来记单词呢？比如说"seven"这个单词，立刻让人联想到动画片奥特曼中的赛文，而赛文正是奥特警备队的第七名成员，于是我们一下子就记住了这个单词。再比如"smother"这个单词，我们可以把"s"和"mother"拆开，把"s"想象成一条绳子，绳子缠住了"mother"，就会有一种窒息的感觉，“窒息”便是这个单词的意思。

虽然联想记忆给我们留下了很深的印象，但是按照人的遗忘曲线规律来看，只能通过反复记忆才能将一个事物牢牢地记在脑海中。我建议每隔 3 天左右，就要把以前背下的单词再复习记忆一次，加深和巩固印象。并且一次反复是不够的，必须坚持多次反复，坚持下去，直到能熟练运用这个单词为止。这样，记住的单词就很难忘记了。

毕竟不是每一个单词都可以用联想记忆来记住，对于一些难以联想的单词，还有另一种记忆方法——读写记忆。首先，把单词表朗读一遍，朗读时既要用口发声，也要用眼仔细看，同时还要用耳听；不仅要读单词的发音，要读单词的拼写，还要读单词的词性和中文意思。这样完整地读完一遍之后，再背一次这些单词，背的方法就是看着单词表读出单词，再抬头背出单词的拼写、词性和意思。背过一遍之后再默写或听写一遍单词，这时把没有写正确的单词找出来，针对这些单词再进行一遍“读、背、写”，直到消灭了所有生词为止。这个方法之所以有效，我想正是利用了人的瞬时记忆，每个人都有很强的瞬时记忆能力，但也很容易忘记，所以需要及时巩固。在认真读过一遍单词之后，我们对每个单词都产生了瞬时记忆，这样再通过一遍背诵和一遍书写，单词就被我们轻松拿下了。

一切的努力学习都是为了迎接考试的挑战，俗话说得好，知彼知己方能百战百胜，接下来，我就从试题的角度来解读一下不同题型的答题技巧。

首先是听力部分。在听力正式开始之前要尽量抽出时间看一遍题目。如果时间不是很充分，至少要看一遍选项，而且要学会从选项中推测听力材料的大意，这样在听之前，心里有底，听起来也更容易理解。其次要小心陷阱题，一些看起来特别像是正确答案的，或是和听到的某个句子很像的选项，往往是出题者设下的陷阱，来考验你是否真正听懂了材料和问题。最后不要对已经过去的题流连忘返，因为听力部分的做题时间有限且不受自己控制，所以，就算你对某个题拿捏不定，当听力材料播放到下一题时，一定要及时跟上材料，不然断掉一环的话，后面很容易接不上，影响整个听力部分的得分。

然后是单选题。单选题一般分为三种考法：词汇题、语法题、情景对话题。词汇题就是对词汇的考核，选项或者为不相关的词汇，考查你对词汇意思的理解，或者为四个意思相近的词，考查你对近义词的具体用法的辨析能力。语法题一般比较难，不仅包括了短语、单词的用法、搭配，还包括了语态和时态的变化，这就要求我们平常要好好学习、记忆语法，尽管枯燥，也要坚持。情景对话题一般考查的是关联词的运用和一些对话常用的固定搭配，做这种题不仅可以依靠记忆，还可以依靠在平常与英文的接触中形成的语感，一般比较简单。

完形填空是一种拿分很容易的题型。因为它是在一篇有逻辑性的文章中挖出几个空缺，同时给你四个备选项，让你补充出正确的内容。同时它又是一种失分也很容易的题型，恰是因为每个空之间存在逻辑关联性，很容易“一步走错，满盘皆输”。做完形填空题也有几种方法技巧可供参考。一是直译法，直接翻泽出四个选项的意思，带回原文，找出最合适的一个。这也是最常用的一种方法。二是通过语法来判断，将出现语法错误的选项直接排除，这种方法对于考查与介词相关的内容比较实用。三是联系上下文的方法，有时对着一个答题空会“丈二和尚——摸不着头脑”，不妨暂时略过它，很有可能在后文中就会出现答案，这正是利用文章内容的逻辑联系性寻找答案。所以，我做完形填空题养成了一个习惯，就是在做题之前先通读一遍文章，了解大意之后，再从第一个空开始寻找答案。这样既可以避免走弯路，又能在一定程度上提高答题的准确率。

阅读理解不仅占的分数多，而且每个题的分量也大。阅读理解题给大家造成的困扰大体来说不外乎：读不懂，读不完，读不透。那么我们只好对症下药、各个击破。阅读文章中最大的障碍就是生词，也正是生词让我们读不懂文章。解决方法也只能是提高词汇量，而且是课外的词汇量。提高词汇量不能靠别人帮忙，只能靠自己努力，其具体方法要么是靠兴趣，比如读英文小说、看英文电影；要么是靠做题，最有效率的方法就是从做过的阅读题中扩展词汇量。有很多人做题的速度很慢，导致在考试中的时间完全不够用，阅读文章更是难以阅读全文。我想，这只能通过多做题来提高做题速度，在平常的练习中，就应当养成定时做题的习惯，一篇阅读文章应当控制在6~8分钟，只有通过强迫自己在固定时间内完成，才能逐步提高做题的速度。有时生词太多、时间又不够，要怎么掌握文章的主要内容呢？这时就只能依靠段首句和文章的首末两段，这些都属于文章的中心句、段，对于理解文章内容有很大的帮助。

至于写作部分，技巧方面无外乎是合理分段、上下文的衔接、亮点词汇和短语的合理运用，没有什么特别要说的地方。关于作文，我想介绍给大家的是一个让我受益匪浅的小习惯——打草稿。我打草稿的初衷是为了保持卷面整洁；后来发现打草稿的好处不仅如此，通过对草稿的修改，可以使最后的成文更加条理分明有逻辑性，在用词上也能做到更准确生动。所以，我建议考试时时间比较充裕的同学都可以尝试一下先打草稿再写作文，绝对是有益无害的。

正如我开头所说，英语这门学科是简单的且易攻破的，正所谓"世上无难事，只怕有心人"。语言是一种基本的能力，而不是一种精妙的技巧，所以，只要你肯下功夫，就一定能学好。

姓　　名：万　昆
毕业学校：重庆市第一中学
院　　系：北京大学哲学系（保送生）

高中数学学习之我见

虽然我一向认为自己的数学成绩不算特别好，尤其是对于我人生中遇到过的某些“大神”一般的人来说，但是在普通人眼中，我想我的数学成绩还是过得去的。

在初入高中的时候，我大概和很多人一样，初闻了某种名为“数学竞赛”的东西，出于某种近乎于无知的自信，我决定加入到数学竞赛的学习中。之所以说我会有那种近乎于无知的自信，想来是因为我自小数学成绩都还不错，初中的数学一般都还是拿满分的。在后来的学习生活中，我逐渐认识到了自己当初是多么的狂妄。自信无论遇上何等的数学难题，自己都是可以解决的，不过这种夸大的自信并非没有任何好处，它在我的学习生活中支撑着我，使我没有在任何难题面前放弃过。

我的高中，在高一的时候是不分文理科的，甚至说高一的教学更加偏向于理科。不过托学校教育特色的福，虽然后来我选择了文科，但却有不错的理科基础。一般来说，全面扎实的基础知识对于深入学习数学是有帮助的，可以扩大思维的广度，遇到问题时可以从更多的角度来思考。就我本人而言，对于物理等理科学科我也是很喜欢的，高一的时候理科成绩也不错，之所以最后选择了文科，是因为我更喜欢文科。在人生中我们会遇到诸多的选择，无论最终走向哪条路，都不要让自己后悔就好。有些偏题了，总之我想说的是，有较高的综合素质对你的数学学习绝对是有益的。

一直以来我都不认为自己是“学霸”，因为我这个人比较懒，甚至很多时候连作业也懒得做。关于这点，我真的很感谢我的数学老师，他很少强迫我做作业，在他看来，能学会才是最重要的，不能让方法来代替结果。或许对于别人来说，题海战术有利于学习的进步，但对于我来说不是的。不仅因为我是一个比较懒的人，而且因为我认为题海战术会让自己的思维变得麻木，变得愚钝。经验主义对于数学学习来说，也是有一定意义的，尤其是在我国目前的教育背景下。为了应试而采取刷题的办法，在短期来看是行而有效的，但是从长期来看，这样做会扼杀人的创造性，当从未遇见的题型出现的时候会变得不知所措。所以我不爱刷题，甚至会刻意少做，只是为了遇到各种题目的时候有一种新鲜感，这样可以充分调动自己的思维，真正起到锻炼自己的作用。

说完刷题的事，顺便再说说怎么避免进入刷题的误区吧。其实很多同学刷题并非他们资质愚钝不会做，而是没有掌握方法，没有弄清楚很多题之间的共性。简单来说，有一种名为“题型”的东西其实是存在的，或许你不能明显地感到它的存在，但它的确是存在的，尤其是在高中这样的教育环境下。你要明白，出题人每年能出的不过那么几种题型，反反复复基本不会有太大的变化。这种感觉或许在高一高二的时候还不是太明显，但是当你进入高三开始做高考模拟题或者往年真题时，你会慢慢地发现每年的题型其实都差不多。因此，首先你要有信心，要相信自己。不过就那么几种题型，就算你笨一些，掌握得慢一点，但最后一定会全部弄明白。为了避免精力的浪费，你可以把题型归纳出来，因为每个人的知识系统之间可能有细微的差别，所以我建议你自己来归纳。归纳出题型后，你要明白哪些题型是你会的哪些是你不会的，很多人都做不好这一步，他们不明白自己为什么总是做不好一类题。其实这不算难，首先你要把每一种题型划分成几步，就是该题型你觉得用几步可以做出来，这个可以笼统一些。当你遇到具体的题的时候，先看是哪种题型，写出题型的步骤，然后写好具体的每一步。当然，写好具体的每一步或许对部分同学来说会有些难度，因为这取决于个人的智力和经验。

说到智力，一直以来我都认为学好数学是需要较高的智商的，但是对于那些学不好数学就推说自己智商不够的人我一向是不屑的。我认识的很多同学．他们的智商其实都不低，只是自己的学习方法不够好或者自己不够努力，所以数学才不好。因为很多人总是会因为种种原因停下自己的脚步，就算他们知道该如何让自己变得更好，他们也很少去尝试。我还是相信大部分人都是可以学好数学的，至少从我认识的人来看，他们找到诀窍的时候成绩就会变好，只是很少坚持。所以当你学不好数学的时候，请不要放弃，你首先应该看一下是否掌握了好的学习方法，是否把精力浪费在了重复的地方。如果出现那样的情况，请一定要改正。虽然人是一种惯性的动物，但是只有那些善于适应的人才能更容易走向成功。

其实我是不擅长教别人学习方法的，比如我前面讲了许多，但其实都不是最重要的，最重要的是态度。已有的科学研究表明，大多数现代人对于学习的努力程度根本就谈不上到比拼天赋的地步。可以这么说，当你在玩 LOL、DOTA 时，别人却在看数学相关的书，你难道不会觉得你们的差距就这么拉开了吗？当然我并不是要大家去做一个书呆子，就我本人而言，我也玩 LOL，而且它确实让我感觉到了许多的乐趣。学习之余的娱乐对于学习是有好处的，但不要沉迷，不要过于放纵自己。凡事都有个度，你需要把握好学习和娱乐之间的平衡。一般来说，多数人都是那种玩得不好也学得不好的人。当你看到有些人玩得很好学得也很好的时候，请不要过于羡慕，或许你也可以，只是一直以来没有掌握好方法而已。

我想说的态度，不仅是你要安排好自己的学习时间那么简单，而更多的是一种主动的、带有进攻性的态度。也就是说，你要爱数学，要有一种主动学习的欲望，不要把数学想得那么枯燥乏味。世间的一切理论都可以构造相应的数学模型，换而言之，你学好了数学，可以更好地认识这个世界，这不是很有意思吗？另一方面，对于世界的认识愈加深刻，你愈有学好数学的可能性。正如我开始所说，良好的多学科基础对于你学好数学是有益的。我爱数学，因为它是我认识这个世界的一种方式。你们也应当爱数学，它并不仅仅是你需要学习的，也是你应当主动去学习、去探索的。很多同学或许只是把数学当成高考必考的一科才去学习。首先这种态度就很难让你学好数学，就算能学好，也需要付出更多的努力；其次当你爱上数学的时候，你不仅可以更加容易地通过高考，而且对你整个人格的塑造以及世界观的形成都有很大的帮助。

当你有了积极的态度，良好的素质，合理的方法，学好数学对你来说只是一件理所当然的事情。或许你看了我的这篇文章会有这么一种感觉：这个作者在讲什么，完全无法明白。我可以理解，因为我一向认为自己的表达能力不太好，但是你不用太认真，请按照你自己的方法去做。如果你认为正确的话，便坚持下去，就算不能成功，也会从中受益。如果你能够看懂我这个文笔拙劣的学长想要表达的意思，却觉得我说得一塌糊涂，那么也不要紧，按照你自己的喜好去做，只要觉得开心就好。学习对于我们来说，更多的应当是获得满足感和快乐的过程。不要过于拘泥于自己的学习方法好坏，就算别人觉得你做得不好，但你觉得快乐就好，这才是学习的真谛。

诚然，有时候我们会觉得数学很难，学起来很痛苦。人类的本能告诉我们要放弃，但是请不要放弃。无论是为了高考这个简单的目的，还是为了自己获得更多学习的成就感，甚至对于灵魂的塑造，请坚持。当你走出困境的时候，当你走过高中三年的时候，你真的会获得很多，有成就感，有快乐，甚至有难以忘记的回忆。那些年你努力学习数学的时光，为了追求简单的真理的日子，在你遥远的未来中，一定会成为一生中最美好的回忆之一。

关于学习数学，我觉得重要的是学习态度。下面我简单说说我的方法吧。

先从最简单的函数说起。初等函数一共分六种，性质也比较单一，可以通过多画图来记忆不同函数的性质。函数的其他性质也就是对称和周期。对称分点对称和轴对称，如果再特殊一点就是奇函数和偶函数。不过这些性质都可以通过坐标变换的公式来进行相应的函数转化。有时候不要太过于死板，如果你无法理解图形变换就通过几个点的变换来找那个图形，因为图形的形状大多是不会发生太大变化，最多不过伸缩一下。

说到函数，就说一下三角函数吧。其实三角函数挺简单的，很多公式到现在我也不怎么记得，但我知道最基本的公式是怎么来的，可以一步一步地把接下来的公式推演出来。不过建议不要像我一样懒，因为比较耗时间。记忆公式的时候，也不要死记硬背，要明白公式的每一步是如何推演的，要做到自己可以独自推演。

说到三角函数，复数也有它的三角形式，在描述向量旋转和伸缩的时候很方便。复数比三角函数简单得多，性质也比较少，要活用它的几种形式。一般来说，几何的时候用向量形式，旋转伸缩用三角形式，坐标计算用基本形式。在用复数求根的时候，可以多用三角形式，方便次方的转化，减少计算量。

复数有时候可以表示平面向量，空间向量是构成立体几何的基础。看待立体几何可以从两个方向：思维比较好的人可以从平面的性质推出立体的性质，诸如求面积体积之类的题目；但是最简单的方法无过于用坐标表示每一个线段，然后通过计算得出你需要的东西，一般来说计算比思维要简单。不过偶尔还是会有超出你计算能力的，那样的话，要么是你建立的坐标系不够巧妙，要么就是凭高中的计算水平无法得出答案。所以为了保险，还是多思考一下立体几何的相应性质，看看立体体系如何在平面体系的基础上构建起来。对于求面积体积一类的题，有时候还需要你有丰富的空间想象力，如何划分或者补充来求，把复杂的问题简单化。

立体几何还是比较简单的，稍难一点的是平面几何。不过高中阶段对平面几何要求不多，而重点是平面解析几何。说到高中的平面解析几何，也就是二次曲线，大概是所有题中变化最少的。它主要考查的不是学生的思维能力，而是计算能力。当然有时候你根本就算不出来，那么只有两种可能：一是你没有找到巧妙的计算方法，诸如建立的坐标系不方便计算、没有想到便于计算的形式、忽略了某个关键点的运用等；二是题目出错了。平面解析几何总体来说还是比较简单的，你只需要掌握好计算方法，并合理运用各种形式，总不会做不出来的。当然如果你的计算能力确实不好的话，就请刷题吧。只有题海战术能够拯救一个人的计算能力，当然不要忘了刷题要有技巧，更重要的是找到规律并且把握技巧。不要沉迷于刷题的快感当中，这样是本末倒置的。

说完几何，说说数列吧。数列还是比较简单的，等差等比这种小学生做过几次都能懂的东西我就不多说了。稍难一点的是裂项相消，其实也就是一个简单的技巧，做过几次就明白了。比较难的是数学归纳，但其实只要合理运用递推关系，用好完全归纳和不完全归纳，也挺简单的。数列的技巧很少，但可能有的同学不容易理解。列项相消的话，记住万能公式，遇到题目套用就好。数学归纳也就是说前面的都成立了，由递推公式看下一项是否成立，如果成立那么可以无限下一项成立，以至于全部成立。

数列的递推公式有时候会以不等式的形式出现，尤其是运用到数学归纳的时候。简单说下不等式，如果从正面不好证明就从反面证明，都不好证明就用数学归纳，实在不行就化简，无理化有理、高次化低次、复杂化一般。总之，你要善于尝试用多种方法解决不等式。甚至于你可以自己构造中间项，考虑特殊情况后推广。不等式才是考验技巧的地方，你要先理解学过的不等式以及它们的推广，掌握不等式简化的方法，甚至有时候需要一闪而过的灵光。貌似高中数学也没那么难，竞赛数学太深奥了，不过技巧上还是共通的。只有排列组合没有说了，但是我也很少做一般水平的排列组合的题，我就讲讲竞赛难度的排列组合题吧。排列组合在我们那儿一般只在竞赛二试出现，而且是最难的一道。所以做了那么多张卷子，每次排列组合那道题都能做出来的只有三种可能：一是人品爆了；二是遇到过类似的题；三是难度不够。最后一种情况经常出现在做其他省题的时候。排列组合需要的是强大的想象力和逻辑能力。你不能弄错排列和组合，你要知道什么时候排列什么时候组合，还有一些特殊情况，比如项圈排列、圆圈排列等。如果从题型来看，也就这么几种。但是它每次都可能加上奇怪的规则，不要太在意题型的变化，在意你就输了，勇往直前地尝试吧，哪怕大脑运转过量。其实每次做排列组合都很有意思，哪怕做不出来或者做错了，这也算是最容易做的题，因为它基本很难自我检查对错。学数学，你一定要享受做难题的快乐，这样才会进步得更快。言尽于此，愿君自勉。